U0901318

2019 Fuzhou Statistical Yearbook

福州统计年鉴

福 州 市 统 计 局
国家统计局福州调查队 编

中国统计出版社
China Statistics Press

图书在版编目（CIP）数据

福州统计年鉴. 2019 / 福州市统计局，国家统计局福州调查队编. -- 北京 : 中国统计出版社，2019.9
ISBN 978-7-5037-9036-2

Ⅰ. ①福… Ⅱ. ①福… ②国… Ⅲ. ①统计资料—福州—2019—年鉴 Ⅳ. ①C832.571-54

中国版本图书馆CIP数据核字(2019)第225545号

福州统计年鉴-2019

作　　者/ 福州市统计局　国家统计局福州调查队
责任编辑/ 钟　钰
装帧设计/ 游闽洪
出版发行/ 中国统计出版社有限公司
地　　址/ 北京市丰台区西三环南路甲6号
邮政编码/ 100073
电　　话/ 邮购（010）63376909　书店（010）68783171
网　　址/ http://www.zgtjcbs.com
印　　刷/ 福州统济印务有限公司
经　　销/ 新华书店
开　　本/ 890mm×1240mm　1/16
字　　数/ 888千字
印　　张/ 24.875印张
版　　别/ 2019年9月第1版
版　　次/ 2019年9月第1次印刷
定　　价/ 300.00元

如有印装差错，由本社发行部调换。

《福州统计年鉴—2019》
编委会和编辑人员

编 委 会

主　　任：彭锦华　王江明

副 主 任：林世荣　朱　政　彭应根　曹寿全　陈　杰
杨　航　黄壮志　金昌勇　翁玉彬　黄大豪
王周健　柯宇丰　李亚东　黄爱芝　崔建明
王　勇

编　　委：（以姓氏笔划为序）
王　勇　王丹青　王珠琴　刘秀国　刘绍月
吴　敏　吴　鹏　吴岩生　吴辉康　陈　宏
陈　晖　陈　群　陈云青　陈明钗　沈晓晴
卓则兴　林巧丽　林荣煌　郑　中　郑秀梅
洪　玮　梁德新　黄永盛　龚元婷　缪晓晖
薛　淇

编　　审：黄壮志

编 辑 部

总 编 辑：吴辉康

编辑人员：王　勇　吴辉康　叶　平　吴翔凌　詹璐瑶

编 者 说 明

一、《福州统计年鉴—2019》是一部全面反映福州市国民经济和社会发展情况的资料性年刊。全书收录了2018年福州市及所辖各县（市）区、各部门经济和社会发展等方面的统计数据，以及历史重要年份福州市国民经济主要指标的统计数据。

二、全书内容分为17个篇目：（一）综合；（二）国民经济核算；（三）人口；（四）就业与职工工资；（五）农林牧渔业；（六）工业与交通；（七）房地产开发投资；（八）建筑业；（九）批发零售、住宿餐饮与旅游业；（十）对外经济；（十一）价格指数；（十二）财政金融；（十三）人民生活；（十四）科技、教育与文化；（十五）卫生、体育与其他；（十六）城市比较；（十七）附录。在城市比较部分，收集了福建省各设区市、全国省会城市及副省级城市主要经济指标对比资料，各篇末均附有《主要统计指标解释》。

三、本年鉴重要统计数据的资料来源、计算口径等均在各篇另有注明。

四、本年鉴使用的度量衡单位均采用国家统一标准计量单位。

五、本年鉴表中的符号使用如下：

“空格”表示该项指标无数据、未掌握该指标数据或不足小数位的数据；“#”表示其中项。

六、本年鉴“规模以上”工业企业系指年主营业务收入2000万及以上的工业企业；“限额以上”批发零售和住宿餐饮业分别指年主营业务收入2000万元及以上的批发企业、年主营业务收入500万元及以上的零售企业和主营业务收入200万元及以上的住宿餐饮企业。

七、本年鉴中地区生产总值、农林牧渔业总产值、工业总产值等总量指标按当年价格计算，增长速度和产值指数按可比价格计算。

八、本年鉴根据年报制度的变化对某些篇章的统计指标进行了规范和调整。

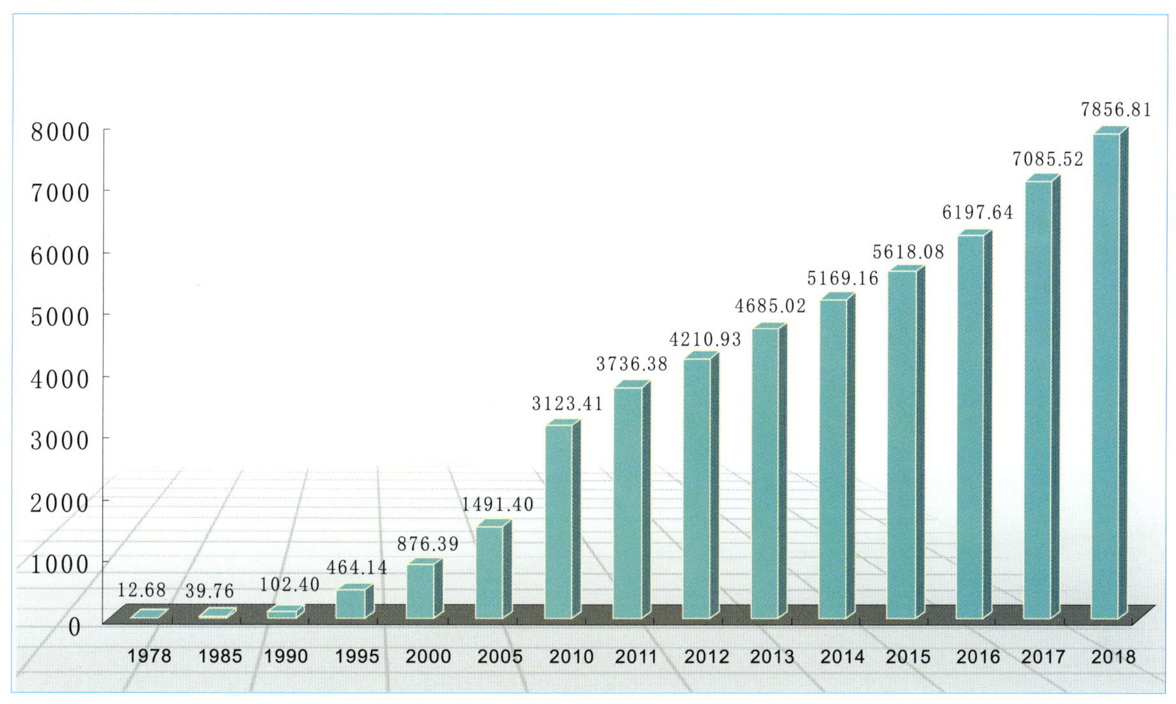

生产总值（亿元）

人均生产总值（元）

第一产业
第二产业
第三产业
15.43
41.34
43.23
2000年
11.72
43.30
44. 98
2005年
9.05
46.06
44.88
2010年
7.74
48.66
43.60
2015年
6.51
52. 37
41.12
2017年
6. 30%
52. 91%
40. 79%
2018年

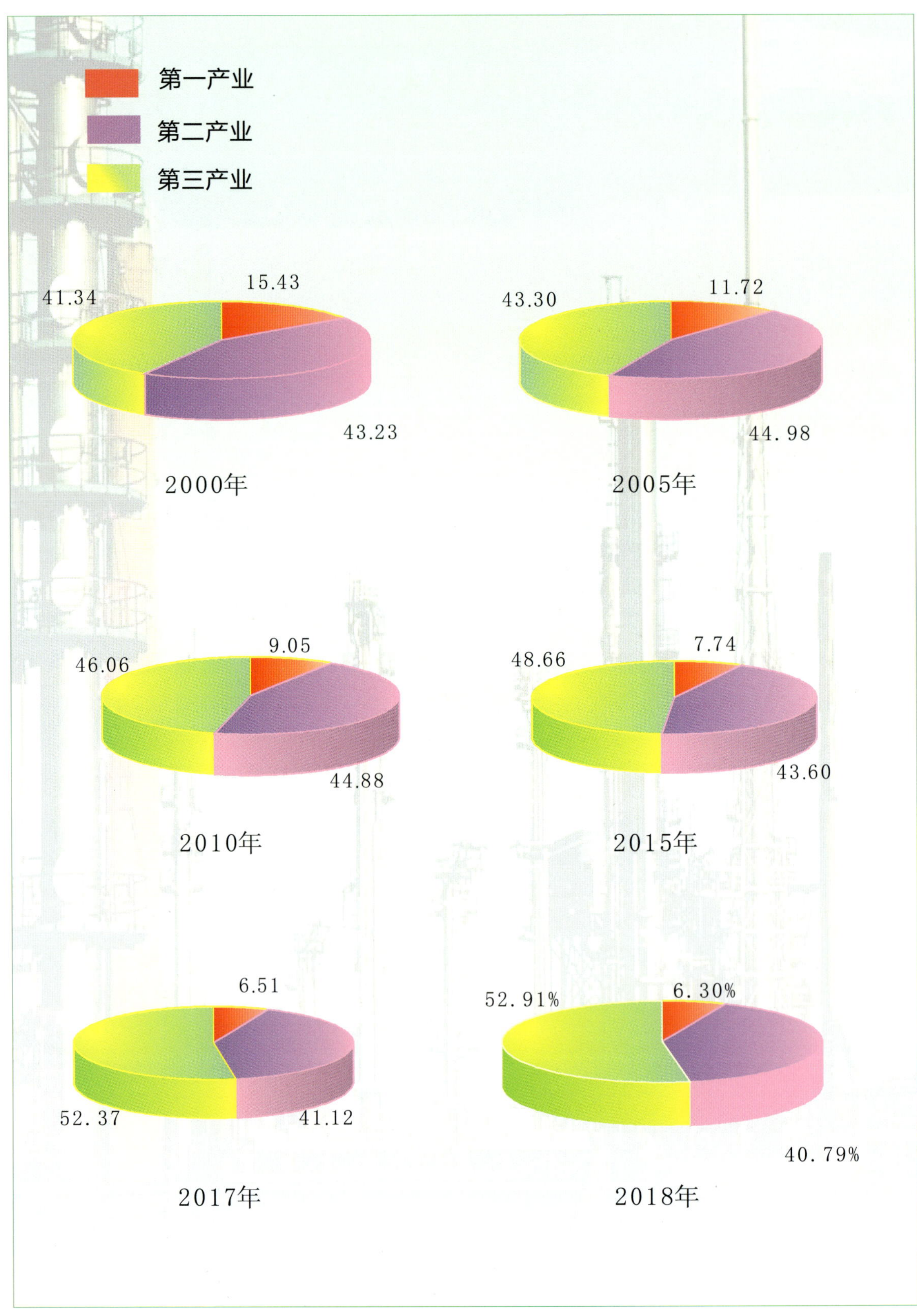

三次产业比例（%）

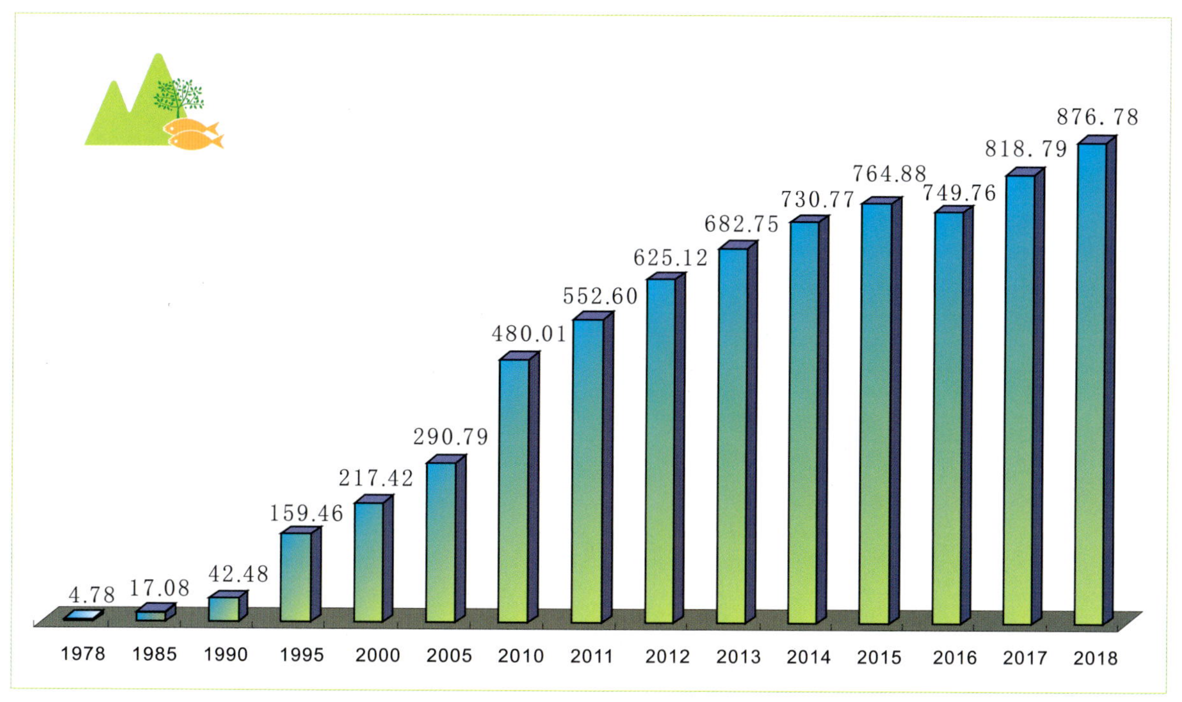

农林牧渔业总产值（亿元）

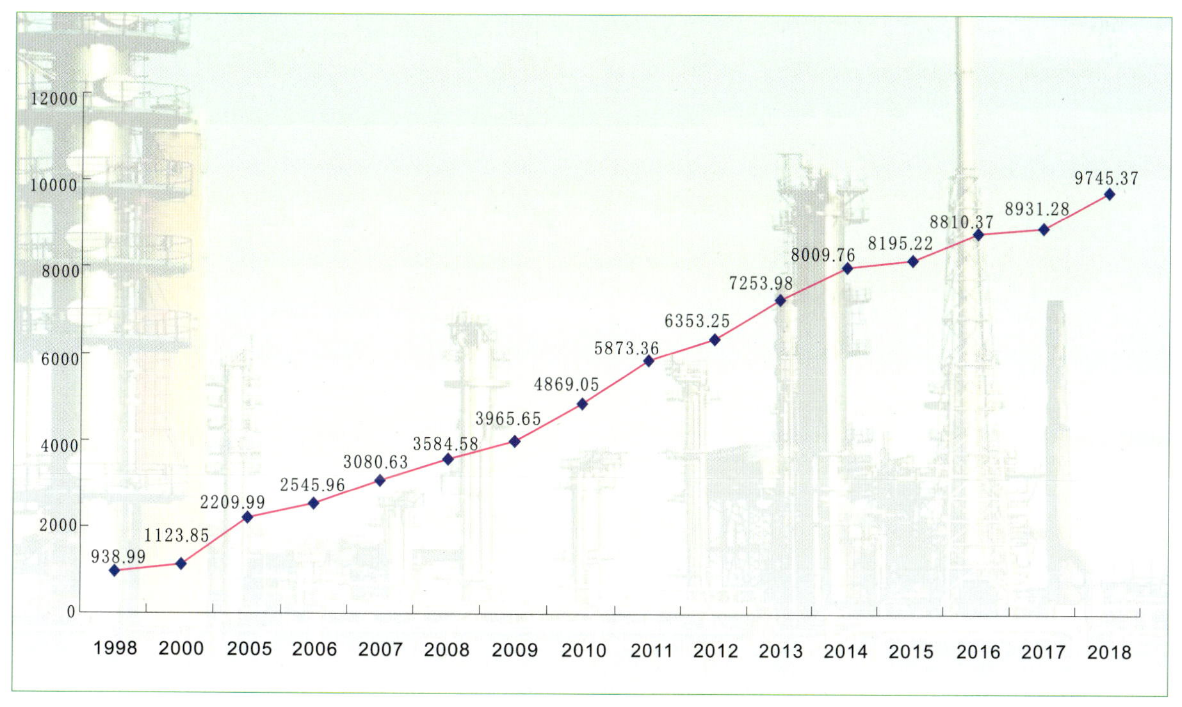

工业总产值（亿元）

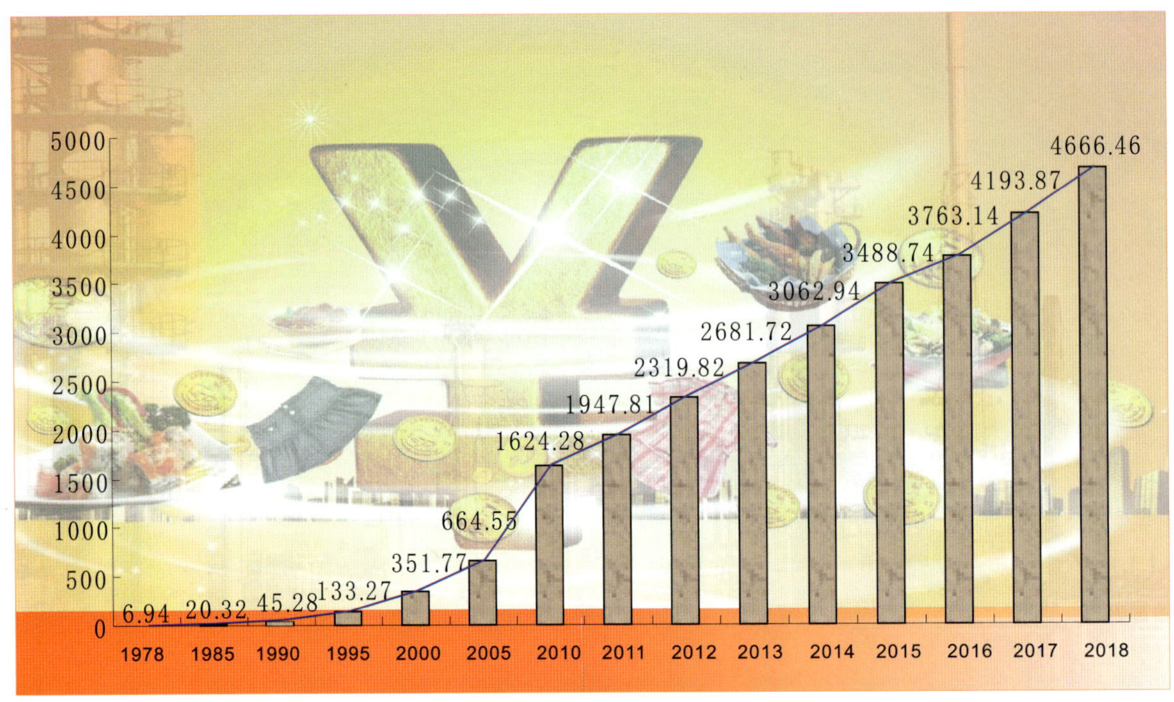

社会消费品零售总额（亿元）

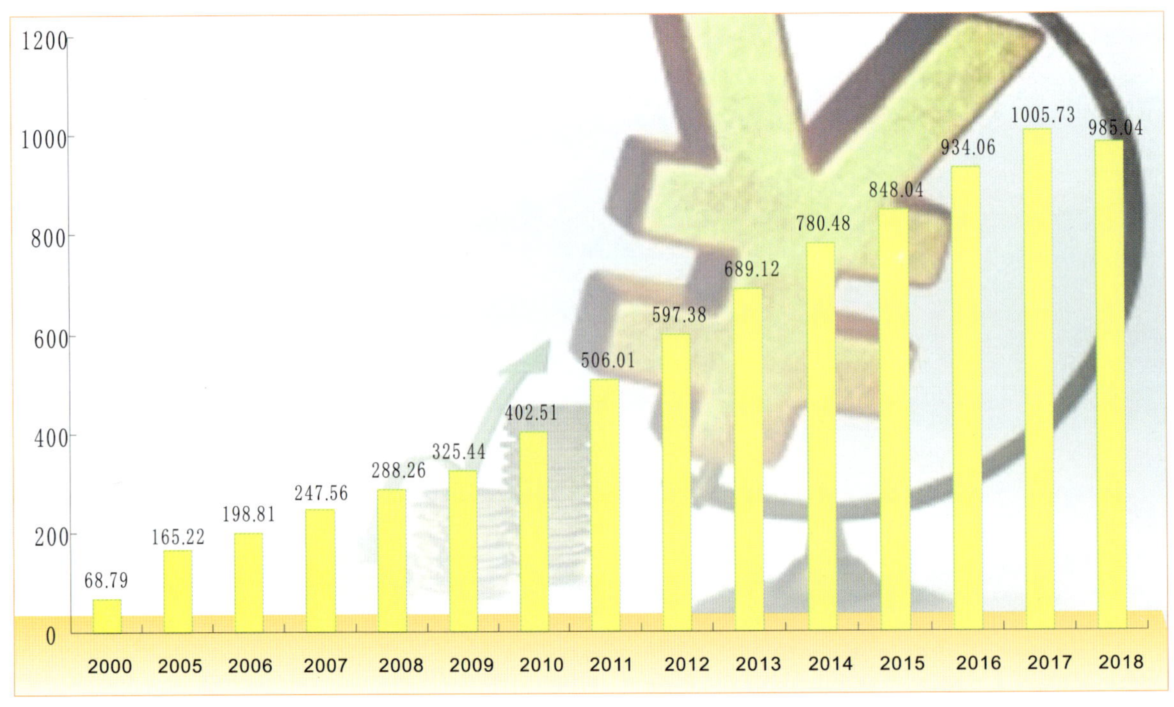

一般公共预算总收入（亿元）

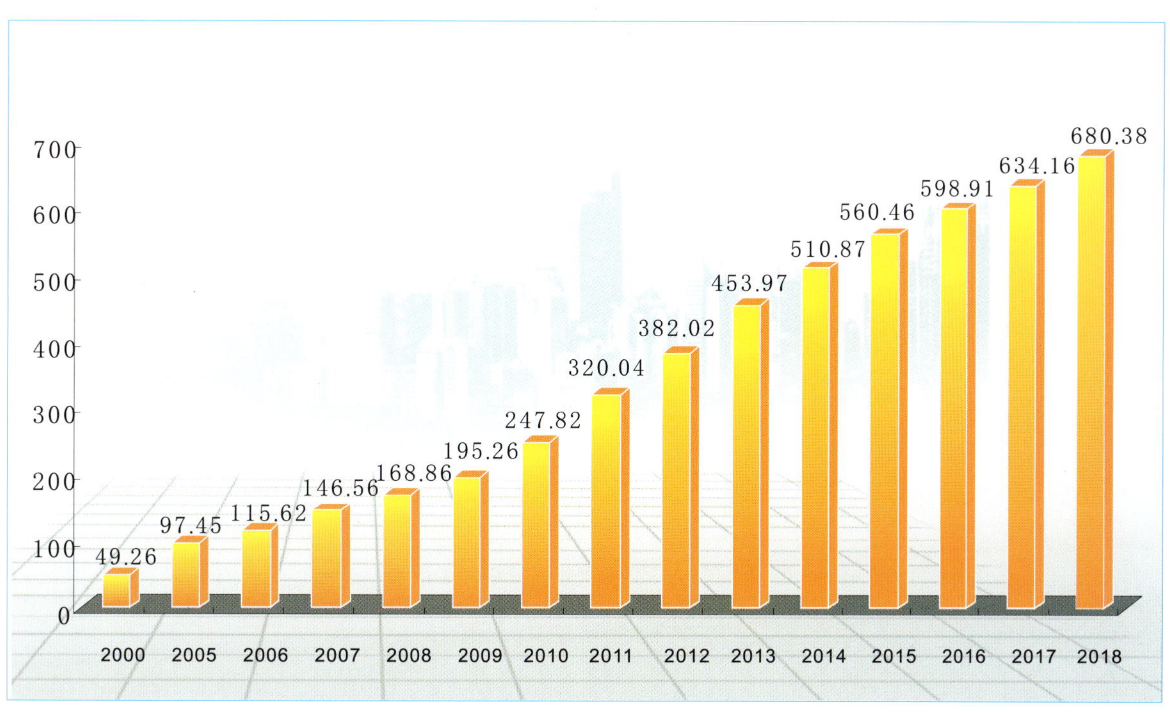

一般公共预算收入（亿元）

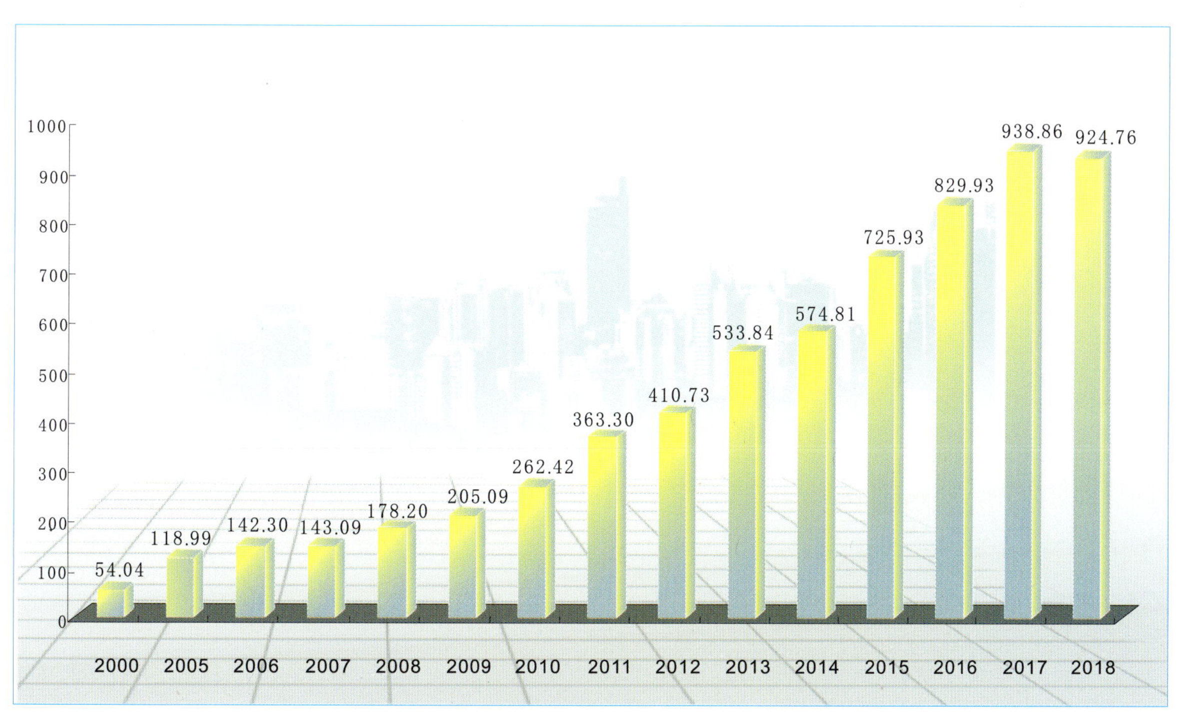

一般公共预算支出（亿元）

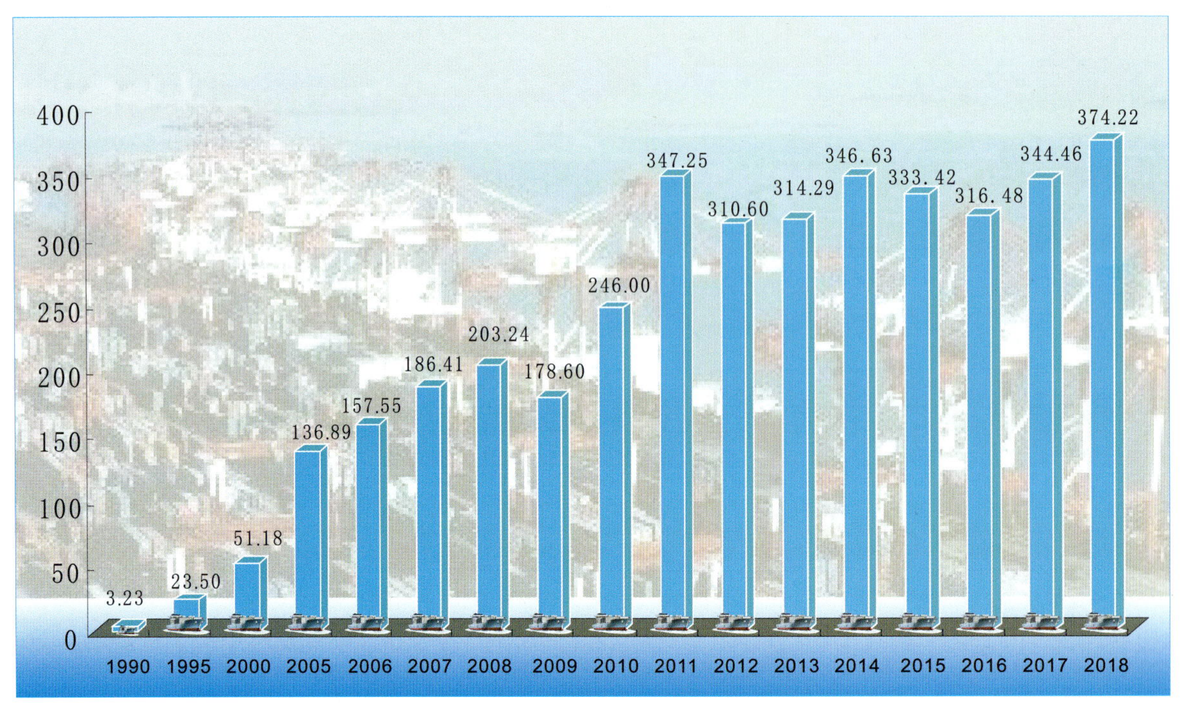

进出口总值（亿美元）

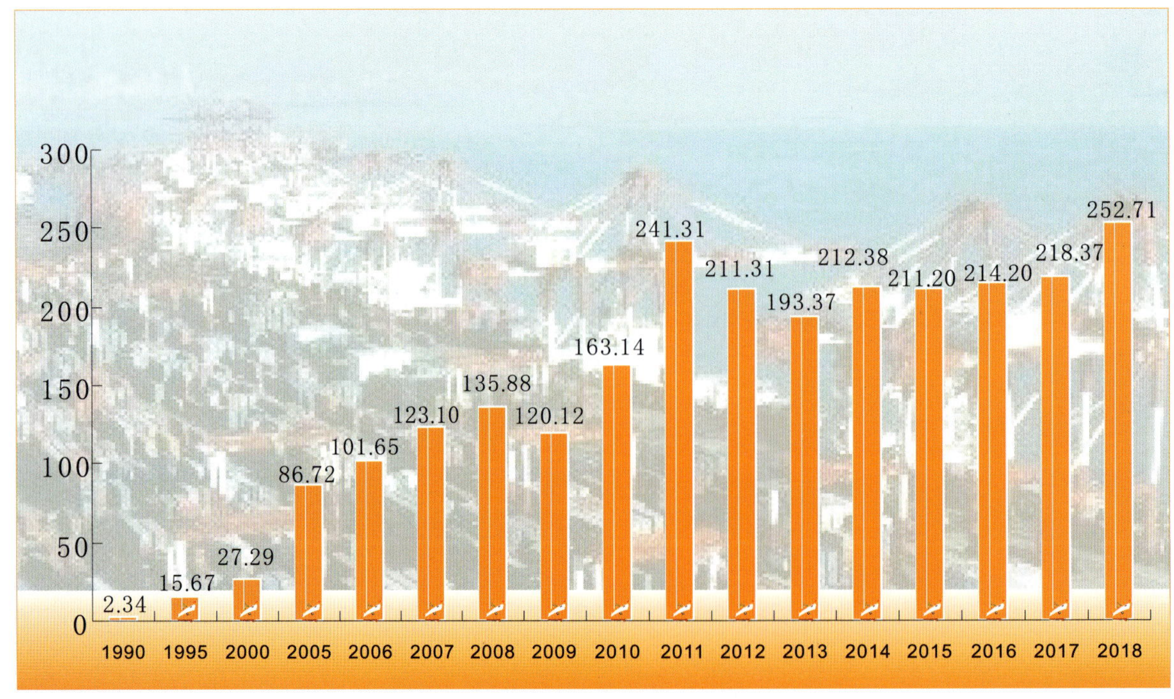

出口总值（亿美元）

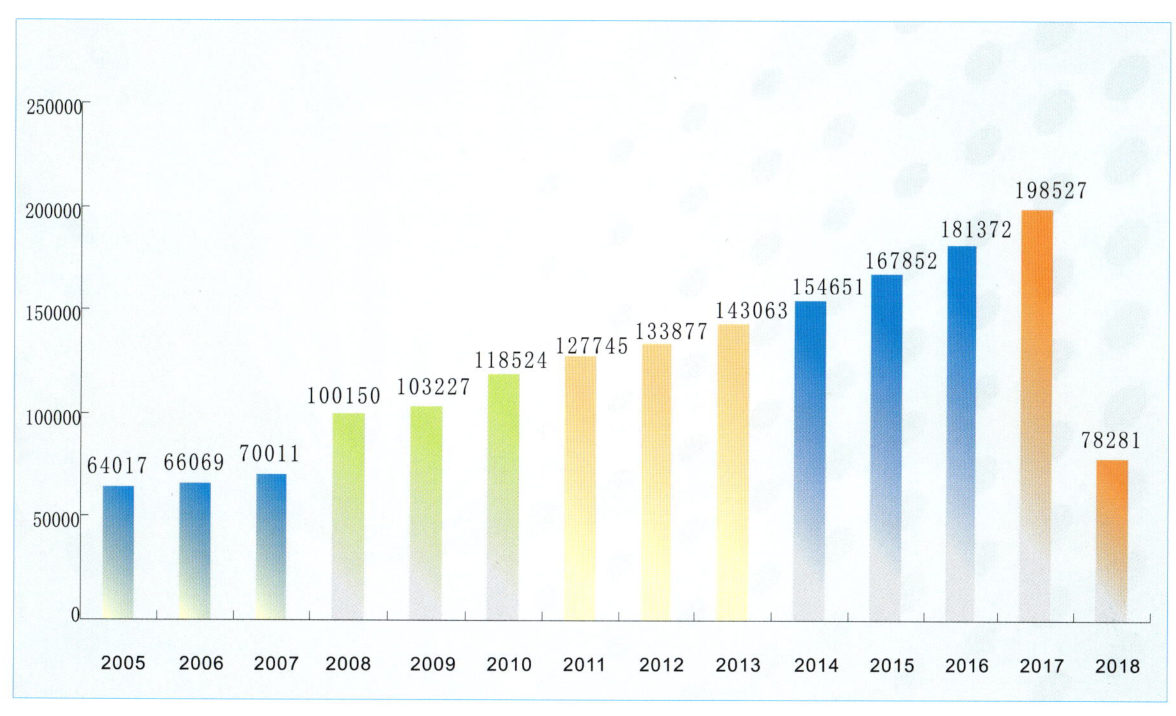

实际利用外资（验资口径，万美元）

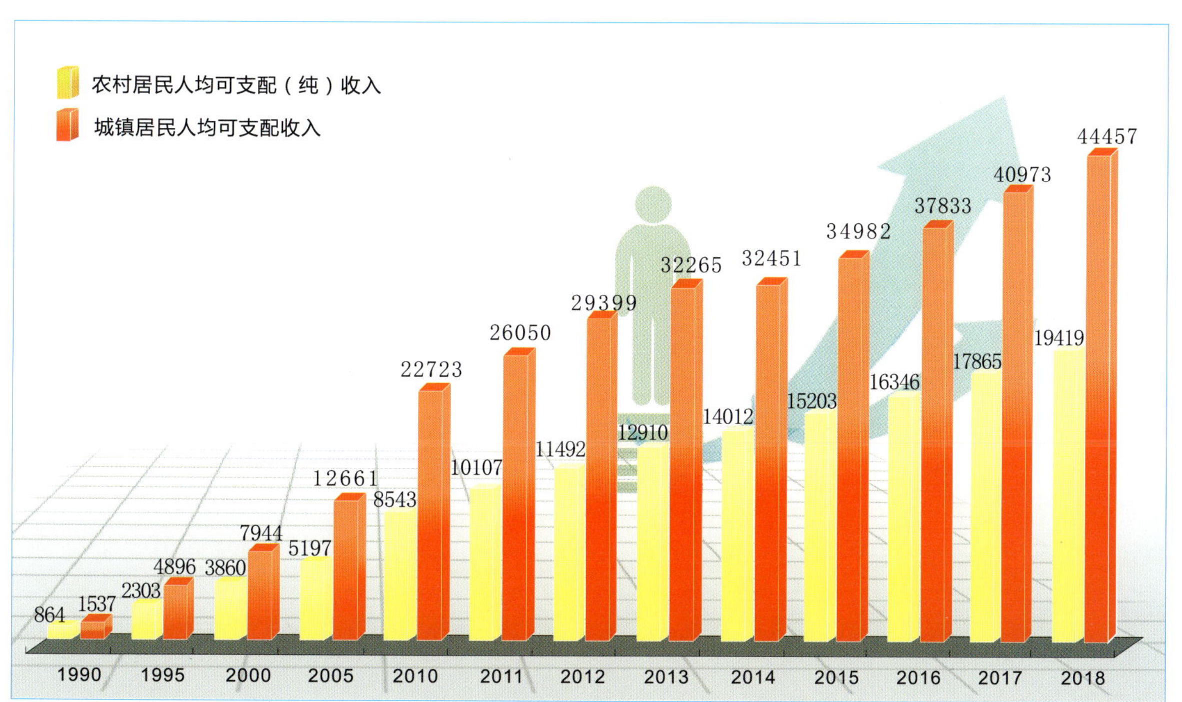

城乡居民收入（元）

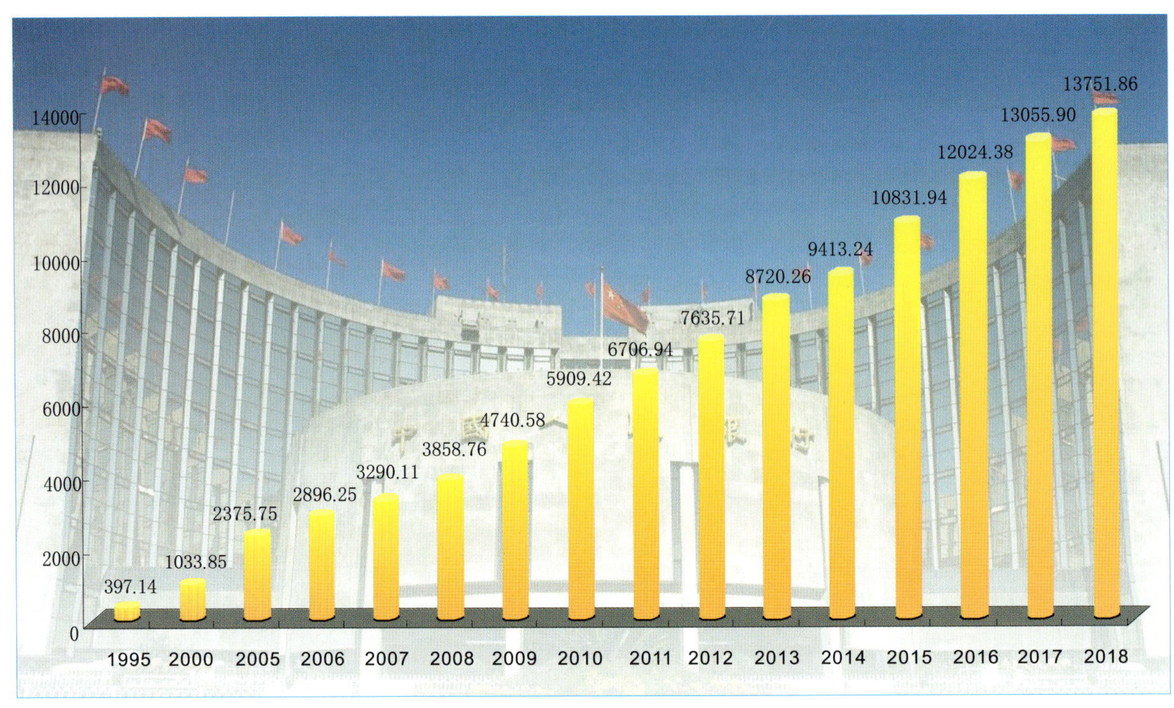

金融机构人民币存款余额（亿元）

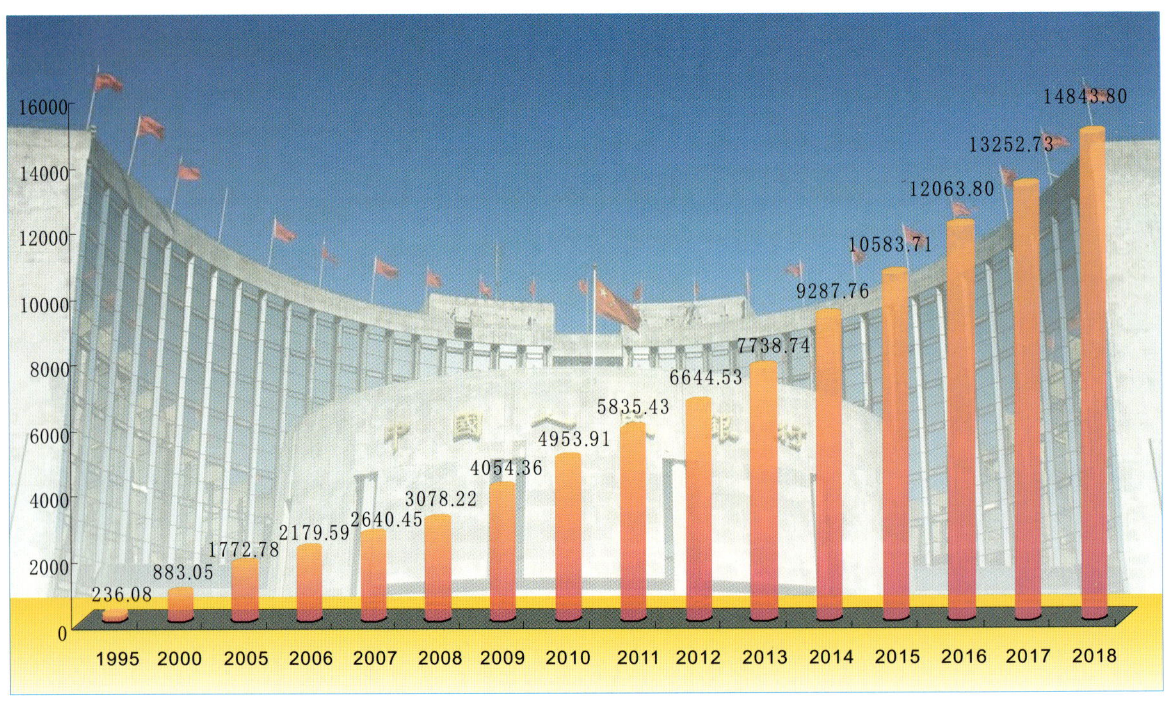

金融机构人民币贷款余额（亿元）

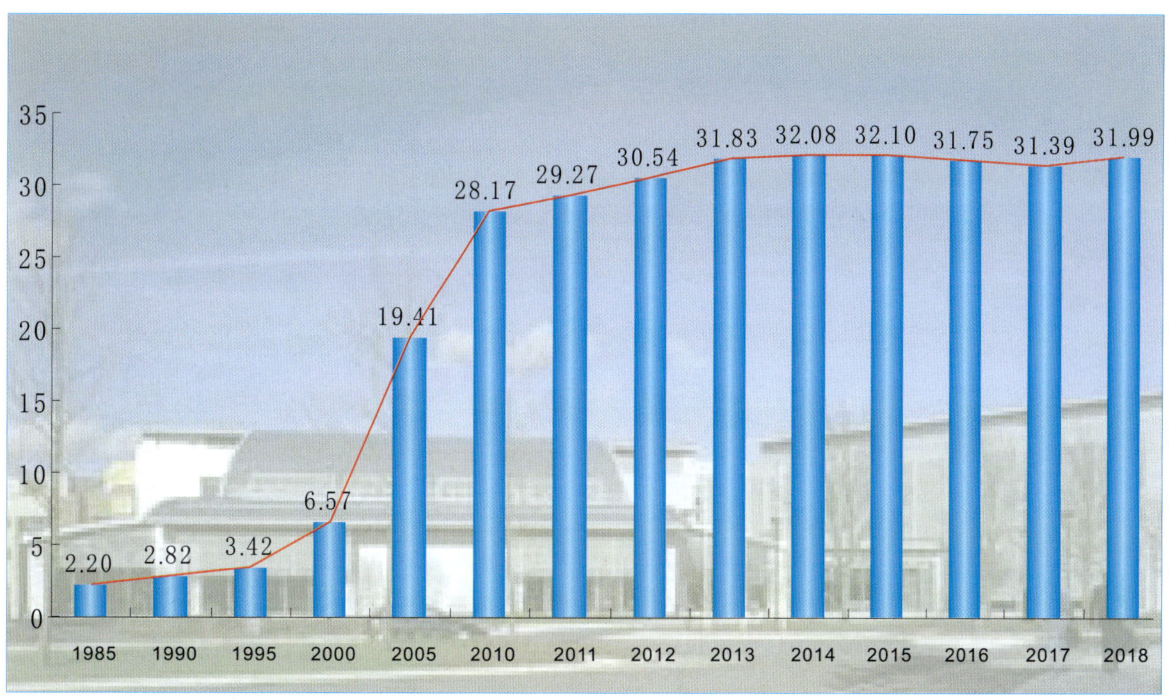

普通高校在校学生（万人）

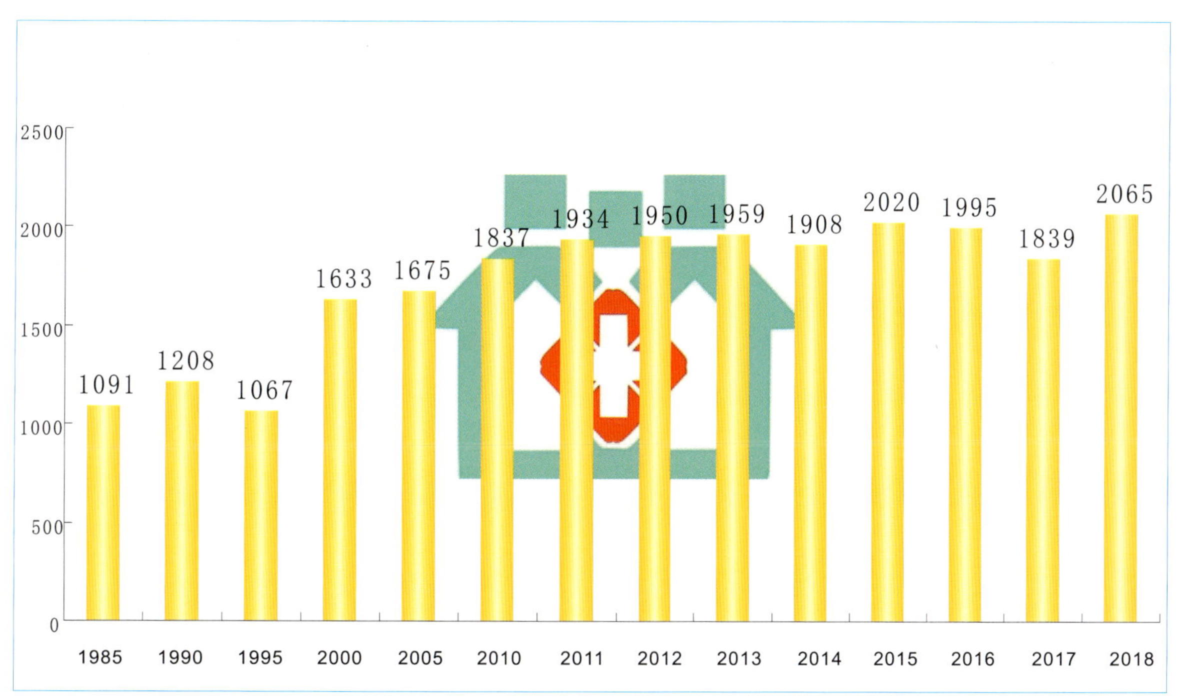

卫生医疗机构（个）

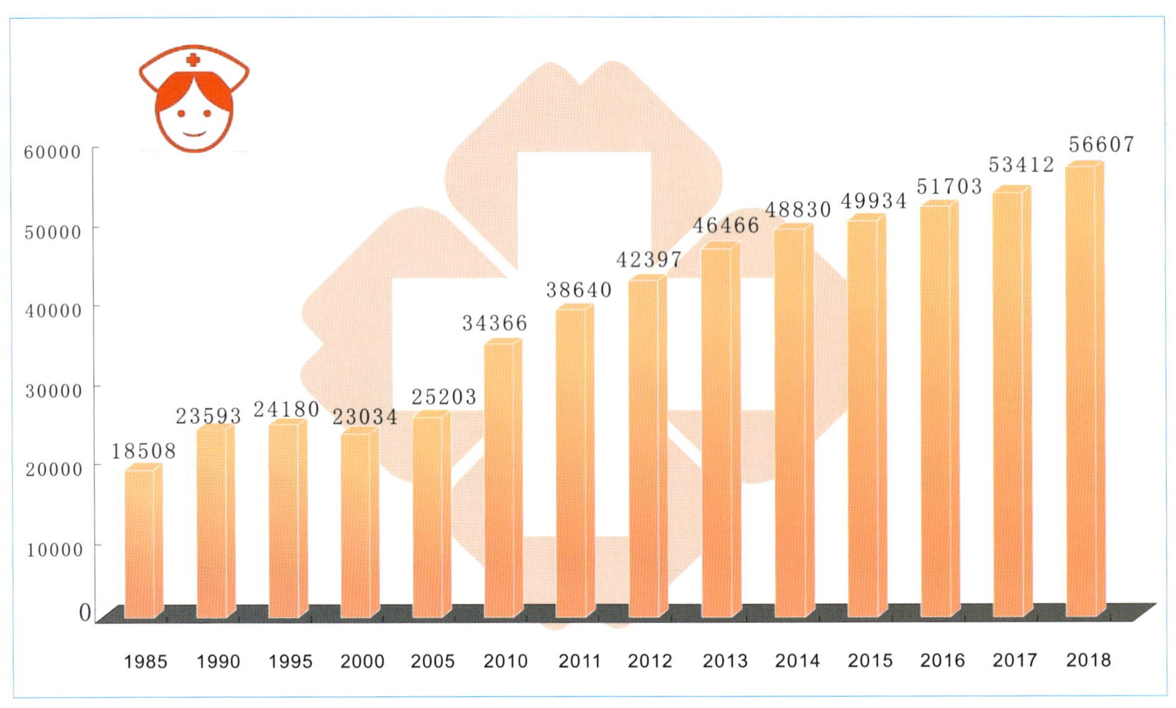

卫生技术人员（人）

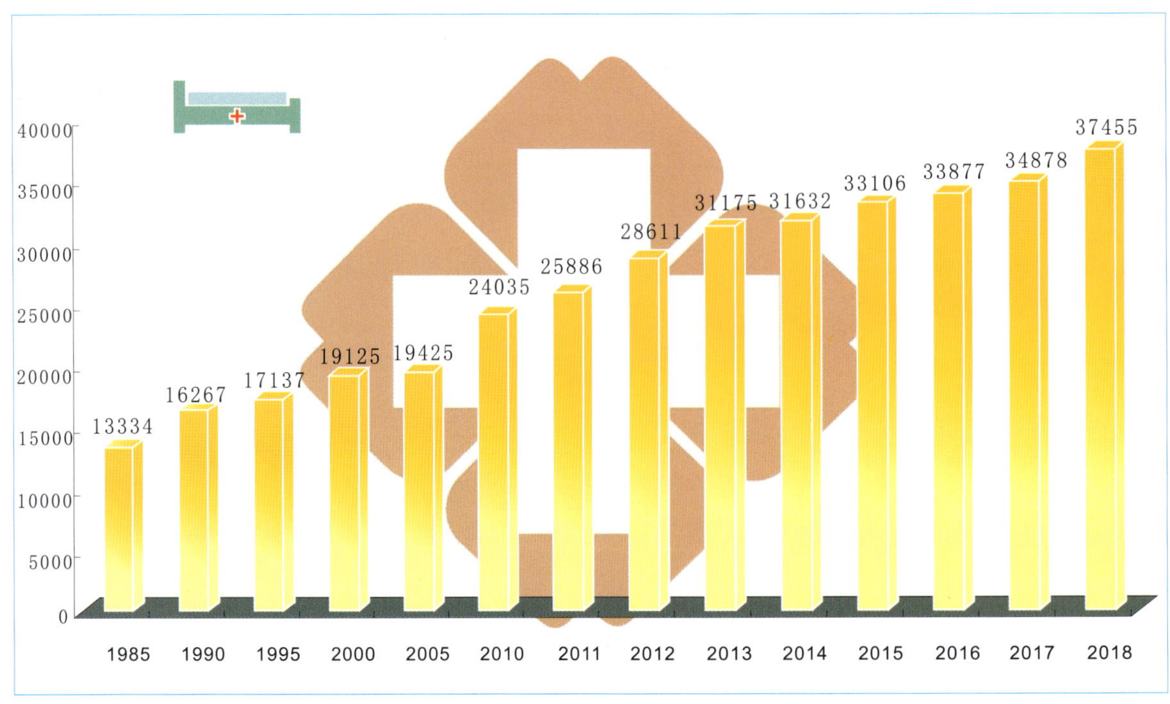

卫生机构医疗床位（张）

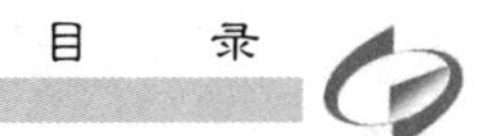

目 录

综 合

国民经济核算

人　　口

就业与职工工资

农林牧渔业

工业与交通

房地产开发投资

建 筑 业

批发零售、住宿餐饮与旅游业

对外经济

价格指数

财政金融

人民生活

科技、教育与文化

卫生、体育与其他

城市比较

附　　录

1 综　合

1-1 行政区划

(2018年末)　　单位:个

县(市)区	街道、乡(镇)数				村(居)委会数		
	合计	街道	镇	乡	合计	社区居委会	村委会
总　计	**189**	**43**	**99**	**47**	**2896**	**508**	**2388**
市　区	**64**	**35**	**25**	**4**	**822**	**318**	**504**
鼓楼区	10	9	1		69	69	
台江区	10	10			52	52	
仓山区	13	8	5		178	76	102
晋安区	9	3	4	2	191	77	114
马尾区	4	1	3		76	14	62
长乐区	18	4	12	2	256	30	226
七县(市)	**125**	**8**	**74**	**43**	**2074**	**190**	**1884**
福清市	24	7	17		496	58	438
闽侯县	15	1	8	6	327	31	296
连江县	23		16	7	278	35	243
罗源县	11		6	5	202	13	189
闽清县	16		11	5	292	21	271
永泰县	21		9	12	267	12	255
平潭县	15		7	8	212	20	192

注:2017年起市区含长乐,下同。

1-2 国民经济和社会发展总量和速度指标

项目	单位	总量指标				
		1990年	1995年	2000年	2005年	2010年
人口与就业						
年末户籍总人口	万人	535.30	562.27	589.23	614.84	645.90
#市区人口	万人	129.24	137.52	148.49	176.11	188.59
社会从业人员	万人	245.83	280.45	293.62	330.00	389.24
#城镇单位职工人数	万人	75.79	82.40	68.42	80.95	105.48
城镇私营个体从业人员	万人	6.19	9.67	21.30	37.19	65.35
国民经济核算						
地区生产总值	亿元	102.40	464.14	876.39	1491.40	3123.41
第一产业	亿元	29.41	98.52	135.18	174.78	282.73
第二产业	亿元	41.21	167.19	378.89	670.80	1401.92
第三产业	亿元	31.78	198.44	362.32	645.82	1438.76
工　业	亿元	34.50	130.01	321.15	564.20	1127.59
建筑业	亿元	6.71	37.18	57.74	106.60	274.33
工农业						
农林牧渔业总产值	亿元	42.48	159.46	217.42	290.79	480.01
规模以上工业总产值	亿元			750.11	1860.18	4544.17
固定资产投资						
固定资产投资	亿元		174.75	237.53	603.26	2317.44
#房地产开发投资	亿元		55.00	75.85	222.03	670.69
贸易与价格						
社会消费品零售总额	亿元	45.28	133.27	351.77	664.55	1624.28
居民消费价格指数(以上年为100)	%	100.1	118.2	101.7	102.6	103.2
对外经济						
进出口总额	亿美元	3.23	23.50	51.18	136.89	246.00
出口总额	亿美元	2.34	15.67	27.29	86.72	163.14
进口总额	亿美元	0.89	7.82	23.89	50.17	82.86
新批外资项目	项	233	678	295	326	186
合同外资金额	亿美元	2.74	32.27	9.55	11.66	16.73
实际利用外资(历史可比口径)	亿美元	1.02	11.25	8.01	16.00	24.82
(验资口径)	亿美元				6.40	11.85

注:1.2017年起固定资产为不含农户数据,下同。
2.2016年、2017年农林牧渔业产值等数据,以第三次全国农业普查数据为基础进行了核定和修订,下同。

		平均增长速度(%)					
2015 年	2018 年	1991－2018 年	1996－2018 年	2001－2018 年	2006－2018 年	2011－2018 年	2016－2018 年
678.37	702.66	0.98	0.97	0.98	1.03	1.06	1.18
199.96	284.59	2.86	3.21	3.68	3.76	5.28	12.48
511.77	625.38	3.39	3.55	4.29	5.04	6.11	6.91
156.28	174.23	3.02	3.31	5.33	6.07	6.47	3.69
122.83	218.00	13.56	14.51	13.79	14.57	16.25	21.07
5618.08	7856.81	14.19	12.23	11.49	11.61	10.24	8.58
434.69	494.66	5.39	4.53	3.50	3.76	4.26	4.05
2449.55	3204.90	15.80	13.66	12.15	11.85	10.54	7.27
2733.83	4157.26	15.34	12.41	12.57	12.79	10.80	10.32
1875.26	2416.16	16.11	13.90	12.06	11.63	10.48	7.74
580.40	797.27	13.69	11.84	12.71	13.08	11.09	6.24
764.88	876.78	6.28	4.94	4.09	4.40	4.10	3.53
7845.00							
4893.91			14.82	17.29	16.08	14.78	10.27
1381.12	1440.32		15.25	17.77	15.47	10.03	1.41
3488.74	4666.46	18.00	16.72	15.44	16.17	14.10	10.18
101.7							
333.42	374.22	18.50	12.79	11.69	8.04	5.38	3.92
211.20	252.71	18.21	12.85	13.16	8.58	5.62	6.16
122.23	121.51	19.19	12.67	9.46	7.04	4.90	－0.20
339	524	2.94	－1.11	3.24	3.72	13.82	15.62
31.75	40.01	10.05	0.94	8.29	9.95	11.52	8.01
16.79	7.83				1.56	－5.05	－22.46

1-2 续表

项　　目	单 位	总量指标				
		1990 年	1995 年	2000 年	2005 年	2010 年
财政金融						
一般公共预算总收入	亿元		37.84	68.79	165.22	402.51
一般公共预算收入	亿元	10.94	25.82	55.35	127.68	247.82
一般公共预算支出	亿元	8.28	27.45	54.04	118.99	262.42
金融机构存款年末余额	亿元	85.41	397.14	1033.85	2375.75	5909.42
金融机构贷款年末余额	亿元	67.72	236.08	883.05	1772.78	4953.91
人民生活						
城镇非私营单位在岗职工平均工资	元	2128	5827	11199	18314	34806
城镇居民人均可支配收入	元	1537	4896	7944	12661	22723
城镇居民人均消费支出	元	1381	4021	6009	8382	15778
农村居民人均可支配(纯)收入	元	864	2303	3860	5197	8543
农村居民人均消费支出	元	765	1818	2921	3503	6071
教育卫生						
普通高等学校数	所	12	12	13	36	31
普通高等学校在校学生数	人	28188	34162	65737	194073	281680
普通高等学校专任教师数	人	4329	4047	4754	12698	17209
普通中学学校数	所	247	327	364	467	326
普通中学在校学生数	人	213767	285031	378207	417772	327105
普通中学专任教师数	人	13140	16461	20305	25158	24390
卫生机构数	个	1208	1067	1633	1675	1837
# 医院、卫生院	个	198	199	242	240	202
卫生技术人员数	人	23953	24180	23034	25203	34366
# 医生	人	9330	10275	10639	11056	13813
卫生机构床位数	张	16267	17137	19125	19425	24035

		平均增长速度(%)					
2015 年	2018 年	1991－2018 年	1996－2018 年	2001－2018 年	2006－2018 年	2011－2018 年	2016－2018 年
848.04	985.04		15.22	15.94	14.72	11.84	5.12
560.46	680.38	15.89	15.29	14.96	13.74	13.46	6.68
725.93	924.76	18.34	16.52	17.09	17.08	17.05	8.40
10831.49	13751.86	19.90	16.66	15.46	14.46	11.14	8.28
10583.71	14843.80	21.23	19.73	16.97	17.76	14.70	11.94
62478	80567	13.86	12.10	11.59	12.07	11.06	8.85
34982	44457	12.77	10.07	10.04	10.14	8.75	8.32
24825	29849	11.60	9.11	9.31	10.26	8.30	6.34
15203	19419	11.76	9.71	9.39	10.67	10.81	8.50
13152	16250	11.53	9.99	10.00	12.53	13.10	7.31
32	34	3.79	4.63	5.49	-0.44	1.16	2.04
320965	319943	9.06	10.21	9.19	3.92	1.60	-0.11
19982	20523	5.72	7.31	8.46	3.76	2.23	0.89
322	320	0.93	-0.09	-0.71	-2.87	-0.23	-0.21
300024	321625	1.47	0.53	-0.90	-1.99	-0.21	2.34
24091	24737	2.29	1.79	1.10	-0.13	0.18	0.89
2020	2065	1.93	2.91	1.31	1.62	1.47	0.74
232	243	0.73	0.87	0.02	0.10	2.34	1.56
49934	56607	3.12	3.77	5.12	6.42	6.44	4.27
18307	21189	2.97	3.20	3.90	5.13	5.49	4.99
33106	37455	3.02	3.46	3.80	5.18	5.70	4.20

1－3 各个计划时期主要经济指标总量

项目	单位	"一五"时期	"二五"时期	1963～1965年	"三五"时期	"四五"时期	"五五"时期	"六五"时期
地区生产总值	亿元	16.73	26.69	16.59	30.74	42.87	65.26	143.43
第一产业	亿元	6.70	7.46	5.94	10.82	13.11	17.91	44.84
第二产业	亿元	3.32	9.38	4.12	9.16	18.33	29.83	63.49
第三产业	亿元	6.71	9.86	6.53	10.80	11.43	17.52	35.10
农林牧渔业总产值	亿元	7.74	10.51	8.60	16.56	19.33	26.17	63.94
工业总产值	亿元	6.76	18.95	10.88	26.59	38.50	79.54	161.99
一般公共预算总收入	亿元	2.23	4.79	1.95	4.20	7.67	10.54	16.98
一般公共预算收入	亿元	2.23	4.79	1.95	4.20	7.67	10.54	16.98
一般公共预算支出	亿元	1.08	2.17	1.26	2.42	3.98	6.21	11.81
金融机构存款年末余额	亿元	1.42	3.93	3.45	3.92	5.85	15.12	28.98
金融机构贷款年末余额	亿元	1.23	4.14	2.94	4.82	7.39	13.81	30.29
社会消费品零售总额	亿元	12.23	18.56	12.05	20.70	24.70	37.81	72.27
出口总额	亿美元						0.02	0.56
实际利用外资(验资口径)	亿美元							

1-3　续表

项　　目	单位	"七五"时期	"八五"时期	"九五"时期	"十五"时期	"十一五"时期	"十二五"时期	"十三五"前三年
地区生产总值	亿元	372.02	1327.78	3743.34	5943.67	11799.33	23419.57	21139.97
第一产业	亿元	108.68	295.78	630.45	750.31	1141.59	1931.05	1448.13
第二产业	亿元	156.69	501.83	1532.21	2717.48	5055.87	10553.22	8708.74
第三产业	亿元	106.66	530.17	1581.68	2475.88	5601.87	10935.31	10983.11
农林牧渔业总产值	亿元	157.60	460.37	1009.35	1230.61	1952.59	3356.13	2445.33
工业总产值	亿元	485.13	1686.96	4578.07	8334.73	18045.87	35685.57	27487.02
一般公共预算总收入	亿元	42.06	94.22	298.15	708.20	1462.53	3421.03	3057.90
一般公共预算收入	亿元	42.06	94.22	213.19	457.44	911.02	2227.36	1913.45
一般公共预算支出	亿元	32.88	87.05	215.72	428.17	931.10	2608.61	2693.54
金融机构存款年末余额	亿元	85.41	351.44	1033.85	2375.75	5909.42	10831.49	14204.30
金融机构贷款年末余额	亿元	67.72	203.21	883.05	1772.78	4953.91	10583.71	15364.34
社会消费品零售总额	亿元	180.29	427.13	1365.78	2552.88	5833.97	13501.03	12623.47
出口总额	亿美元	5.21	45.72	103.39	272.92	643.89	1069.57	685.29
实际利用外资(验资口径)	亿美元					45.80	72.72	45.79

1-4 各个计划时期主要经济指标年均发展速度

单位:%

项目	"恢复"时期(1950~1952)	"一五"时期(1953~1957)	"二五"时期	1963~1965年	"三五"时期	"四五"时期	"五五"时期
年末户籍总人口	103.01	102.71	102.46	102.41	101.75	102.69	101.93
#市区人口	103.61	103.72	102.95	101.31	98.81	102.08	102.14
地区生产总值	119.71	111.20	97.81	112.37	101.10	105.41	112.35
第一产业	116.58	106.85	92.96	116.75	100.15	98.57	111.59
第二产业	133.76	113.94	104.98	115.10	106.37	112.39	113.38
第三产业	121.74	109.89	108.52	105.66	97.79	105.67	111.54
农林牧渔业总产值	114.41	107.15	97.05	114.45	101.15	99.34	107.80
全部工业总产值	126.76	116.38	108.03	119.24	108.39	112.01	111.10
规上工业总产值							
一般公共预算收入	393.50	114.20	111.06	101.67	105.39	104.74	109.92
一般公共预算支出		113.47	101.20	107.15	110.05	105.27	110.36
金融机构存款年末余额	162.05	122.45	122.52	95.72	102.60	108.31	120.93
金融机构贷款年末余额	132.57	158.86	127.47	89.22	110.39	108.91	113.33
社会消费品零售总额	124.29	114.30	107.83	98.80	100.45	106.18	113.64
出口总额							
实际利用外资额(历史可比口径)							
实际利用外资额(验资口径)							
城镇非私营单位在岗职工平均工资			98.31	103.76	98.67	101.72	102.49
城镇居民人均可支配收入	111.02	107.89	102.02	105.45	103.15	103.11	103.22
农村居民人均可支配(纯)收入	105.38	102.42	104.43	108.00	104.86	95.56	106.62

1-4　续表　　　　单位:%

项　目	"六五"时期	"七五"时期	"八五"时期	"九五"时期	"十五"时期	"十一五"时期	"十二五"时期	"十三五"前三年
年末户籍总人口	101.68	101.83	100.99	100.94	100.85	100.99	100.99	101.18
#市区人口	102.04	101.67	101.25	101.55	103.47	101.38	101.18	112.48
地区生产总值	114.04	111.07	123.62	114.98	110.99	113.84	111.23	108.58
第一产业	108.06	116.53	109.43	108.32	102.81	102.98	104.38	104.05
第二产业	116.72	106.53	126.16	119.27	113.72	113.98	112.55	107.27
第三产业	115.22	113.65	129.77	111.84	110.67	116.05	111.09	110.32
农林牧渔业总产值	109.39	108.63	112.66	108.06	103.29	104.88	104.44	103.53
全部工业总产值	117.18	119.88	127.68	121.99	116.28	118.78	113.40	
规上工业总产值								
一般公共预算收入	114.25	116.32	118.73	118.73	118.20	114.18	117.73	106.68
一般公共预算支出	122.04	116.16	127.08	114.51	117.07	117.14	122.57	108.40
金融机构存款年末余额	113.90	124.13	132.69	128.91	118.11	119.99	112.88	108.28
金融机构贷款年末余额	117.02	117.45	124.58	141.61	114.96	122.82	116.40	111.94
社会消费品零售总额	113.97	117.38	124.10	121.42	113.50	119.57	116.52	110.18
出口总额	176.85	175.98	146.33	121.42	126.01	113.47	105.30	106.16
实际利用外资额(历史可比口径)	155.92	146.03	161.56	93.43	114.84	109.18		
实际利用外资额(验资口径)						113.11	107.22	77.54
城镇非私营单位在岗职工平均工资	108.86	115.00	122.32	113.96	110.34	113.70	112.41	108.85
城镇居民人均可支配收入	116.64	117.78	126.08	110.16	109.77	112.41	110.86	108.32
农村居民人均可支配(纯)收入	125.66	115.35	121.66	110.88	106.13	110.45	112.75	108.50

1-5 国民经济主要比例关系

单位:%

项目	1995年	2000年	2005年	2006年	2007年	2008年	2009年	2010年
三次产业结构								
第一产业	21.23	15.43	11.72	10.44	10.06	10.04	9.29	9.05
第二产业	36.02	43.23	44.98	42.74	41.76	41.49	42.56	44.88
第三产业	42.75	41.34	43.30	46.82	48.18	48.47	48.15	46.06
工农业总产值结构								
农林牧渔业	23.93	16.21	11.63	10.96	10.10	10.09	9.39	8.97
工业	76.07	83.79	88.37	89.04	89.90	89.91	90.61	91.03
农林牧渔业总产值结构								
#农业	31.53	28.44	27.78	28.22	26.55	21.97	26.61	27.06
林业	3.45	3.19	2.19	2.21	2.21	1.72	2.48	2.77
牧业	17.25	18.15	17.56	16.11	15.38	12.54	14.17	12.73
渔业	47.77	50.22	51.94	52.92	51.68	41.21	52.76	53.79
工业总产值轻重工业结构								
轻工业	58.41	43.88	38.93	39.70	40.14	39.84	40.48	40.04
重工业	41.59	56.12	61.07	60.30	59.86	60.16	59.52	59.96
固定资产投资额结构								
#房地产开发投资	21.47	31.93	36.80	41.13	34.60	24.81	21.97	28.94
进出口总额结构								
出口总额	66.71	53.39	63.35	64.52	66.04	66.79	67.26	66.32
进口总额	33.29	46.61	36.65	36.65	33.96	33.21	32.74	33.68

注:工业总产值中主要比例关系2000年起为规模以上工业的比例。

1－5　续表　　单位:%

项　目	2011年	2012年	2013年	2014年	2015年	2016年	2017年	2018年
三次产业结构								
第一产业	8.70	8.73	8.60	8.00	7.74	7.94	6.51	6.30
第二产业	45.80	45.25	45.60	45.50	43.60	41.80	41.12	40.79
第三产业	45.50	46.02	45.80	46.50	48.66	50.26	52.37	52.91
工农业总产值结构								
农林牧渔业	8.60	8.96	8.60	8.36	8.54	7.84	8.40	8.25
工　业	91.40	91.04	91.40	91.64	91.46	92.16	91.60	91.75
农林牧渔业总产值结构								
#农　业	26.17	25.93	25.80	27.43	28.06	29.52	30.47	30.81
林　业	2.86	2.72	2.76	3.14	2.93	3.37	3.03	3.47
牧　业	13.44	11.79	10.81	9.95	9.92	9.96	8.41	7.17
渔　业	54.14	56.41	57.56	56.44	56.00	53.79	54.85	55.30
工业总产值轻重工业结构								
轻工业	41.17	44.77	45.88	47.39	49.86	51.43	53.69	
重工业	58.83	55.23	54.12	52.61	50.14	48.57	46.31	
固定资产投资额结构								
#房地产开发投资	35.16	29.76	32.68	32.86	28.22	32.18	29.09	
进出口总额结构								
出口总额	69.49	68.03	61.53	61.27	63.34	67.68	63.40	67.53
进口总额	30.51	31.97	38.47	38.73	36.66	32.32	36.60	32.47

1－6 主要经济指标人均值

项目	单位	1995 年	2000 年	2005 年	2006 年	2007 年	2008 年	2009 年	2010 年
地区生产总值	元	8219	14841	20292	25216	30130	34668	38015	44000
农林牧渔业总产值	元	2853	3709	4750	5063	5524	6354	6449	7476
工业总产值	元	8280	18360	36104	41144	49170	56260	62241	75829
固定资产投资额	元	3127	4052	9855	11835	15984	19726	25845	36091
社会消费品零售总额	元	2385	5998	10857	12590	15121	18079	21010	25296
进出口总额	美元	420	874	2236	2546	2975	3214	2803	3831
出口总额	美元	280	466	1417	1643	1965	2146	1885	2541
进口总额	美元	140	408	820	903	1011	1067	918	1284
实际利用外资额（验资口径）	美元			97	99	104	147	151	169
一般公共预算总收入	元	677	1278	3193	3809	3951	4552	5108	6269
一般公共预算收入	元	462	944	2086	2465	2339	2667	3065	3859
一般公共预算支出	元	491	922	1941	2300	2284	2779	3219	4087
城镇非私营单位在岗职工平均工资	元	5827	11199	18314	20666	23950	27521	30704	34806
城镇居民人均可支配收入	元	4896	7944	12661	14206	16642	19009	20289	22723
城镇居民人均消费支出	元	4021	6009	8382	9595	11790	13541	14105	15778
农村居民人均可支配(纯)收入	元	2303	3860	5197	5592	6286	7142	7669	8543

1－6　续表

项　　目	单位	2011年	2012年	2013年	2014年	2015年	2016年	2017年	2018年
地区生产总值	元	52152	58202	64134	69995	75259	82251	93047	102037
农林牧渔业总产值	元	7720	8640	9346	9895	10246	9950	10752	11387
工业总产值	元	82057	87813	99302	108460	109782	116926	117285	126563
固定资产投资额	元	38005	45148	52975	59954	65558	69251	76473	
社会消费品零售总额	元	27213	32064	36711	41475	46735	49942	55074	60603
进出口总额	美元	4851	4293	4302	4694	4466	4200	4523	4860
出口总额	美元	3371	2921	2647	2876	2829	2843	2868	3282
进口总额	美元	1480	1372	1655	1818	1637	1357	1656	1578
实际利用外资额（验资口径）	美元	178	185	196	209	225	241	261	102
一般公共预算总收入	元	7069	8257	9434	10568	11360	12396	13207	14521
一般公共预算收入	元	4471	5280	6214	6918	7508	7948	8328	8836
一般公共预算支出	元	5076	5677	7308	7783	9725	11014	12329	12010
城镇非私营单位在岗职工平均工资	元	41725	48089	53333	58839	62478	67630	75133	80567
城镇居民人均可支配收入	元	26050	29399	32265	32451	34982	37833	40973	44457
城镇居民人均消费支出	元	17847	20040	21695	23330	24825	26392	27427	29849
农村居民人均可支配(纯)收入	元	10107	11492	12910	14012	15203	16346	17865	19419

1－7 平均每天主要社会经济活动

项　　目	单位	1995 年	2000 年	2005 年	2006 年	2007 年	2008 年	2009 年	2010 年
地区生产总值	万元	12716	24011	40860	46217	55597	64539	71344	85573
工业总产值	万元	13885	30790	60548	69752	84401	98208	108648	133399
农林牧渔业总产值	万元	4369	5957	7967	8583	9483	11022	11257	13151
固定资产投资	万元	4788	6508	16528	20064	27437	34216	45116	63492
社会消费品零售总额	万元	3651	9637	18207	21343	25955	31360	36675	44501
进出口总额	万美元	644	1402	3750	4316	5107	5575	4893	6740
出口总额	万美元	429	748	2376	2785	3373	3723	3291	4470
进口总额	万美元	215	654	1375	1532	1735	1846	1602	2270
实际利用外资额（验资口径）	万美元			175	181	192	274	283	325
一般公共预算总收入	万元	1037	2052	5355	6458	6783	7896	8916	11028
一般公共预算收入	万元	707	1517	3498	4179	4015	4626	5350	6790
一般公共预算支出	万元	752	1481	3256	3899	3921	4821	5619	7190
沿海港口货物吞吐量	吨	30110	66438	203918	242400	176247	183633	221756	195200
出生人数	人	262	338	151	175	191	295	164	399
死亡人数	人	72	111	59	73	79	102	58	142

1－7　续表

项　　目	单位	2011 年	2012 年	2013 年	2014 年	2015 年	2016 年	2017 年	2018 年
地区生产总值	万元	102367	115368	128357	141621	153920	169334	194124	215255
工业总产值	万元	160914	174062	198739	219446	224527	240721	244693	266996
农林牧渔业总产值	万元	15140	17127	18705	20021	20956	20485	22433	24021
固定资产投资	万元	74528	89493	106023	121304	134080	142570	159545	
社会消费品零售总额	万元	53365	63557	73472	83916	95582	102818	114901	127848
进出口总额	万美元	9514	8510	8611	9497	9135	8647	9437	10253
出口总额	万美元	6611	5789	5298	5819	5786	5852	5983	6924
进口总额	万美元	2903	2720	3313	3678	3349	2795	3454	3329
实际利用外资额（验资口径）	万美元	350	367	392	424	460	496	544	214
一般公共预算总收入	万元	13863	16367	18880	21383	23234	25521	27554	30633
一般公共预算收入	万元	8768	10466	12438	13996	15355	16364	17374	18641
一般公共预算支出	万元	9953	11253	14626	15748	19889	22676	25722	25336
沿海港口货物吞吐量	吨	225158	256802	287805	327195	311263	322735	328339	399629
出生人数	人	235	228	322	323	282	282	339	297
死亡人数	人	108	79	70	84	84	82	228	107

1-8 主要年份工农林牧渔业总产值

单位:亿元

年　份	工农林牧渔业			工农林牧渔业比重(%)	
		农林牧渔业	工　业	农林牧渔业	工　业
1952	2.07	1.23	0.84	59.58	40.42
1957	3.65	1.85	1.80	50.71	49.29
1962	5.12	2.45	2.67	47.83	52.17
1965	7.80	3.21	4.59	41.18	58.82
1970	10.69	3.98	6.71	37.25	62.75
1975	15.84	3.69	12.14	23.33	76.67
1978	20.96	4.78	16.18	22.80	77.20
1979	24.34	6.28	18.06	25.80	74.20
1980	27.36	7.43	19.94	27.14	72.86
1981	31.29	9.50	21.80	30.35	69.65
1982	35.17	11.39	23.78	32.39	67.61
1983	42.71	11.90	30.81	27.86	72.14
1984	54.56	14.08	40.48	25.81	74.19
1985	62.21	17.08	45.13	27.45	72.55
1986	70.97	19.38	51.59	27.31	72.69
1987	90.50	23.54	66.95	26.02	73.98
1988	135.33	33.72	101.61	24.92	75.08
1989	166.17	38.48	127.70	23.16	76.84
1990	179.76	42.48	137.28	23.63	76.37
1991	214.50	45.59	168.91	21.25	78.75
1992	278.93	57.48	221.45	20.61	79.39
1993	416.55	79.82	336.74	19.16	80.84
1994	571.06	118.02	453.04	20.67	79.33
1995	666.28	159.46	506.82	23.93	76.07
1996	838.88	177.52	661.36	21.16	78.84
1997	997.15	194.31	802.84	19.49	80.51
1998	1143.86	204.87	938.99	17.91	82.09
1999	1266.26	215.23	1051.04	17.00	83.00
2000	1341.27	217.42	1123.85	16.21	83.79
2001	1378.03	215.39	1162.64	15.63	84.37
2002	1563.99	221.08	1342.91	14.14	85.86
2003	1861.93	234.84	1627.09	12.61	87.39
2004	2260.62	268.50	1992.10	11.88	88.12
2005	2500.78	290.79	2209.99	11.63	88.37
2006	2859.22	313.26	2545.96	10.96	89.04
2007	3426.75	346.12	3080.63	10.10	89.90
2008	3986.89	402.31	3584.58	10.09	89.91
2009	4376.53	410.88	3965.65	9.39	90.61
2010	5349.07	480.01	4869.05	8.97	91.03
2011	6425.96	552.60	5873.36	8.60	91.40
2012	6978.37	625.12	6353.25	8.96	91.04
2013	7936.74	682.75	7253.98	8.60	91.40
2014	8740.54	730.77	8009.76	8.36	91.64
2015	8960.10	764.88	8195.22	8.54	91.46
2016	9560.13	749.76	8810.37	7.84	92.16
2017	9750.07	818.79	8931.28	8.40	91.60
2018	10622.15	876.78	9745.37	8.25	91.75

主要统计指标解释

当年价格　指报告期的实际价格，如工厂的出厂价格，农产品的收购价格，商业的零售价格等。按当年价格计算，是指一些以货币表现的物量指标如工农业总产值、国内生产总值等，按照当年的实际价格来计算总量。使用当年价格计算的数字，是为了使国民经济各项指标相互衔接，便于考察当年经济效益，便于对生产和流通、生产和分配、生产和消费进行经济核算的综合平衡。

按当年价格计算的价值指标，在不同年份之间进行对比时，因为包含有各年间价格变动因素，不能确切反映实物量的增减变动。必须消除价格变动因素后，才能真实反映经济发展动态。因此，在计算增长速度时都使用按可比价格计算的数字。

可比价格　指在不同时期的价值指标对比时，扣除了价格变动的因素，以确切反映物量的变化。按可比价格计算有两种方法：一种是直接用产品产量乘某一年的不变价格计算；另一种是用价格指数换算。

不变价格　指用同类产品的年平均价格作为固定价格，来计算各年产品价值。按不变价格计算的产品价值扣除了价格变动因素，不同时期对比可以反映生产的发展速度。新中国成立后，随着工农业产品价格水平的变化，国家统计局先后五次制定了全国统一的工业产品不变价格和农业产品不变价格。从 1949 年到 1957 年使用 1952 年工（农）业产品不变价格，从 1957 年到 1971 年使用 1957 年不变价格，从 1971 年到 1981 年使用 1970 年不变价格，从 1981 年到 1990 年使用 1980 年不变价格，从 1990 年开始使用 1990 年不变价格。

平均增长速度　我国计算平均增长速度有两种方法。一种是习惯上经常使用的“水平法”，又称几何平均法，是以间隔期最后一年的水平同基期水平对比来计算平均每年增长（或下降）速度。另一种是“累计法”，又称代数平均法或方程法，是以间隔期内各年的总和同基期水平对比来计算平均每年增长（或下降）速度。在一般正常情况下，两种方法计算的平均每年增长速度比较接近，但在经济发展不平衡，出现大起大落时，两种方法计算的结果差别较大。

本《年鉴》内所列的平均增长速度，均用“水平法”计算。从某年到某年平均增长速度的年份，均不包括基数年在内。如改革开放以来的平均增长速度是以 1978 年为基期计算的，则写为 1979－2010 年平均增长速度，其余类推。

各个计划时期　表内所用各个“时期”代表的年份如下：恢复时期为 1950 年到 1952 年；第一个五年计划时期（简称一五时期）为 1953 年到 1957 年；第二个五年计划时期（简称二五时期）为 1958 年到 1962 年；第三个五年计划时期（简称三五时期）为 1966 年到 1970 年；第四个五年计划期（简称四五时期）为 1971 年到 1975 年；第五个五年计划时期（简称五五时期）为 1976 年到 1980 年；第六个五年计划时期（简称六五时期）为 1981 年到 1985 年；第七个五年计划（简称七五时期）为 1986 年到 1990 年；第八个五年计划时期（简称八五时期）为 1991 年到 1995 年；第九个五年计划时期（简称九五时期）为 1996 年到 2000 年；第十个五年计划时期（简称十五时期）为 2001 年到 2005 年；第十一个五年计划时期（简称十一五时期）为 2006 年到 2010 年；第十二个五年计划时期（简称十二五时期）为 2011 年到 2015 年；第十三个五年计划时期（简称十三五时期）为 2016 年到 2020 年。

国民经济行业分类　在统计工作中为取得分行业的数据资料并统一分类和编码，正确反映国民经济各行业的结构和发展状况，便于研究国民经济的各项比例关系，而制定的国民经济行业划分标准。按现行统计制度规定，我国行业划分为 20 门类，排列顺序如下：

（1）农、林、牧、渔业；（2）采矿业；（3）制造业；（4）电力、燃气及水的生产和供应业；（5）建筑业；（6）批发和零售业；（7）交通运输、仓储和邮政业；（8）住宿和餐饮业；（9）信息传输、软件和信息技术服务业；（10）金融业；（11）房地产业；（12）租赁和商务服务业；（13）科学研究和技术服务业；（14）水利、环境和公共设施管理业；（15）居民服务、修理和其他服务业；（16）教育；（17）卫生和社会工作；（18）文化、体育和娱乐业；（19）公共管理、社会保障和社会组织；（20）国际组织。

三次产业 是根据社会生产活动历史发展的顺序对产业结构的划分，产品直接取自自然界的部门称为第一产业，对初级产品进行再加工的部门称为第二产业，为生产和消费提供各种服务的部门称为第三产业。它是世界上较为通用的产业结构分类，但各国的划分不尽一致。我国的三次产业划分：

第一产业：农林牧渔业（包括农业、林业、牧业和渔业等，不包含农村牧渔服务业）。

第二产业：工业（包括采掘业，制造业，电力、煤气及水的生产和供应业，不包括开采辅助活动和金属制品、机械和设备修理业）和建筑业。

第三产业：除第一、第二产业以外的其他各业。由于第三产业包括的行业多、范围广，根据我国的实际情况，第三产业可分为两大部门：一是流通部门，二是服务部门。具体又可分为四个层次。

2 国民经济核算

2-1　总产出中间投入率和增加值率

单位:%

项　　目	2000年	2001年	2002年	2003年	2004年	2005年	2006年	2007年	2008年
社会劳动生产率(元/人)	**29910**	**32294**	**34590**	**38293**	**42147**	**45813**	**50355**	**58142**	**65250**
总产出中间投入率	**59.5**	**60.4**	**60.0**	**61.6**	**62.5**	**63.6**	**63.7**	**63.4**	**63.2**
第一产业	37.8	38.4	38.5	38.8	39.6	39.9	40.5	41.0	41.2
第二产业	71.0	71.7	71.8	71.3	72.0	74.3	75.7	76.0	76.0
第三产业	38.5	38.6	40.4	41.5	42.5	45.7	42.7	41.5	40.7
#工　业	72.3	72.5	72.7	72.3	73.0	74.8	76.6	77.6	77.9
建筑业	61.8	66.6	65.7	65.5	66.1	71.7	69.7	63.7	63.2
交通运输、仓储和邮政业	42.9	42.1	42.9	42.9	44.8	53.7	53.7	54.7	54.8
批发和零售业	36.6	37.0	40.1	39.2	39.8	29.0	19.2	16.2	14.5
金融业	16.7	18.8	37.9	43.1	45.3	53.9	59.0	55.6	55.6
房地产业	12.8	14.5	16.7	15.2	16.2	18.8	12.3	18.5	14.0
增加值率	40.5	39.6	40.0	38.4	37.5	36.4	36.3	36.6	36.8
第一产业	62.2	61.6	61.5	61.2	60.4	60.1	59.5	59.0	58.8
第二产业	29.0	28.3	28.2	28.7	28.0	25.7	24.3	24.0	24.0
第三产业	61.5	61.4	59.6	58.5	57.5	54.3	57.3	58.5	59.3
#工　业	27.7	27.5	27.3	27.7	27.0	25.3	23.4	22.4	22.1
建筑业	38.2	33.4	34.3	34.5	33.9	28.3	30.3	36.3	36.8
交通运输、仓储和邮政业	57.1	57.9	57.1	57.1	55.2	46.3	46.4	45.4	45.2
批发和零售业	63.4	63.0	59.9	60.8	60.2	71.0	80.8	83.8	85.5
金融业	83.3	81.2	62.1	56.9	54.7	46.1	41.0	44.4	44.4
房地产业	87.2	85.5	83.3	84.8	83.8	81.2	87.7	81.5	86.0

注:1.本表均按当年价格计算;2.本表中2004年及以前年份第一产业不包括农林牧渔服务业;3、2013年及以后年份第一产业不包括农林牧渔服务业;第二产业不包括开采辅助活动和金属制品、机械和设备修理业,第三产业包括农林牧渔服务业、开采辅助活动和金属制品、机械和设备修理业;4.因普查年度,2018年数据未公布。

2-1 续表

单位:%

项目	2009年	2010年	2011年	2012年	2013年	2014年	2015年	2016年	2017年
社会劳动生产率(元/人)	**71369**	**82742**	**91709**	**96000**	**102479**	**109262**	**112891**	**118275**	**129054**
总产出中间投入率	**62.6**	**63.2**	**63.4**	**63.2**	**63.2**	**64.1**	**64.0**	**64.6**	**63.2**
第一产业	41.1	41.1	41.2	41.2	41.4	41.3	41.4	41.5	41.8
第二产业	74.4	74.3	75.1	74.5	74.2	75.3	75.9	76.7	75.0
第三产业	43.4	43.6	42.7	42.3	43.1	42.2	42.2	43.9	45.7
#工　业	76.2	76.3	76.2	75.6	75.4	76.1	77.2	77.4	75.6
建筑业	63.3	61.4	69.7	69.7	69.3	71.9	70.3	74.1	72.8
交通运输、仓储和邮政业	56.1	56.3	56.5	57.2	57.6	58.6	58.6	59.5	60.4
批发和零售业	26.3	25.8	25.7	27.2	27.0	30.5	31.0	30.0	32.2
金融业	57.7	59.2	53.0	49.8	48.4	43.2	44.9	45.3	22.0
房地产业	23.3	16.7	22.8	18.3	28.0	20.8	19.6	24.9	38.6
增加值率	37.4	36.8	36.6	36.8	36.8	35.9	36.0	35.4	36.8
第一产业	58.9	58.9	58.8	58.8	58.6	58.7	58.6	58.5	58.2
第二产业	25.6	25.7	24.9	25.5	25.8	24.7	24.1	23.3	25.0
第三产业	56.6	56.4	57.3	57.7	56.9	57.8	57.8	56.1	54.3
#工　业	23.8	23.7	23.8	24.4	24.6	23.9	22.8	22.6	24.4
建筑业	36.7	38.6	30.3	30.3	30.7	28.1	29.7	25.9	27.2
交通运输、仓储和邮政业	43.9	43.7	43.5	42.8	42.4	41.4	41.4	40.5	39.6
批发和零售业	73.7	74.2	74.3	72.8	73.0	69.5	69.0	70.0	67.8
金融业	42.3	40.8	47.0	50.2	51.6	56.8	55.1	54.7	78.0
房地产业	76.7	83.3	77.2	81.7	72.0	79.2	80.4	75.1	61.4

2－2　主要年份地区生产总值

单位:万元

年　份	地区生产总值	第一产业	第二产业	第三产业	工　业	建筑业
1950	14583	7919	2051	4613		
1952	23431	11231	4333	7867	2339	1994
1957	40773	14547	9449	16777	5041	4408
1962	47418	15684	11327	20407	7484	3842
1965	62052	21946	17225	22881	12846	4379
1970	69747	25181	24039	20527	18789	5250
1975	92367	24119	44093	24155	34001	10092
1978	126791	33933	59896	32962	45308	14588
1979	149738	42468	68698	38572	50574	18124
1980	181671	51745	82093	47833	55826	26267
1985	397567	121532	177895	98140	143136	37560
1990	1023959	294057	412126	317776	345036	67090
1991	1188295	317474	511091	359730	407668	103423
1992	1500027	396097	629221	474709	498552	130669
1993	2457166	530391	891704	1035071	691612	200092
1994	3490842	728654	1314413	1447775	1033673	280740
1995	4641433	985156	1671910	1984367	1300113	371797
1996	5755810	1108933	2205312	2441565	1704501	500811
1997	6873322	1209896	2674609	2988816	2147299	527310
1998	7766600	1285522	3172875	3318203	2536111	636764
1999	8273850	1348355	3480443	3445053	2855006	625437
2000	8763866	1351819	3788885	3623162	3211520	577365
2001	9432352	1326433	4094302	4011617	3469752	624550
2002	10116906	1360279	4496871	4259756	3853609	643262
2003	11621308	1436978	5489984	4694345	4638391	851593
2004	13352090	1631635	6385658	5334798	5395622	990036
2005	14913998	1747751	6707966	6458281	5641988	1065978
2006	16869271	1761368	7210483	7897420	6018520	1191963
2007	20292767	2042409	8474157	9776201	6995548	1478609
2008	23556710	2364867	9773002	11418841	7912404	1860598
2009	26040448	2420004	11081880	12538565	8916393	2165487
2010	31234091	2827270	14019195	14387627	11275850	2743345
2011	37363796	3250916	17111859	17001021	13551859	3560000
2012	42109279	3677283	19054971	19377025	14819871	4235100
2013	46850151	3876188	21348267	21625696	16545111	4856100
2014	51691647	4159141	23521541	24010965	18168681	5411000
2015	56180844	4346949	24495547	27338347	18752552	5804047
2016	61976395	4922506	25904250	31149640	19788331	6214590
2017	70855222	4612234	29134103	37108885	22271516	6981960
2018	78568123	4946600	32048955	41572568	24161565	7972696

注:本表2018年数据为快报数。

2-2 续表

单位:万元

年份	交通运输仓储邮政业	批发零售餐饮业	金融业	房地产业	其它服务业	人均地区生产总值(元)
1950						66
1952	1507	1814				100
1957	3214	3539				153
1962	3910	6256				158
1965	4383	4976				192
1970	3870	5090				199
1975	4628	6868				229
1978	6369	8652	8181	1791	7969	293
1979	7450	10120	9944	2094	8964	340
1980	9226	12532	12408	2643	11024	406
1985	20473	27578	26219	5544	20453	817
1990	62100	61317	79921	17265	97173	1936
1991	76580	68167	92864	19904	102215	2190
1992	108374	91788	127291	26266	120990	2763
1993	229609	266950	201312	73357	263843	4441
1994	357843	358764	247363	128917	354888	6244
1995	485195	491104	373274	155118	479676	8219
1996	660012	685883	278543	161692	655435	10126
1997	734410	828821	477026	186448	762111	11891
1998	794626	940001	467615	234067	881894	13330
1999	848997	976903	425756	253258	940139	14308
2000	902028	1125373	390780	276047	928934	14841
2001	977560	1211960	413561	320973	1087563	15835
2002	1031353	1318678	377195	367755	1164775	16901
2003	1120000	1418818	451263	447554	1256710	17695
2004	1274062	1454480	529418	489638	1587200	20292
2005	1005975	1682811	474732	817981	2728433	22529
2006	1111982	1843246	679661	1243742	3293032	25216
2007	1185324	2440691	1039662	1242843	4206530	30130
2008	1338803	2896368	1368952	1243969	4957449	33884
2009	1385113	3172696	1555680	1300750	5553123	37041
2010	1581008	3871916	1847059	1349835	6212064	44000
2011	1775830	4467801	2461557	1660739	6477196	52152
2012	1827400	4810790	2909155	2227017	7437590	58202
2013	1975901	5199658	3335424	2521028	8593685	64134
2014	2289913	5599869	4056917	2432344	9631922	69995
2015	2434700	5898586	4548002	2616584	11840475	75259
2016	2525898	6220386	5070225	3172464	14160667	82251
2017	3255590	6980439	5966217	3788179	17118460	93047
2018	3376112	7435911	6227008	4432475	19584791	102037

2－3 主要年份地区生产总值指数

（以上年为100）

单位:%

年 份	地区生产总值	第一产业	第二产业	第三产业	工 业	建筑业	交通运输仓储邮政业	批发和零售业	人均地区生产总值
1952	117.0	110.2	155.9	118.9	160.0	150.2	118.9	113.3	114.0
1957	112.1	110.5	105.4	80.2	100.6	111.6	80.2	73.8	109.6
1962	95.6	105.9	80.3	96.6	86.0	71.1	96.6	132.2	93.8
1965	117.4	118.2	134.2	106.4	131.1	144.2	106.4	103.4	114.8
1970	107.2	110.4	120.2	91.7	118.5	126.8	93.2	94.7	107.5
1975	101.2	94.7	106.3	101.2	109.9	95.6	101.2	110.4	98.9
1978	122.0	117.9	135.0	108.4	123.4	190.8	109.4	107.2	119.6
1979	114.5	113.2	114.4	116.1	111.4	123.9	116.1	116.1	112.2
1980	119.9	117.3	120.5	122.0	111.3	146.1	121.8	121.8	118.3
1985	128.5	108.9	131.7	142.7	136.8	115.3	150.9	149.7	126.4
1990	108.2	152.1	79.0	138.9	79.0	79.0	132.0	123.3	106.1
1991	112.2	106.6	119.7	107.6	115.8	138.0	118.7	105.6	109.3
1992	119.5	111.7	121.0	124.5	124.8	106.1	130.4	133.8	119.5
1993	140.0	107.2	130.7	179.6	133.1	119.2	184.8	224.8	138.6
1994	126.1	96.3	142.1	124.0	144.3	130.5	145.2	120.4	124.8
1995	121.9	127.7	118.8	123.4	118.3	121.7	127.6	122.5	120.7
1996	122.5	118.9	129.6	115.7	129.6	129.8	122.8	133.6	121.7
1997	117.8	106.3	121.1	118.3	124.2	103.5	111.9	115.4	115.9
1998	115.7	108.7	121.1	111.2	121.2	120.3	107.7	113.6	114.8
1999	109.4	106.6	113.0	105.3	114.8	100.6	108.3	107.5	110.2
2000	110.0	101.8	112.4	109.2	114.8	93.5	109.2	115.9	107.7
2001	108.9	100.2	111.4	109.4	111.8	109.3	107.2	110.4	107.9
2002	110.2	103.9	114.0	108.3	115.7	104.3	108.0	110.4	109.7
2003	113.6	103.5	119.7	110.8	118.8	125.6	111.8	108.0	112.9
2004	112.7	103.9	114.9	112.7	115.0	114.3	115.0	109.5	112.3
2005	110.5	102.6	105.2	119.2	105.0	106.7	108.9	114.7	108.9
2006	112.5	97.0	108.3	121.0	108.3	108.4	107.8	109.3	111.8
2007	115.8	104.5	114.2	119.7	113.8	116.4	100.6	129.4	115.0
2008	113.7	104.9	113.7	115.4	113.2	116.4	110.8	113.5	112.7
2009	113.0	104.8	114.8	112.9	113.7	120.0	106.9	114.5	111.8
2010	114.2	103.9	119.1	111.5	118.8	120.8	114.4	116.7	113.1
2011	113.0	104.1	115.9	111.9	115.2	118.6	111.4	110.4	111.9
2012	112.1	104.7	114.9	110.6	114.1	118.3	103.3	108.3	110.9
2013	111.5	104.6	113.2	110.8	113.2	113.1	107.7	108.6	110.4
2014	110.1	104.6	111.5	109.4	111.7	111.0	113.6	110.1	108.9
2015	109.6	104.0	107.5	112.7	106.8	109.9	105.5	103.8	108.4
2016	108.5	104.1	106.7	110.7	106.7	107.3	104.3	105.1	107.4
2017	108.7	103.8	106.7	111.1	107.7	104.4	110.5	108.2	107.6
2018	108.6	104.3	108.4	109.2	108.8	107.0	108.3	107.9	107.4

注:本表2018年数据为快报数。

2－4 主要年份地区生产总值指数

（以1952年为100）

单位:%

年份	地区生产总值	第一产业	第二产业	第三产业	人均地区生产总值
1952	100.0	100.0	100.0	100.0	100.0
1957	170.0	139.3	192.1	160.3	149.4
1962	152.2	96.7	244.9	241.3	119.0
1965	215.9	153.9	373.5	284.6	156.5
1970	228.1	155.1	508.7	254.5	153.0
1975	296.8	144.3	912.3	335.3	172.3
1978	387.0	188.0	1240.1	408.7	209.9
1979	443.1	212.8	1418.9	474.6	235.6
1980	531.3	249.6	1709.2	578.9	278.7
1985	1024.8	367.7	3703.0	1175.3	494.1
1990	1732.2	790.3	5080.6	2229.3	768.4
1991	1943.8	842.1	6080.7	2398.9	839.9
1992	2323.7	940.5	7359.3	2985.5	1004.0
1993	2777.8	1050.5	8906.8	3715.4	1200.0
1994	3889.0	1126.1	11641.2	6672.9	1662.7
1995	4904.0	1084.5	16542.1	8274.5	2074.9
1996	5978.0	1384.9	19652.0	10210.7	2504.3
1997	7323.0	1646.6	25469.0	11813.8	3046.9
1998	8626.5	1750.3	30842.9	13975.7	3530.4
1999	9980.9	1902.6	37350.8	15540.9	4052.7
2000	10919.1	2028.2	42206.4	16364.6	4467.4
2001	12011.0	2064.7	47440.0	17870.2	4811.0
2002	13080.0	2068.8	52848.1	19550.0	5191.1
2003	14414.1	2149.5	60246.9	21172.6	5694.6
2004	16374.5	2224.7	72115.5	23459.2	6429.2
2005	18093.8	2285.5	75865.5	27963.4	7001.4
2006	20355.6	2214.1	82162.3	33835.7	7827.6
2007	23571.7	2313.7	93829.4	40501.3	9001.7
2008	26801.1	2427.1	106684.0	46738.5	10144.9
2009	30285.2	2543.6	122473.3	52767.8	11342.0
2010	34585.7	2642.8	145865.7	58836.1	12827.8
2011	39081.8	2751.2	169058.3	65837.6	14354.3
2012	43810.7	2880.5	194248.0	72816.4	15918.9
2013	48235.4	3012.2	219848.2	80695.7	17573.2
2014	53107.0	3150.1	245220.5	88310.4	19138.5
2015	58184.0	3275.5	263502.6	99526.3	20743.4
2016	63129.6	3409.7	281157.3	110175.7	22278.4
2017	68628.1	3539.0	300032.9	122357.8	23964.4
2018	74530.1	3689.6	325310.0	133574.7	25726.2

注:本表2018年数据为快报数。

2-5　主要年份地区生产总值构成

单位:%

年　份	地区生产总值	第一产业	第二产业	第三产业	工　业	建筑业
1950	100.00	54.30	14.06	31.63		
1952	100.00	47.93	18.49	33.58	9.98	8.51
1957	100.00	35.68	23.17	41.15	12.36	10.81
1962	100.00	33.08	23.89	43.04	15.78	8.10
1965	100.00	35.37	27.76	36.87	20.70	7.06
1970	100.00	36.10	34.47	29.43	26.94	7.53
1975	100.00	26.11	47.74	26.15	36.81	10.93
1978	100.00	26.76	47.24	26.00	35.73	11.51
1979	100.00	28.36	45.88	25.76	33.77	12.10
1980	100.00	28.48	45.19	26.33	30.73	14.46
1985	100.00	30.57	44.75	24.69	36.00	9.45
1990	100.00	28.72	40.25	31.03	33.70	6.55
1991	100.00	26.72	43.01	30.27	34.31	8.70
1992	100.00	26.41	41.95	31.65	33.24	8.71
1993	100.00	21.59	36.29	42.12	28.15	8.14
1994	100.00	20.87	37.65	41.47	29.61	8.04
1995	100.00	21.23	36.02	42.75	28.01	8.01
1996	100.00	19.27	38.31	42.42	29.61	8.70
1997	100.00	17.60	38.91	43.48	31.24	7.67
1998	100.00	16.55	40.85	42.72	32.65	8.20
1999	100.00	16.30	42.07	41.64	34.51	7.56
2000	100.00	15.42	43.23	41.34	36.65	6.59
2001	100.00	14.06	43.41	42.53	36.79	6.62
2002	100.00	13.45	44.45	42.11	38.09	6.36
2003	100.00	12.37	47.24	40.39	39.91	7.33
2004	100.00	12.22	47.83	39.95	40.41	7.41
2005	100.00	11.72	44.98	43.30	37.83	7.15
2006	100.00	10.44	42.74	46.82	35.68	7.07
2007	100.00	10.06	41.76	48.18	34.47	7.29
2008	100.00	10.04	41.49	48.47	33.59	7.90
2009	100.00	9.29	42.56	48.15	34.24	8.32
2010	100.00	9.05	44.88	46.06	36.10	8.78
2011	100.00	8.70	45.80	45.50	36.27	9.53
2012	100.00	8.73	45.25	46.02	35.19	10.06
2013	100.00	8.30	45.50	46.20	35.31	10.37
2014	100.00	8.00	45.50	46.50	35.15	10.47
2015	100.00	7.74	43.60	48.66	33.38	10.33
2016	100.00	7.94	41.80	50.26	31.93	10.03
2017	100.00	6.51	41.12	52.37	31.43	9.85
2018	100.00	6.30	40.79	52.91	30.75	10.15

注:本表2018年数据为快报数。

2-6 主要年份第三产业增加值构成

单位:%

年份	第三产业增加值	交通运输仓储邮政业	批发零售餐饮业	金融业	房地产业	其他服务业
1950	100.00					
1952	100.00	19.16	23.06			
1957	100.00	19.16	21.09			
1962	100.00	19.16	30.66			
1965	100.00	19.16	21.75			
1970	100.00	18.85	24.80			
1975	100.00	19.16	28.43			
1978	100.00	19.32	26.25	24.82	5.43	24.18
1979	100.00	19.31	26.24	25.78	5.43	23.24
1980	100.00	19.29	26.20	25.94	5.53	23.05
1985	100.00	20.42	27.50	26.15	5.53	20.40
1990	100.00	19.54	19.30	25.15	5.43	30.58
1991	100.00	21.29	18.95	25.81	5.53	28.41
1992	100.00	22.83	19.34	26.81	5.53	25.49
1993	100.00	22.18	25.79	19.45	7.09	25.49
1994	100.00	24.72	24.78	17.09	8.90	24.51
1995	100.00	24.45	24.75	18.81	7.82	24.17
1996	100.00	27.03	28.09	11.41	6.62	26.84
1997	100.00	24.57	27.73	15.96	6.24	25.50
1998	100.00	23.95	28.33	14.09	7.05	26.58
1999	100.00	24.64	28.36	12.36	7.35	27.29
2000	100.00	24.90	31.06	10.79	7.62	25.64
2001	100.00	24.37	30.21	10.31	8.00	27.11
2002	100.00	24.21	30.96	8.85	8.63	27.34
2003	100.00	23.86	30.22	9.61	9.53	26.77
2004	100.00	23.88	27.26	9.92	9.18	29.75
2005	100.00	15.58	22.16	7.35	12.67	42.25
2006	100.00	14.08	19.87	8.61	15.75	41.70
2007	100.00	12.12	21.50	10.63	12.71	43.03
2008	100.00	11.72	21.98	11.99	10.89	43.41
2009	100.00	11.05	21.88	12.41	10.37	44.29
2010	100.00	10.99	23.62	12.84	9.38	43.18
2011	100.00	10.45	27.21	14.48	9.77	38.09
2012	100.00	9.44	24.83	15.01	11.49	38.38
2013	100.00	9.14	24.04	15.42	11.66	39.74
2014	100.00	9.54	23.32	16.90	10.13	40.11
2015	100.00	8.91	21.58	16.64	9.57	43.31
2016	100.00	8.11	19.97	16.28	10.18	45.46
2017	100.00	8.77	18.81	16.08	10.21	46.13
2018	100.00	8.12	17.89	14.98	10.66	47.11

注:本表2018年数据为快报数。

2－7 各个计划时期地区生产总值平均发展指数

单位:%

年 份	地区生产总值	第一产业	第二产业	第三产业	工 业	建筑业	交通运输仓储邮政业	批发和零售业
“一五”时期	111.2	93.0	113.9	109.9	113.6	114.3	109.9	108.0
“二五”时期	97.8	100.2	105.0	108.5	109.6	98.5	108.5	117.0
调整时期	113.2	112.8	124.5	106.9	119.9	104.5	105.6	94.3
“三五”时期	101.1	98.6	106.4	97.8	107.3	103.2	97.5	100.4
“四五”时期	105.4	111.6	112.4	105.7	112.0	113.4	106.0	108.6
“五五”时期	112.4	108.1	113.4	111.5	110.6	121.2	111.7	109.7
“六五”时期	114.0	116.5	116.7	115.2	120.4	107.1	116.5	116.3
“七五”时期	111.2	109.4	106.5	113.7	107.4	102.7	112.5	105.7
“八五”时期	126.6	110.2	127.8	136.0	129.8	119.1	146.3	144.4
“九五”时期	113.2	105.8	116.8	110.9	118.7	104.0	109.3	113.0
“十五”时期	111.5	103.1	114.2	111.0	114.7	110.9	111.2	107.8
“十一五”时期	114.0	103.0	114.0	116.0	113.5	116.3	108.0	116.5
“十二五”时期	111.2	104.4	112.6	111.1	112.2	114.1	108.2	108.2
“十三五”前三年	108.6	104.0	107.3	110.3	107.7	106.2	107.7	107.1

注:本表2018年数据为快报数。

2-8 地区生产总值项目构成

（2017 年） 单位：万元

项目	增加值	劳动者报酬	生产税净额	固定资产折旧	营业盈余
地区生产总值	**70855222**	**34016699**	**9008108**	**11539231**	**16291184**
第一产业	4612234	1383259		3228975	
第二产业	29134103	15207698	4345282	3262448	6318675
第三产业	37108885	17425742	4662826	5047808	9972509
工　业	22271516	9638573	3645216	3190248	5797479
建筑业	6981960	5588959	712416	77289	603296
批发和零售业	6160009	3118134	1210002	357863	1474010
批发业	3060236	1042290	749823	208000	1060123
零售业	3099773	2075844	460179	149863	413887
交通运输、仓储和邮政业	3255590	1298650	205863	800686	950391
住宿和餐饮业	1076748	787652	100922	69240	118934
信息传输、软件和信息技术服务业	3519767	1271882	277339	893525	1077021
#软件和信息技术服务业	686572	400892	78399	25919	181362
金融业	5966217	2943648	1354273	174706	1493590
房地产业	3788179	487727	893665	1264227	1142560
#房地产开发经营业	2210035	230729	833264	33105	1112937
租赁和商务服务业	4988780	1199010	88547	604254	3096969
科学研究和技术服务业	840491	501187	140747	123928	74629
水利、环境和公共设施管理业	188538	31814	16077	57256	83391
居民服务、修理和其他服务业	1854792	1279628	204762	191267	179135
教　育	1404747	1309183	5593	29514	60457
卫生和社会工作	1035190	962733	8553	41779	22125
文化、体育和娱乐业	860437	425636	144133	201172	89496
公共管理、社会保障和社会组织	1898300	1744011		126588	27701

2－9 按行业分增加值

（2004－2017年） 单位：万元

项 目	2004年	2005年	2006年	2007年	2008年	2009年	2010年
地区生产总值	**13352090**	**14913998**	**16869271**	**20292767**	**23556710**	**26040448**	**31234091**
第一产业	1631635	1747751	1761368	2042409	2364867	2420004	2827270
第二产业	6385658	6707966	7210483	8474157	9773002	11081880	14019195
第三产业	5334798	6458281	7897420	9776201	11418841	12538565	14387627
工 业	5395622	5641988	6018520	6995548	7912404	8916393	11275850
建筑业	990036	1065978	1191963	1478609	1860598	2165487	2743345
批发和零售业	1235038	1431160	1569003	2101842	2509668	2743899	3397661
批发业	381372	494554	648626	1023839	1230175	1343448	1716644
零售业	853666	936606	920377	1078003	1279493	1400451	1681018
交通运输、仓储和邮政业	935982	1005975	1111982	1185324	1338803	1385113	1581008
住宿和餐饮业	260021	307919	351786	441396	504304	552394	609470
信息传输、软件和信息技术服务业	352396	467947	596254	777359	908148	1002702	1126506
#软件和信息技术服务业	10293	35510	61412	98155	121151	137832	149324
金融业	529418	474732	679661	1039662	1368952	1555680	1847059
房地产业	489638	817963	1243742	1242843	1243969	1300750	1349835
#房地产开发经营业	120346	352792	700978	627351	545342	570066	608212
租赁和商务服务业	188068	366335	568901	768956	989032	1123720	1232716
科学研究和技术服务业	112028	148503	198699	263864	320873	351027	404592
水利、环境和公共设施管理业	27890	31474	35542	41485	48387	56242	64910
居民服务、修理和其他服务业	165496	203604	239100	308705	350103	415960	457015
教 育	346450	426706	490298	582132	679374	759364	808723
卫生和社会工作	226567	224984	230390	255412	314887	355917	415668
文化、体育和娱乐业	78413	101999	133795	175604	206476	234016	268573
公共管理、社会保障和社会组织	387393	434507	431696	569528	635866	701781	823890

2-9 续表 (2004-2018年) 单位:万元

项目	2011年	2012年	2013年	2014年	2015年	2016年	2017年
地区生产总值	**37363796**	**42109279**	**46850151**	**51691647**	**56180844**	**61976395**	**70855222**
第一产业	3250916	3677283	3876188	4159141	4346949	4922506	4612234
第二产业	17111859	19054971	21348267	23521541	24495547	25904250	29134103
第三产业	17001021	19377025	21625696	24010965	27338347	31149640	37108885
工　业	13551859	14819871	16545111	18168681	18752552	19788331	22271516
建筑业	3560000	4235100	4856100	5411000	5804047	6214590	6981960
批发和零售业	3903375	4201211	4546274	4984427	5147335	5432767	6160009
批发业	2025078	2300358	2526925	2364760	2488180	2656613	3060236
零售业	1878296	1900853	2019349	2619666	2659155	2776154	3099773
交通运输、仓储和邮政业	1775830	1827400	1975901	2289913	2434700	2525898	3255590
住宿和餐饮业	722324	774652	821384	780159	945839	996321	1076748
信息传输、软件和信息技术服务业	1328366	1369861	1446119	1570222	2113591	2578793	3519767
#软件和信息技术服务业	225160	251973	477033	430052	474603	522603	686572
金融业	2461557	2909155	3335424	4056917	4548002	5070225	5966217
房地产业	1660739	2227017	2521028	2432344	2616584	3172464	3788179
#房地产开发经营业	815367	1068230	1312271	1137114	1336967	1715619	2210035
租赁和商务服务业	1395996	1799306	2126144	2430224	3290711	4194691	4988780
科学研究和技术服务业	467050	525596	581375	648658	768564	835658	840491
水利、环境和公共设施管理业	80926	94309	99338	117687	133453	143051	188538
居民服务、修理和其他服务业	500875	612490	684435	902790	1038652	1308976	1854792
教　育	898048	975174	1050174	1159392	1352328	1444837	1404747
卫生和社会工作	498675	565918	572722	604199	674752	940641	1035190
文化、体育和娱乐业	310150	380758	461186	554811	553606	631503	860437
公共管理、社会保障和社会组织	997111	1114176	1226929	1289502	1519609	1627188	1898300

2－10　最终消费与资本形成总额

（1990－2017年）　　单位:万元

年　份	最终消费	居民消费	政府消费	资本形成总　额	固定资本形成	存货增加	最终消费率（%）	资本形成率（%）
1990	688523	567557	120966	425773	295644	130129	67.2	41.6
1991	795883	652248	143635	492864	351741	141123	67.0	41.5
1992	880728	689738	190990	807713	629750	177963	58.7	53.8
1993	1168937	869476	299461	1240588	938403	302185	50.0	49.0
1994	1980186	1311149	669037	1795516	1337069	458447	52.2	47.3
1995	2469978	1671463	798515	2612205	1884534	727671	48.7	51.5
1996	2889484	1978009	911475	2950769	2101782	848987	45.5	46.5
1997	3162408	2214062	948346	3368442	2476284	892158	41.7	44.4
1998	3396862	2432270	964592	3876013	2952646	923367	39.0	44.5
1999	3602103	2674525	927578	4103637	3047818	1055819	38.1	43.4
2000	3957685	3004282	953403	4074554	2945051	1129503	39.0	40.2
2001	4217669	3235398	982271	4475959	3315924	1160035	38.9	41.2
2002	4780769	3789739	991030	4818425	3646712	1171713	40.2	40.6
2003	5129027	4115336	1013691	6054794	4830563	1224231	37.6	44.4
2004	5097275	4020966	1076309	6633333	5538440	1094893	35.9	46.7
2005	5683047	4555726	1127321	7446466	6306424	1140042	36.0	47.2
2006	6627895	5355870	1272025	9029542	7392437	1637105	37.0	50.4
2007	7577670	6398402	1179268	10901049	9733323	1167726	35.4	50.1
2008	8914785	7341599	1573186	13387695	12008277	1379418	34.9	52.5
2009	9626285	7930435	1695850	15196592	14127663	1068929	33.8	53.3
2010	10761329	8689589	2071740	17057190	16063452	993738	34.3	54.4
2011	12823398	10305385	2518013	20631579	19470752	1160827	34.2	55.0
2012	14879931	11825846	3054085	23641446	22452483	1188963	35.2	56.0
2013	16171135	12702012	3469124	27437398	26584749	852649	34.6	58.6
2014	17354501	13501493	3853008	30867707	30086308	781399	33.6	59.7
2015	19476109	15306948	4169161	32894039	32588303	305736	34.7	58.5
2016	22116068	17322246	4793822	35737300	35425372	311928	35.7	57.7
2017	26045521	20818476	5227045	42559250	41631359	927891	36.8	60.1

2－11 最终消费与资本形成总额指数

（1990－2017年，以上年为100）

单位：%

年份	最终消费	居民消费	政府消费	资本形成总额	固定资本形成	存货增加
1990	115.1	116.1	110.0	88.8	79.3	119.3
1991	110.8	110.1	113.9	108.7	111.2	102.9
1992	104.6	100.4	123.8	149.9	160.1	124.6
1993	116.3	111.1	135.7	126.3	121.9	139.9
1994	124.2	125.3	122.2	121.0	115.9	136.2
1995	108.8	112.2	104.5	126.1	126.2	125.9
1996	111.6	114.3	106.4	112.3	111.3	114.7
1997	107.9	110.7	102.0	112.9	115.1	107.6
1998	107.9	110.5	101.9	116.4	120.4	105.8
1999	106.2	122.3	95.6	107.5	105.2	114.4
2000	109.3	111.1	104.2	103.5	101.5	108.8
2001	108.1	109.3	104.3	111.1	113.7	104.4
2002	114.7	118.6	101.6	108.3	110.5	102.1
2003	107.0	108.2	102.3	123.8	130.6	102.9
2004	110.6	111.8	105.6	112.7	116.0	100.1
2005	109.3	111.3	102.2	110.8	112.7	101.5
2006	115.5	116.5	111.6	119.4	115.1	143.3
2007	110.7	114.7	93.7	115.5	125.9	69.2
2008	115.0	112.5	127.6	117.8	118.6	111.3
2009	109.3	108.9	111.1	115.3	119.9	76.1
2010	113.5	114.3	110.1	117.7	118.7	100.8
2011	113.7	113.2	115.9	112.5	112.4	112.8
2012	112.8	112.3	114.9	114.1	114.7	103.4
2013	107.1	106.2	110.9	117.4	119.9	72.1
2014	108.2	107.7	109.9	112.2	112.8	93.9
2015	110.4	111.4	106.5	108.9	110.7	45.2
2016	111.0	110.6	112.5	107.2	107.2	109.3
2017	114.4	115.8	109.0	111.5	110.0	271.1

2-12 最终消费与资本形成总额指数

(1990-2017年,以1990年为100)

单位:%

年份	最终消费	居民消费	政府消费	资本形成总额	固定资本形成	存货增加
1990	100.0	100.0	100.0	100.0	100.0	100.0
1991	110.8	110.1	114.0	108.7	111.2	102.9
1992	115.9	110.5	141.1	162.8	178.0	128.4
1993	158.8	126.0	312.7	229.9	248.6	187.5
1994	192.3	151.8	382.0	278.1	288.1	255.3
1995	209.3	168.8	399.1	350.7	363.7	321.4
1996	233.6	192.9	424.7	393.8	404.8	368.8
1997	252.1	213.6	433.0	444.8	465.9	396.7
1998	272.2	235.7	443.0	517.7	560.9	419.6
1999	289.0	259.7	426.4	556.4	589.9	480.2
2000	574.8	529.3	788.2	957.0	996.1	868.0
2001	621.4	578.5	822.1	1063.2	1132.6	906.2
2002	712.7	686.1	835.3	1151.4	1251.5	925.2
2003	762.6	742.4	854.5	1425.4	1634.5	952.0
2004	843.4	830.0	902.4	1606.4	1896.0	953.0
2005	921.9	923.8	922.2	1779.9	2136.8	967.2
2006	1064.8	1076.2	1029.2	2125.2	2459.5	1386.0
2007	1178.7	1234.4	964.4	2454.6	3096.5	959.1
2008	1355.5	1388.7	1230.6	2891.5	3672.4	1067.5
2009	1481.6	1512.3	1367.2	3333.9	4403.3	812.4
2010	1681.6	1728.6	1505.3	3917.3	5226.7	818.9
2011	1912.0	1956.8	1744.6	4407.0	5874.8	923.7
2012	2156.7	2197.5	2004.5	5028.4	6703.1	955.1
2013	2310.7	2333.7	2223.0	5903.8	8040.1	688.3
2014	2499.6	2514.3	2442.2	6625.1	9071.9	646.1
2015	2759.6	2801.0	2600.9	7214.7	10042.6	292.0
2016	3063.6	3098.5	2925.2	7732.6	10761.5	319.2
2017	3503.5	3588.8	3188.2	8620.7	11836.5	865.5

2－13 居民消费水平

（1990－2017 年）

年份	全体居民消费水平（元/人）	农业居民	非农业居民	城乡居民消费水平对比（农业居民＝1）	全体居民消费水平指数（以1990年为100）	全体居民消费水平指数（以上年为100）
1990	997	817	1568	1.9	100.0	106.9
1991	1110	889	1818	2.0	106.0	106.0
1992	1260	1010	2044	2.0	111.0	104.7
1993	1576	1271	2519	2.0	122.0	109.9
1994	2345	1813	3934	2.2	151.1	123.9
1995	2960	2343	4779	2.0	166.4	110.1
1996	3458	2779	5403	1.9	187.7	112.8
1997	3831	2971	6213	2.1	205.7	109.6
1998	4175	3129	7011	2.2	225.7	109.7
1999	4570	3342	7813	2.3	249.2	110.4
2000	5088	3638	8812	2.4	274.3	110.1
2001	5432	3728	9633	2.6	297.1	108.3
2002	6331	4264	10173	2.4	350.6	118.0
2003	6266	3921	10825	2.8	378.2	107.5
2004	6111	5024	7055	1.4	420.2	111.1
2005	6882	5628	7927	1.4	464.7	110.6
2006	8090	5518	10235	1.9	514.0	110.6
2007	9564	5905	12503	2.1	583.4	113.5
2008	10804	6316	14232	2.3	646.4	110.8
2009	11577	6441	15259	2.4	698.1	108.0
2010	12427	6754	16130	2.4	781.2	111.9
2011	14384	8205	18067	2.2	917.9	117.5
2012	16345	9588	20137	2.1	1041.8	113.5
2013	17388	10797	20886	1.9	1108.3	106.4
2014	18282	12093	21414	1.8	1165.3	105.1
2015	20505	13649	23836	1.7	1307.4	112.2
2016	22989	15025	26719	1.8	1465.8	112.1
2017	27339	18134	31474	1.7	1743.1	118.9

2－14　三次产业对经济增长贡献

（2000－2018 年）

年　　份	地区生产总　值	第一产业	第二产业	第三产业	工　业	交通运输、仓储和邮政业	批发和零售业
2000	100.0	2.2	65.5	32.3	69.5	9.2	15.6
2001	100.0	0.4	55.8	43.8	48.9	8.4	15.1
2002	100.0	5.4	60.8	33.7	58.0	8.0	13.3
2003	100.0	0.9	66.5	32.6	54.7	8.6	7.7
2004	100.0	3.7	56.6	39.7	48.8	11.5	9.3
2005	100.0	3.0	45.9	51.1	45.2	10.2	9.7
2006	100.0	3.1	44.0	52.9	42.6	7.4	4.9
2007	100.0	2.9	38.9	58.2	31.8	0.3	17.3
2008	100.0	3.2	42.7	54.1	34.4	4.4	10.2
2009	100.0	3.1	48.6	48.3	37.7	2.9	12.6
2010	100.0	2.2	58.4	39.5	47.3	5.3	13.2
2011	100.0	2.8	54.8	42.4	42.2	4.4	8.7
2012	100.0	3.3	57.0	39.7	42.9	1.4	7.4
2013	100.0	3.0	54.4	42.6	43.2	3.1	7.8
2014	100.0	3.2	54.8	42.0	44.1	6.1	10.1
2015	100.0	2.8	37.9	59.3	27.6	2.7	4.0
2016	100.0	3.7	34.7	61.6	26.6	2.2	5.5
2017	100.0	2.8	33.4	63.8	29.4	5.5	8.4
2018	100.0	3.0	42.1	54.9	34.2	4.5	8.2

注：本表 2018 年数据为快报数。

主要统计指标解释

地区生产总值(GDP) 指按市场价格计算的一个国家(或地区)所有常住单位在一定时期内生产活动的最终成果。国内生产总值有三种表现形态,即价值形态、收入和产品形态。从价值形态看,它是所有常住单位在一定时期内所生产的全部货物和服务价值超过同期投入的全部非固定资产货物和服务价值的差额,即所有常住单位的增加值之和;从收入形态看,它是所有常住单位在一定时期内所创造并分配给常住单位和非常住单位的初次收入之和;从产品形态看,它是所有常住单位在一定时期内最终使用的货物和服务价值减去进口货物和服务价值。

在核算中,国内生产总值的三种表现形态表现为三种计算方法,即生产法、收入法和支出法。三种方法分别从不同的方面反映了国内生产总值及其构成。

按生产法计算,它等于各部门增加值之和;按收入法计算,它等于固定资产折旧、劳动者报酬、生产税净额和营业盈余之和;按支出法计算,它等于总消费、总投资和净出口之和。

在国内生产总值定义中,常住单位的概念对于确定计算国内生产总值的口径,明确各种的交易的范围具有十分重要的意义。所谓常住单位是指在一国经济领土上具有经济利益中心的经济单位。一国经济领土是由该国政府控制或拥有的地理领土组成的。若一个经济单位在一国的经济领土之内拥有一定的活动场所(住宅、厂房或其他建筑物等),从事一定规模的经济活动,并超过一定的时期(一般在一年以上),则称该经济单位在该国具有经济利益中心。国内生产总值反映了所有常住单位生产活动的最终成果。在这里,最终成果有双重含义:一是从使用价值形态上看,它包括了一切用于现期消费、投资和净出口的货物和服务,而不包括用于生产过程中的货物和服务;二是从价值形态上看,生产过程也是价值的转移过程,生产中耗用的产品(中间产品)价值随同生产过程转移到新产品价值之中,因此,必须在总产出基础上扣除一切中间产品的转移价值,以避免产品价值的重复计算。

支出法国内生产总值 指一个国家(或地区)所有常住单位在一定时期内用于最终消费、资本形成总额,以及货物和服务的净出口总额,它反映本期生产的国内生产总值的使用及构成。

最终消费 指常住单位在一定时期内对于货物和服务的全部最终消费支出,也就是常住单位为满足物质、文化和精神生活的需要,从本国经济领土和国外购买的货物和服务的支出,不包括非常住单位在本国经济领土内的消费支出。最终消费分为居民消费和政府消费。

资本形成总额 指常住单位在一定时期内获得的减去处置的固定资产加存货的变动,包括固定资本形成总额和存货增加。

劳动者报酬 指劳动者因从事生产活动所获得的全部报酬。包括劳动者获得的各种形式的工资、奖金和津贴,既包括货币形式的,也包括实物形式的,还包括劳动者所享受的公费医疗和医药卫生费、上下班交通补贴和单位支付的社会保险费、住房公积金等。对于个体经济来说,其所有者所获得的劳动报酬和经营利润不易区分,这两部分统一作为劳动者报酬处理。

生产税净额 指生产税减生产补贴后的余额。生产税指政府对生产单位生产、销售和从事经营活动以及因从事生产活动使用某些生产要素(如固定资产、土地、劳动力)所征收的各种税、附加费和规费。生产补贴与生产税相反,指政府对生产单位的单方面转移支出,因此视为负生产税,包括政策亏损补贴、价格补贴等。

固定资产折旧 指一定时期内为弥补固定资产损耗按照核定的固定资产折旧率提取的固定资产折旧,或按国民经济核算统一规定的折旧率虚拟计算的固定资产折旧。它反映了固定资产在当期生产中的转移价值。各类企业和企业化管理的事业单位的固定资产折旧是指实际计提并计入成本费中的折旧费;不计提折旧的政府机关、非企业化管理的事业单位和居民住房的固定资产折旧是按照统一规定的折旧率和固定资产原值计算的虚拟折旧。原则上,固定资产折旧应按固定资产的重置价值计算,但是目前我国尚不具备对全社会固定资产进行重估价的基础,所以暂时只能采用上述办法。

营业盈余 指常住单位创造的增加值扣除劳动者报酬、生产税净额和固定资产折旧后的余额。它相当于企业的营业利润加上生产补贴,但要扣除从利润中开支的工资和福利等。

3 人 口

3－1 主要年份户籍总人口

单位:人

年份	总人口	按性别分		按农业非农业分		平均人口
		男性人口	女性人口	农业人口	非农业人口	
1952	2366838	1258301	1108538	1803319	563519	2351407
1957	2705794	1433059	1272737	1948659	757135	2665649
1962	3055681	1610988	1444693	2242362	811319	3004409
1965	3282024	1721422	1560602	2467566	814458	3186309
1970	3578846	1867451	1175395	2821277	757569	3541600
1975	4087603	2124558	1963045	3299201	788402	4038537
1978	4372830	2272780	2100050	3526942	845888	4326648
1979	4442268	2308402	2133886	3562568	879700	4407549
1980	4498461	2337786	2160675	3581365	917096	4470365
1985	4888568	2551715	2336853	3762220	1126348	4857514
1990	5352982	2799870	2563262	4117108	1235874	5272621
1995	5622715	2925882	2696833	4219259	1403456	5588723
2000	5892348	3057142	2835224	4240391	1651957	5861800
2001	5941392	3081672	2859720	4208914	1732478	5916870
2002	5975381	3097079	2878302	3702381	2273000	5958387
2003	6048599	3139966	2908633	3994310	2054289	6011990
2004	6093869	3160288	2933581	3952000	2141869	6071234
2005	6148355	3184862	2963493	3929085	2219270	6121112
2006	6227327	3225015	3002312	3849366	2377961	6187841
2007	6303043	3260786	3042257	3853353	2449690	6265185
2008	6359516	3284668	3074848	3730378	2629138	6331280
2009	6383266	3087408	3295858			6371391
2010	6458966	3330500	3128466			6421116
2011	6494105	3344623	3149482			6476536
2012	6552740	3371172	3181568			6523423
2013	6654949	3419418	3235531			6603845
2014	6749436	3462989	3286447			6702193
2015	6783656	3477602	3306054			6766546
2016	6870648	3516408	3354240			6827152
2017	6933529	3540554	3392975			6902089
2018	7026617	3583233	3443384			6980073

注:2009 年户籍人口统计没有统计农业人口、非农业人口,下同。

3－2　主要年份户籍人口构成比重

单位:%

年　　份	按性别分		按农业非农业分	
	男性人口	女性人口	农业人口	非农业人口
1952	53.16	46.84	76.19	23.81
1957	52.96	47.04	72.02	27.98
1962	52.72	47.28	73.45	26.55
1965	52.45	47.55	75.18	24.82
1970	52.18	47.82	78.32	21.68
1975	51.98	48.02	80.71	19.29
1978	51.98	48.02	80.66	19.34
1979	51.96	48.04	80.20	19.80
1980	51.97	48.03	79.61	20.39
1985	52.20	47.80	76.96	23.04
1990	52.12	47.88	76.91	23.09
1995	52.03	47.97	75.04	24.96
2000	51.52	48.48	71.28	26.92
2001	51.87	48.13	70.84	29.16
2002	51.83	48.17	61.96	38.04
2003	51.92	48.08	66.04	33.96
2004	51.86	48.14	64.85	35.15
2005	51.80	48.20	63.90	36.10
2006	51.79	48.21	61.81	38.19
2007	51.73	48.27	61.13	38.87
2008	51.65	48.35	58.66	41.34
2009	51.63	48.37		
2010	51.56	48.44	66.17	32.14
2011	51.50	48.50		
2012	51.45	48.55		
2013	51.38	48.62		
2014	51.31	48.69		
2015	51.26	48.74		
2016	51.18	48.82		
2017	51.06	48.94		
2018	51.00	49.00		

3－3　户籍人口变动情况

（2018 年）

项　目	单 位	福州市	市　区	鼓楼区	台江区	仓山区	晋安区	马尾区	长乐区
年末总户数	户	2173768	926254	182602	117523	195795	146227	56021	228086
年末总人口	人	7026617	2845942	582371	319224	599235	415976	178958	750178
男性人口	人	3583233	1423390	287092	157415	293339	203949	88984	392611
女性人口	人	3443384	1422552	295279	161809	305896	212027	89974	357567
出生人数	人	108255	43790	7508	3617	10755	6300	1741	13869
死亡人数	人	39114	15712	3052	2490	2802	2261	960	4147
人口自然增长数	人	69141	28078	4456	1127	7953	4039	781	9722
迁入人数	人	181904	115194	24445	12644	32765	21132	4772	19436
迁出人数	人	156521	89166	25632	15293	16967	13712	2155	15407
出生率	‰	15.51	15.53	12.93	11.30	18.31	15.36	9.82	18.66
死亡率	‰	5.60	5.57	5.26	7.78	4.77	5.51	5.42	5.58
人口自然增长率	‰	9.91	9.96	7.67	3.52	13.54	9.84	4.41	13.08
年平均人口	人	6980073	2819129	580778	320007	587401	410279	177276	743389

项　目	单 位	福清市	闽侯县	连江县	罗源县	闽清县	永泰县	平潭县
年末总户数	户	408123	212854	200168	79861	96668	122921	126919
年末总人口	人	1381462	694229	676654	269244	325214	385139	448733
男性人口	人	711832	354317	350798	140413	171077	204329	227077
女性人口	人	669630	339912	325856	128831	154137	180810	221656
出生人数	人	22570	9913	8693	4393	4735	6256	7905
死亡人数	人	7427	4240	3927	2008	2032	2373	1395
人口自然增长数	人	15143	5673	4766	2385	2703	3883	6510
迁入人数	人	20628	15518	13009	4235	2921	5382	5017
迁出人数	人	20742	9000	13985	5657	4831	7284	5856
出生率	‰	16.42	14.40	12.88	16.34	14.58	16.28	17.72
死亡率	‰	5.40	6.16	5.82	7.47	6.26	6.18	3.13
人口自然增长率	‰	11.02	8.24	7.06	8.87	8.32	10.11	14.60
年平均人口	人	1374158	688192	674795	268792	324846	384178	445984

3-4 常住人口和城镇化率

县(市)、区	常住人口(万人)												
	2006 年	2007 年	2008 年	2009 年	2010 年	2011 年	2012 年	2013 年	2014 年	2015 年	2016 年	2017 年	2018 年
福州市	**671.0**	**676.0**	**683.0**	**687.0**	**711.5**	**720.0**	**727.0**	**734.0**	**743.0**	**750.0**	**757.0**	**766.0**	**728.0**
鼓楼区	74.0	75.0	75.0	75.0	68.8	69.0	69.5	70.5	71.5	72.0	72.8	73.5	74.0
台江区	44.0	45.0	45.0	45.0	44.7	45.1	45.3	46.0	46.5	47.0	47.8	48.3	48.6
仓山区	59.0	60.0	60.0	60.0	76.3	77.1	78.0	79.0	79.7	80.3	81.4	82.5	83.6
晋安区	65.0	67.0	67.0	67.0	79.2	81.0	81.5	82.7	83.6	84.3	85.5	86.6	87.7
马尾区	25.0	26.0	24.0	24.0	23.2	24.1	24.2	24.6	24.8	25.1	25.5	25.9	26.2
长乐区	67.0	67.0	68.0	69.0	68.3	68.7	69.7	70.2	70.9	71.5	72.1	72.9	73.9
福清市	119.0	119.0	120.0	121.0	123.5	124.2	125.3	126.3	127.5	128.6	129.3	130.5	131.6
闽侯县	55.0	56.0	63.0	64.0	66.2	67.9	68.8	69.3	69.5	70.2	70.5	71.5	72.5
连江县	55.0	55.0	55.0	55.0	56.1	56.2	56.6	57.0	57.6	58.1	58.2	58.8	59.3
罗源县	20.0	20.0	20.0	20.0	20.8	20.5	20.7	20.5	20.8	20.9	20.9	21.1	21.2
闽清县	25.0	24.0	24.0	24.0	23.8	23.5	23.5	23.3	23.6	23.8	23.8	24.0	24.0
永泰县	28.0	27.0	27.0	27.0	24.9	24.7	24.9	24.7	25.0	25.2	25.2	25.4	25.4
平潭县	35.0	35.0	35.0	36.0	35.8	38.0	39.0	40.0	42.0	43.0	44.0	45.0	46.0

注:本表为人口变动抽样调查数据。

3－4 续表

县(市)、区	城镇化率(%)												
	2006 年	2007 年	2008 年	2009 年	2010 年	2011 年	2012 年	2013 年	2014 年	2015 年	2016 年	2017 年	2018 年
福州市	**55.5**	**55.9**	**57.5**	**58.5**	**62.0**	**63.3**	**64.8**	**65.9**	**66.9**	**67.7**	**68.5**	**69.5**	**71.6**
鼓楼区	100.0	100.0	100.0	100.0	100.0	100.0	100.0	100.0	100.0	100.0	100.0	100.0	100.0
台江区	100.0	100.0	100.0	100.0	100.0	100.0	100.0	100.0	100.0	100.0	100.0	100.0	100.0
仓山区	100.0	100.0	100.0	100.0	100.0	100.0	100.0	100.0	100.0	100.0	100.0	100.0	100.0
晋安区	93.7	94.0	96.2	96.7	97.4	98.1	98.5	98.9	99.0	99.2	99.3	99.5	99.5
马尾区	62.6	62.8	63.3	68.5	66.9	67.6	68.5	70.5	70.6	72.1	73.0	74.8	77.8
长乐区	33.3	33.8	36.2	38.9	40.7	41.9	43.5	45.4	46.5	47.6	50.0	51.6	53.6
福清市	31.2	31.9	33.3	38.8	38.1	41.2	43.0	45.0	47.3	48.5	49.3	50.7	51.8
闽侯县	26.9	27.7	36.3	39.4	44.5	45.7	49.5	51.0	52.0	53.4	54.3	56.0	57.0
连江县	33.3	33.6	34.1	34.7	35.2	36.6	39.8	40.9	43.0	44.0	44.9	46.1	47.1
罗源县	30.7	31.0	32.0	33.3	36.8	36.9	38.0	39.8	42.5	43.4	44.3	45.5	47.5
闽清县	26.7	27.0	27.8	29.2	30.6	30.9	35.0	36.5	37.5	38.3	39.2	40.4	40.5
永泰县	25.4	26.2	27.0	29.0	31.9	32.1	36.0	37.2	38.5	39.2	40.1	41.3	41.8
平潭县	18.4	19.0	19.5	33.9	31.8	37.8	39.2	40.7	42.6	44.3	46.4	48.4	50.2

主要统计指标解释

人口数　指一定时点、一定地区范围内的有生命的个人的总和。

人口密度　指一定时点一定地区的人口数与该地区的面积数之比，即一定时点的单位面积上人口数，通常以每平方公里的居住人数来表示：

出生率（又称粗出生率）　指在一定时期内（通常为一年）出生的人数与同期平均人数的比率，一般用千分率表示。

出生人数　指活产婴儿，即胎儿脱离母体时（不管怀孕月数），有过呼吸或其他生命现象。

死亡率（又称粗死亡率）　指在一定时期内（通常为一年）一定地区的死亡人数与同期平均人数（或期中人数）之比，一般用千分率表示。

人口自然增长率　指在一定时期内（通常为一年）一定地区人口自然增加数（出生人数减死亡人数）与该时期内平均人数（或期中人数）之比，一般用千分率表示。

人口自然增长率 =（本年出生人数 - 本年死亡人数）÷ 年平均人数 × 1000‰

城镇化率　是城市化的度量指标，一般采用人口统计学指标，即城镇人口占总人口的比重（城镇人口是按国家统计局发布的《关于统计上划分城乡的规定》计算的）。

4 就业与职工工资

4-1 全社会从业人员

（1990－2018年） 单位：万人

年份	全社会从业人员	城镇单位从业人员	城镇私营、个体从业人员	乡村从业人员
1990	245.83	75.79	6.19	163.85
1991	263.93	78.81	6.21	178.91
1992	274.65	85.63	6.21	182.81
1993	278.47	88.14	6.20	184.13
1994	274.03	83.71	3.12	187.20
1995	280.45	82.40	9.67	188.38
1996	298.09	89.61	16.51	191.97
1997	298.77	87.78	16.52	194.47
1998	297.02	78.62	19.81	198.59
1999	292.39	69.84	21.95	200.60
2000	293.62	68.42	21.30	203.90
2001	290.53	68.80	18.59	203.14
2002	294.42	68.48	19.50	206.44
2003	312.53	75.23	30.30	207.00
2004	321.07	81.47	31.99	207.61
2005	330.00	84.10	37.19	208.71
2006	340.01	87.19	43.82	209.00
2007	358.03	92.30	54.14	211.59
2008	364.00	95.84	55.56	212.60
2009	365.73	98.70	50.26	216.77
2010	389.24	105.48	65.35	218.41
2011	425.59	128.07	73.79	223.73
2012	451.68	143.70	85.77	222.21
2013	462.66	142.75	94.30	225.61
2014	483.54	149.17	105.39	228.98
2015	511.77	156.28	122.83	232.66
2016	536.24	156.83	146.58	232.83
2017	561.83	158.80	169.01	234.02
2018	625.39	174.23	218.00	233.16

4-2 城镇非私营单位在岗职工人数

(1985-2018年)

单位:人

年份	合计	按登记注册类型分			按企事业机关分		
		国有单位	集体单位	其他单位	企业	事业	机关
1985	684425	446688	237737				
1986	707525	468939	238587				
1987	724022	477728	236631	9663			
1988	745247	489035	238355	17857			
1989	745959	491592	228396	25971			
1990	757935	501974	221579	34382			
1991	788054	514221	227289	46544			
1992	856301	538362	236484	81455			
1993	881393	551194	221278	108921			
1994	837106	521977	198730	116399			
1995	823952	506921	171258	145773			
1996	896108	528867	167802	199439			
1997	877839	525497	143456	208886	655715	159997	62143
1998	786225	433737	104787	247701	571883	158545	55797
1999	698417	382954	83237	232226	487489	154147	56781
2000	684213	371367	76337	236509	477196	148084	58933
2001	687997	347883	63524	276590	476959	153051	57987
2002	684803	325647	58285	300871	484459	141407	58937
2003	726563	334258	48633	343672	520031	151814	54718
2004	787736	332046	48722	406968	576400	155160	56176
2005	809450	326612	43996	438842	597257	154740	57453
2006	840593	324817	42642	473134	654044	160466	57380
2007	861002	317628	37491	505883	707486	154146	61417
2008	925431	321349	33470	570612	706576	156590	62265
2009	946215	336222	31559	578434	801757	82695	61733
2010	1001114	340064	32872	628178	789722	149800	60979
2011	1210072	346668	36735	826669	979275	171872	67530
2012	1315144	366835	32224	916085	1064428	174310	67771
2013	1288694	324959	35167	928568	1039435	174763	68765
2014	1322835	336509	37525	948801	1062854	178465	73503
2015	1412746	332614	27301	1052831	1147634	179033	78353
2016	1411547	343081	22766	1045700	1135252	191205	77820
2017	1406342	343076	20839	1042427	1122633	193972	81100
2018	1539725	336237	25490	1177998	1249991	193210	82750

注:1.1998年起职工的统计口径为“在岗职工人数”。2.1998年起“职工人数”统计口径为在岗职工人数。2009年起按企事业机关分增加民间非盈利组织和其他两项,企业、事业和机关相加不等合计。

4-3 按三次产业分城镇非私营单位在岗职工人数及构成

(1987-2018年)

年份	城镇单位职工人数(人)				构成(%)		
	合计	第一产业	第二产业	第三产业	第一产业	第二产业	第三产业
1987	724022	27743	373783	322496	3.83	51.63	44.54
1988	745247	26543	392814	325890	3.56	52.71	43.73
1989	745959	26338	383332	336289	3.53	51.39	45.08
1990	757935	25468	386649	345818	3.36	51.01	45.63
1991	788054	24184	406173	357697	3.07	51.54	45.39
1992	856301	23599	464511	368191	2.76	54.25	43.00
1993	881393	17324	499271	364798	1.97	56.65	41.39
1994	837106	19787	436504	380815	2.36	52.14	45.49
1995	823952	13892	339605	470455	1.69	41.22	57.10
1996	896108	16638	376872	502598	1.86	42.06	56.09
1997	877839	15459	363279	499101	1.76	41.38	56.86
1998	786225	13035	307732	465458	1.66	39.14	59.20
1999	698417	11342	330712	356363	1.62	47.35	51.02
2000	684213	10810	323294	350109	1.58	47.25	51.17
2001	687997	10717	335143	342137	1.56	48.71	49.73
2002	684803	9927	342925	331951	1.45	50.08	48.47
2003	726563	8971	392665	324927	1.24	54.04	44.72
2004	787736	8102	437559	342074	1.01	55.55	43.42
2005	809450	7883	461346	340221	0.97	57.00	42.03
2006	840593	7288	485247	348058	0.88	57.72	41.40
2007	861002	6305	492212	362485	0.73	57.17	42.10
2008	925431	6037	497407	421987	0.65	53.75	45.60
2009	946215	8171	480167	457877	0.86	50.75	48.39
2010	1001114	6981	526766	467367	0.70	52.62	46.68
2011	1210072	5991	747885	456196	0.50	61.81	37.69
2012	1315144	1650	823096	490398	0.13	62.59	37.28
2013	1288694	1473	724476	562745	0.11	56.22	43.67
2014	1322835	2047	749439	571349	0.15	56.65	43.19
2015	1412746	1888	809000	601858	0.13	57.26	42.60
2016	1411547	2081	793172	616294	0.15	56.19	43.66
2017	1406342	2593	764977	638772	0.18	54.39	45.43
2018	1539725	1702	861882	676141	0.11	55.98	43.91

注:在岗职工人数含劳务派遣人员。

4－4 城镇非私营单位从业人员

单位:人

项目	2017年				2018年			
	年末从业人员数	国有单位	城镇集体单位	其他单位	年末从业人员数	国有单位	城镇集体单位	其他单位
合计	**1587716**	**367423**	**36020**	**1184273**	**1742288**	**357082**	**39352**	**1345854**
#女性	564186	172225	11350	380611	603540	170171	14471	418898
按行业分								
农、林、牧、渔业	2949	1933	71	945	1952	1099	27	826
采矿业	958	29	0	929	831	0	0	831
制造业	353641	3561	4742	345338	347275	1412	9328	336535
电力、热力、燃气及水生产和供应业	17325	2700	471	14154	76815	1960	428	74427
建筑业	530931	14623	16275	500033	600158	12405	14970	572783
交通运输、仓储和邮政业	47532	10215	636	36681	37700	7166	427	30107
信息传输、软件和信息技术服务业	40706	613	0	40093	53695	1967	30	51698
批发和零售业	76528	5095	1505	69928	74850	4273	1759	68818
住宿和餐饮业	25574	1332	138	24104	30473	798	204	29471
金融业	36592	15514	653	20425	36021	10947	683	24391
房地产业	43418	2481	2101	38836	50161	2119	1303	46739
租赁和商务服务业	62949	9691	2782	50476	71097	17780	2830	50487
科学研究、技术服务业	32142	19545	191	12406	34494	16646	257	17591
水利、环境和公共设施管理业	14766	11523	424	2819	13633	7957	64	5612
居民服务、修理和其他服务业	8175	759	43	7373	7573	518	53	7002
教育	119770	105596	1593	12581	125477	102202	2852	20423
卫生和社会工作	58380	51188	4328	2864	58221	50372	4013	3836
文化、体育和娱乐业	14119	10189	3	3927	15067	10892	114	4061
公共管理、社会保障和社会组织	101261	100836	64	361	106795	106569	10	216
按三次产业分								
第一产业	2949	1933	71	945	1952	1099	27	826
第二产业	902855	20913	21488	860454	1025079	15777	24726	984576
第三产业	681912	344577	14461	322874	715257	340206	14599	360452

4－5　城镇非私营单位在岗职工人数

单位:人

项　　目	2017年				2018年			
	年末在岗职工人数	国有单位	城镇集体单位	其他单位	年末在岗职工人数	国有单位	城镇集体单位	其他单位
合　计	**1406342**	**343076**	**20839**	**1042427**	**1539725**	**336237**	**25490**	**1177998**
按行业分								
农、林、牧、渔业	2593	1589	71	933	1702	900	27	775
采矿业	624	29		595	492	0	0	492
制造业	348845	3409	4643	340793	342040	1361	9265	331414
电力、热力、燃气及水生产和供应业	17129	2638	452	14039	65809	1920	413	63476
建筑业	398379	13873	3267	381239	453541	12240	2396	438905
交通运输、仓储和邮政业	43413	9631	510	33272	34706	6781	326	27599
信息传输、软件和信息技术服务业	40000	608		39392	53022	1901	30	51091
批发和零售业	71479	4863	1370	65246	69748	4004	1556	64188
住宿和餐饮业	25058	1287	136	23635	29854	778	195	28881
金融业	33489	15390	625	17474	32398	10868	646	20884
房地产业	41271	2207	1001	38063	49043	1976	1132	45935
租赁和商务服务业	61181	8858	2767	49556	69060	16665	2795	49600
科学研究、技术服务业	30740	18789	164	11787	33526	16158	240	17128
水利、环境和公共设施管理业	13801	10786	396	2619	12824	7354	62	5408
居民服务、修理和其他服务业	5999	624	40	5335	5468	339	37	5092
教　育	109349	96159	1569	11621	115170	93116	2598	19456
卫生和社会工作	55743	49207	3763	2773	56035	48738	3664	3633
文化、体育和娱乐业	13108	9384	1	3723	14178	10228	98	3852
公共管理、社会保障和社会组织	94141	93745	64	332	101109	100910	10	189
按三次产业分								
第一产业	2593	1589	71	933	1702	900	27	775
第二产业	264977	19949	8362	736666	861882	15521	12074	834287
第三产业	638772	321538	12406	304828	676141	319816	13389	342936

注:在岗职工人数含劳务派遣人员。

4－6　城镇非私营单位在岗职工

单位:人

项　　目	2005 年	2006 年	2007 年	2008 年	2009 年	2010 年	2011 年
合　计	**809450**	**840593**	**861002**	**925431**	**946215**	**1001114**	**1210072**
按行业分							
农、林、牧、渔业	7883	7288	6305	6037	8171	6981	5991
采矿业	1316	1264	1267	1137	2130	1422	10501
制造业	368257	390331	394461	384282	371746	394295	436202
电力、热力、燃气及水生产和供应业	13238	14088	14520	15431	15529	16067	16461
建筑业	78535	79564	81964	96557	90762	114982	284721
交通运输、仓储和邮政业	29639	30256	32392	32560	35754	35454	36072
信息传输、软件和信息技术服务业	8656	10708	11106	11145	10372	11621	16354
批发和零售业	28571	28984	32987	36709	39970	38090	62634
住宿和餐饮业	14584	13082	16669	16203	17814	20279	21250
金融业	20974	21190	21826	23158	26796	27923	28398
房地产业	13371	14945	16911	16931	25260	25733	25881
租赁和商务服务业	10971	12625	14319	47017	53141	60645	17205
科学研究、技术服务业	15972	17202	17372	19329	23104	29515	30058
水利、环境和公共设施管理业	9208	9175	9527	10087	11840	12713	13682
居民服务、修理和其他服务业	3088	2994	3043	4084	3571	2562	1975
教　育	84585	85354	84351	93273	93242	91240	95517
卫生和社会工作	29659	31215	30586	36110	39512	36531	42100
文化、体育和娱乐业	12508	12959	13123	15514	15136	13829	14665
公共管理、社会保障和社会组织	58435	57369	58273	59867	62365	61232	50405
按三次产业分							
第一产业	7883	7288	6305	6037	8171	6981	5991
第二产业	461346	485247	492212	497407	480167	526766	747885
第三产业	340221	348058	362485	421987	457877	467367	456196

注:在岗职工人数含劳务派遣人员。

4－6 续表

单位：人

项　　目	2012年	2013年	2014年	2015年	2016年	2017年	2018年
合　计	**1315144**	**1288694**	**1322835**	**1412746**	**1411547**	**1406342**	**1539725**
按行业分							
农、林、牧、渔业	1650	1473	2047	1888	2081	2593	1702
采矿业	1793	642	717	734	731	624	492
制造业	457156	429872	391295	387957	373288	348845	342040
电力、热力、燃气及水生产和供应业	16525	15297	17766	15872	16896	17129	65809
建筑业	347622	278665	339661	404437	402257	398379	453541
交通运输、仓储和邮政业	33188	46046	46640	48733	43385	43413	34706
信息传输、软件和信息技术服务业	14541	17035	17531	27560	25884	40000	53022
批发和零售业	70919	72943	67620	72471	70678	71479	69748
住宿和餐饮业	22367	24375	23630	23330	24287	25058	29854
金融业	31420	31533	32591	32108	31659	33489	32398
房地产业	28063	34735	37327	40902	41608	41271	49043
租赁和商务服务业	16599	47043	39128	41965	55090	61181	69060
科学研究、技术服务业	34959	37302	39941	41309	41224	30740	33526
水利、环境和公共设施管理业	13197	13611	16533	14431	15107	13801	12824
居民服务、修理和其他服务业	1673	2513	3297	3148	4084	5999	5468
教　育	95874	101313	107143	103353	108079	109349	115170
卫生和社会工作	44537	48140	50721	50991	53621	55743	56035
文化、体育和娱乐业	11751	13363	13306	15309	13732	13108	14178
公共管理、社会保障和社会组织	71310	72793	75941	86248	87856	94141	101109
按三次产业分							
第一产业	1650	1473	2047	1888	2081	2593	1702
第二产业	823096	724476	749439	809000	793172	764977	861882
第三产业	490398	562745	571349	601858	616294	638772	676141

4－7 城镇非私营单位女性从业人员

单位:人

项　　目	2005 年	2006 年	2007 年	2008 年	2009 年	2010 年	2011 年
合　计	**376403**	**391597**	**394009**	**410738**	**414546**	**436494**	**468171**
按行业分							
农、林、牧、渔业	3334	2773	2400	2358	3364	2778	1370
采矿业	382	293	295	381	624	414	6193
制造业	214079	224238	219972	205307	194857	204479	211947
电力、热力、燃气及水生产和供应业	4165	4374	4545	4568	4539	4721	4994
建筑业	11917	12262	12052	13876	12832	14344	34839
交通运输、仓储和邮政业	9237	9340	9769	9786	10282	11106	9702
信息传输、软件和信息技术服务业	2810	3993	4244	4219	3541	4114	5812
批发和零售业	11880	12213	14517	16229	17732	17070	28068
住宿和餐饮业	8402	7555	9341	8994	10786	11997	13162
金融业	10392	12010	12526	12981	15253	16367	16090
房地产业	4800	5366	6634	6257	8249	8776	10203
租赁和商务服务业	3640	4074	4338	23458	21851	25713	4019
科学研究、技术服务业	4784	5076	5371	6094	7899	11623	10845
水利、环境和公共设施管理业	3777	3804	4204	4641	5217	5457	5750
居民服务、修理和其他服务业	935	891	978	1156	1188	1171	816
教　育	44234	44543	43541	47597	49610	50603	54985
卫生和社会工作	18340	19180	19112	21759	23487	23956	28743
文化、体育和娱乐业	5019	5233	5283	5607	6224	5724	5550
公共管理、社会保障和社会组织	14276	14379	14887	15470	17011	16081	15083
按三次产业分							
第一产业	3334	2773	2400	2358	3364	2778	1370
第二产业	230543	241167	236864	224132	212852	223958	257973
第三产业	142526	147657	154745	184248	198330	209758	208828

4－7 续表

单位：人

项目	2012 年	2013 年	2014 年	2015 年	2016 年	2017 年	2018 年
合 计	**504748**	**491802**	**526998**	**551751**	**547419**	**564186**	**603540**
按行业分							
农、林、牧、渔业	486	409	698	705	773	966	637
采矿业	756	404	441	444	449	324	278
制造业	216967	182403	195110	191724	181877	171260	168689
电力、热力、燃气及水生产和供应业	5268	4683	5545	5145	5736	5823	19998
建筑业	56102	47475	60311	68171	64695	69179	78972
交通运输、仓储和邮政业	9915	13695	13696	14130	12340	12686	9899
信息传输、软件和信息技术服务业	4738	4483	6418	9808	9175	15427	20620
批发和零售业	34218	34865	35555	39734	38819	39990	37437
住宿和餐饮业	12153	13587	13883	13795	12750	13970	16517
金融业	17377	17766	18988	19311	18974	20401	20535
房地产业	10132	12819	13123	14843	16600	16910	19099
租赁和商务服务业	4500	18364	10446	12786	17376	22695	26100
科学研究、技术服务业	13231	13227	14419	14239	14097	9036	10080
水利、环境和公共设施管理业	3889	4498	5712	5591	5792	5108	4877
居民服务、修理和其他服务业	641	1294	1551	1351	2257	4940	4871
教 育	58912	61442	68032	68360	72347	75032	78410
卫生和社会工作	30363	33606	35058	36074	38244	40666	40723
文化、体育和娱乐业	4776	5961	5930	7146	6507	6456	6920
公共管理、社会保障和社会组织	20324	20821	22082	28394	28611	33317	38878
按三次产业分							
第一产业	486	409	698	705	773	966	637
第二产业	279093	234965	261407	265484	252757	246586	267937
第三产业	225169	256428	264893	285562	293889	316634	334966

4-8 城镇非私营单位其他从业人员

单位:人

项目	2005年	2006年	2007年	2008年	2009年	2010年	2011年
合计	**31530**	**31297**	**62047**	**33005**	**40797**	**53689**	**70621**
按企事业机关分							
企业	26994	26607	56611	25946	36498	45340	57595
事业	3962	3881	4470	5315	2661	6288	9460
机关	574	809	966	1744	1638	2061	2469
按行业分							
农、林、牧、渔业	947	393	105	141	233	309	607
采矿业		34	5	49	68	1	2213
制造业	4651	5588	4476	5189	3496	3753	5723
电力、热力、燃气及水生产和供应业	615	482	242	249	242	131	160
建筑业	9933	9201	37884	9557	18374	28432	37989
交通运输、仓储和邮政业	3231	3307	3514	3637	2967	3792	4356
信息传输、软件和信息技术服务业	217	155	79	63	77	285	149
批发和零售业	1274	1160	1012	648	1040	1036	921
住宿和餐饮业	562	508	369	492	751	737	2006
金融业	2798	3219	3926	3268	2403	2691	1593
房地产业	1434	1417	3816	1019	1032	825	1190
租赁和商务服务业	617	652	523	484	414	430	518
科学研究、技术服务业	944	854	784	988	1438	1111	1098
水利、环境和公共设施管理业	815	690	1466	1662	1921	696	340
居民服务、修理和其他服务业	140	150	150	183	155	268	209
教育	1140	1111	1422	2029	2180	3876	4641
卫生和社会工作	965	979	906	1082	1427	2300	2971
文化、体育和娱乐业	516	448	300	395	848	870	846
公共管理、社会保障和社会组织	731	949	1068	1870	1731	2146	3091
按三次产业分							
第一产业	947	393	105	141	233	309	607
第二产业	15199	15305	42607	15044	22180	32317	46085
第三产业	15384	15599	19335	17820	18384	21063	23929

4－8 续表

单位：人

项　　目	2012年	2013年	2014年	2015年	2016年	2017年	2018年
合　计	**121896**	**138819**	**168860**	**150024**	**156727**	**181374**	**202563**
按企事业机关分							
企　业	106968	121975	152254	132059	138578	159601	183265
事　业	9778	10490	11469	10681	11519	13334	13887
机　关	4976	5915	4691	6885	6271	7974	4644
按行业分							
农、林、牧、渔业	535	525	475	614	381	356	250
采矿业	761	457	459	455	447	334	339
制造业	5614	5788	4684	6220	6172	4796	5235
电力、热力、燃气及水生产和供应业	149	187	256	184	155	196	11006
建筑业	88831	102674	133223	109106	114386	132552	146617
交通运输、仓储和邮政业	4562	4198	3571	1970	1934	4119	2994
信息传输、软件和信息技术服务业	16	79	41	618	891	706	673
批发和零售业	3014	3012	3424	4819	4659	5049	5102
住宿和餐饮业	333	565	473	582	591	516	619
金融业	1497	1598	2294	2954	1831	3103	3623
房地产业	931	1292	1436	1378	2610	2147	1118
租赁和商务服务业	375	550	550	839	1623	1768	2037
科学研究、技术服务业	1198	1229	1166	1604	1559	1402	968
水利、环境和公共设施管理业	1452	815	944	1039	803	965	809
居民服务、修理和其他服务业	174	383	322	499	847	2176	2105
教　育	6239	7826	7524	8203	9451	10421	10307
卫生和社会工作	2059	2529	2353	2268	2709	2637	2186
文化、体育和娱乐业	430	448	539	806	717	1011	889
公共管理、社会保障和社会组织	3726	4664	5126	5866	4961	7120	5686
按三次产业分							
第一产业	535	525	475	614	381	356	250
第二产业	95355	109106	138622	115965	121160	137878	163197
第三产业	26006	29188	29763	33445	35186	43140	39116

4－9 城镇非私营单位从业人员劳动报酬

单位:万元

项目	2017年			2018年		
	城镇单位从业人员劳动报酬	在岗职工工资总额	其他从业人员劳动报酬	城镇单位从业人员劳动报酬	在岗职工工资总额	其他从业人员劳动报酬
合　计	**11272962**	**10236285**	**1036677**	**13672096**	**12549728**	**1122368**
按企事业机关分						
企　业	8612626	7648534	964092	10664506	9612319	1052187
事　业	1866669	1819590	47079	2045798	1993006	52792
机　关	746766	722206	24560	880167	864867	15300
民间非盈利组织	24987	24404	582	50447	49507	940
其　他	21915	21550	365	31178	30029	1149
按三次产业分						
第一产业	14273	13296	977	9919	9173	746
第二产业	5659353	4783090	876263	7269405	6307954	961452
第三产业	5599337	5439900	159438	6392772	6232601	160170
按登记注册类型分						
国有单位	3379154	3290102	89052	3650192	3569032	81160
集体单位	190982	109344	81638	245531	177341	68190
其他单位	7702826	6836840	865987	9776374	8803356	973018
#内资企业	5611938	4914844	697093	7672975	6753036	919938
港澳台商投资企业	1139308	988149	151159	1058447	1026667	31780
外商投资企业	951581	933847	17735	1044953	1023652	21300
按国民经济行业分						
农、林、牧、渔业	14273	13296	977	9919	9173	746
采矿业	3304	2459	844	2698	1854	844
制造业	2333379	2302361	31018	2596181	2561489	34692
电力、热力、燃气及水生产和供应业	192205	191518	688	935589	880681	54908
建筑业	3130465	2286752	843713	3734937	2863931	871007
交通运输、仓储和邮政业	346763	326669	20094	301726	275374	26353
信息传输、软件和信息技术服务业	382602	379025	3577	530899	526565	4334
批发和零售业	426559	412915	13644	500658	483959	16699
住宿和餐饮业	95286	93146	2140	118976	116483	2492
金融业	549604	539665	9939	587728	580583	7146
房地产业	284849	277268	7581	366977	363375	3602
租赁和商务服务业	461692	452248	9444	471249	460643	10606
科学研究、技术服务业	321183	314283	6901	386432	381270	5163
水利、环境和公共设施管理业	93845	90765	3081	70085	67383	2702
居民服务、修理和其他服务业	39054	28953	10101	41784	31762	10022
教　育	999834	965200	34634	1190078	1152995	37083
卫生和社会工作	625943	613857	12086	674131	662392	11739
文化、体育和娱乐业	110461	106810	3651	129070	125506	3564
公共管理、社会保障和社会组织	861662	839098	22564	1022978	1004312	18666

4－10　城镇非私营单位在岗职工工资总额

（1988－2018年）

单位：万元

年　份	合　计	按登记注册类型分			按企事业机关分		
		国有单位	集体单位	其他单位	企　业	事　业	机　关
1988	119291	84450	31347	3495	89212	23397	6682
1989	140117	99567	34551	5999	103178	27483	9457
1990	157456	113057	35494	8904	114961	30883	11612
1991	181209	126691	40059	14459	132781	35042	13387
1992	220667	148781	44660	27227	164951	40258	15458
1993	286541	186490	56402	43649	224888	42138	19515
1994	395044	268254	64214	62575	286036	78545	30462
1995	470311	298303	69095	102913	350814	87147	32349
1996	560623	331000	75517	154106	426071	94507	40045
1997	650789	405487	67439	177863	484046	118812	47931
1998	680682	396736	62402	221505	494104	134892	51687
1999	680607	402229	55129	223249	461329	156659	62619
2000	759607	452125	53544	253938	511337	175927	72343
2001	881625	506801	55786	319038	577701	218077	85846
2002	942722	525086	55906	361730	620709	225328	96685
2003	1073262	591956	46788	434519	723615	252181	97467
2004	1296473	679406	49737	567330	885774	296526	114173
2005	1451880	760220	51595	640065	976568	342588	132724
2006	1715622	869443	54276	791903	1173798	390849	150975
2007	2057107	954839	62402	1039866	1424983	438952	193172
2008	2573494	1122240	67420	1383834	1825811	500064	247618
2009	2861961	1304033	72455	1485472	2293889	301361	266684
2010	3429285	1451811	77457	1900017	2543522	602643	281255
2011	4961673	1758717	110686	3092270	3858355	823708	346313
2012	6148482	2140539	107971	3899973	4725704	976138	406186
2013	6997971	2104901	116753	4776317	5501879	1047288	423114
2014	7720730	2284896	157517	5278316	6036796	1182068	469072
2015	8647321	2561143	108206	5977972	6691377	1341224	579880
2016	9378510	2879520	109027	6389962	7128038	1564144	652806
2017	10236285	3290102	109344	6836840	7648534	1819590	722206
2018	12549728	3569032	177341	8803356	9612319	1993006	864867

注：在岗职工含劳务派遣人员。

本表1998年起“职工工资总额”统计口径为“在岗职工工资总额”。

4－11 按行业分城镇非私营单位在岗职工工资总额

单位:万元

项 目	2005 年	2006 年	2007 年	2008 年	2009 年	2010 年	2011 年
合 计	**1451880**	**1715622**	**2057107**	**2573494**	**2861961**	**3429285**	**4961673**
按国民经济行业分							
农、林、牧、渔业	10484	10302	10360	11527	14481	16527	18568
采矿业	2495	2570	2609	2723	6643	4690	23842
制造业	511658	615067	711930	858240	858182	1060930	1543630
电力、热力、燃气及水生产和供应业	44497	50333	64645	78911	85513	100258	117739
建筑业	119339	145701	192166	235764	255482	391851	1088881
交通运输、仓储和邮政业	59365	69783	88996	99786	114360	129345	156978
信息传输、软件和信息技术服务业	39627	47658	49639	54700	58881	77052	101667
批发和零售业	47909	54937	67479	86290	103956	110043	194615
住宿和餐饮业	18226	18219	25134	26240	30611	40392	55175
金融业	79474	103222	132722	174280	216764	261978	316241
房地产业	22065	27027	34401	49390	59866	66123	96076
租赁和商务服务业	21189	26381	29999	94674	113192	135696	60544
科学研究、技术服务业	44796	51309	62611	73560	89689	124866	146793
水利、环境和公共设施管理业	15974	18052	19857	22095	27136	29290	39175
居民服务、修理和其他服务业	4118	4784	5475	5925	7638	8946	6814
教 育	182221	208031	242881	296873	356053	375305	448157
卫生和社会工作	65362	76062	90516	113852	140702	158231	234597
文化、体育和娱乐业	27960	33265	39179	49120	50623	55390	65509
公共管理、社会保障和社会组织	135121	152920	186508	239544	272189	282372	246673
按三次产业分							
第一产业	10484	10302	10360	11527	14481	16527	18568
第二产业	677989	813671	971350	1175637	1205820	1557729	2774091
第三产业	763407	891649	1075397	1386330	1641659	1855029	2169014

注:在岗职工含劳务派遣人员。

4－11　续表　　单位:万元

项　　目	2012年	2013年	2014年	2015年	2016年	2017年	2018年
合　计	**6148482**	**6997971**	**7720730**	**8647321**	**9378510**	**10236285**	**12549728**
按国民经济行业分							
农、林、牧、渔业	6181	5538	7460	7841	8549	13296	9173
采矿业	5154	2130	3116	3270	3339	2459	1854
制造业	1880853	1989134	2088946	2170597	2309318	2302361	2561489
电力、热力、燃气及水生产和供应业	136785	134802	178230	151896	178377	191518	880681
建筑业	1407720	1469651	1789678	2041917	2154186	2286752	2863931
交通运输、仓储和邮政业	156316	238918	258843	313569	299418	326669	275374
信息传输、软件和信息技术服务业	92302	131075	142361	225748	243833	379025	526565
批发和零售业	280624	313204	311938	358683	374765	412915	483959
住宿和餐饮业	64144	80532	85142	92303	92194	93146	116483
金融业	386343	422804	440475	457291	467278	539665	580583
房地产业	125321	169612	207885	256580	270151	277268	363375
租赁和商务服务业	73016	305973	234970	244153	343504	452248	460643
科学研究、技术服务业	197618	237293	251612	305892	334078	314283	381270
水利、环境和公共设施管理业	44543	49670	73482	66696	79688	90765	67383
居民服务、修理和其他服务业	5537	8478	13598	14408	19482	28953	31762
教　育	512304	565616	642524	716881	826714	965200	1152995
卫生和社会工作	282262	345119	409674	481166	547465	613857	662392
文化、体育和娱乐业	62988	79395	89387	102809	102259	106810	125506
公共管理、社会保障和社会组织	428470	449028	491410	635622	723913	839098	1004312
按三次产业分							
第一产业	6181	5538	7460	7841	8549	13296	9173
第二产业	3430512	3595717	4059970	4367680	4645220	4783090	6307954
第三产业	2711790	3396716	3653300	4271801	4724741	5439900	6232601

4－12　城镇非私营单位在岗职工工资总额

单位：万元

项　　目	2017年				2018年			
	合　计	国有单位	集体单位	其他单位	合　计	国有单位	集体单位	其他单位
合　计	**10236285**	**3290102**	**109344**	**6836840**	**12549728**	**3569032**	**177341**	**8803356**
按国民经济行业分								
农、林、牧、渔业	13296	8838	284	4174	9173	5602	137	3434
采矿业	2459	93		2366	1854	0	0	1854
制造业	2302361	24216	21554	2256591	2561489	9647	65784	2486057
电力、热力、燃气及水生产和供应业	191518	28304	1742	161472	880681	23034	1822	855824
建筑业	2286752	118703	14359	2153690	2863931	98473	13738	2751720
交通运输、仓储和邮政业	326669	81784	2108	242777	275374	55698	1692	217984
信息传输、软件和信息技术服务业	379025	5027		373998	526565	16416	377	509773
批发和零售业	412915	43043	4769	365103	483959	45931	6385	431644
住宿和餐饮业	93146	6774	344	86028	116483	4771	604	111109
金融业	539665	235278	6452	297934	580583	192030	9255	379298
房地产业	277268	15981	7193	254094	363375	17216	7839	338320
租赁和商务服务业	452248	62634	8782	380832	460643	141950	11022	307671
科学研究、技术服务业	314283	214029	2062	98192	381270	212912	1965	166392
水利、环境和公共设施管理业	90765	68888	2467	19410	67383	44902	254	22227
居民服务、修理和其他服务业	28953	5180	121	23652	31762	3007	189	28566
教　育	965200	888725	8149	68326	1152995	1000716	22607	129672
卫生和社会工作	613857	564529	28374	20954	662392	596885	33268	32239
文化、体育和娱乐业	106810	82211	3	24596	125506	96955	323	28228
公共管理、社会保障和社会组织	839098	835864	584	2651	1004312	1002887	79	1345
按三次产业分								
第一产业	13296	8838	284	4174	9173	5602	137	3434
第二产业	4783090	171316	37655	4574119	6307954	131155	81344	6095455
第三产业	5439900	3109948	71405	2258547	6232601	3432275	95859	2704467

注：在岗职工含劳务派遣人员。

4－13　城镇非私营单位从业人员人均劳动报酬

单位:元

项　　目	2017年			2018年		
	单位从业人员年平均劳动报酬	在岗职工年平均工资	其他从业人员年平均劳动报酬	单位从业人员年平均劳动报酬	在岗职工年平均工资	其他从业人员年平均劳动报酬
合　计	**73380**	**75133**	**59637**	**80567**	**83175**	**59653**
按企事业机关分						
企　业	69676	70574	63286	76745	78761	62200
事　业	90557	94294	35769	99391	103705	38664
机　关	87694	93458	31167	100968	104714	33406
民间非盈利组织	53401	56115	17639	57320	59304	20759
其　他	52441	53067	30890	55895	56895	38310
按国民经济行业分						
农、林、牧、渔业	48529	51394	27596	50377	53927	27843
采矿业	34484	39666	24979	32546	37831	24909
制造业	66119	66186	61494	74115	74246	65593
电力、热力、燃气及水生产和供应业	111456	112360	34395	122245	134970	48660
建筑业	63705	62528	67129	66793	67013	66079
交通运输、仓储和邮政业	75225	77388	51722	79435	78938	85036
信息传输、软件和信息技术服务业	95801	96789	46037	100228	100674	65173
批发和零售业	55749	57724	27387	66873	69448	32237
住宿和餐饮业	37411	37406	37612	41924	41962	40200
金融业	152308	162115	35548	160244	180244	16000
房地产业	65997	68056	31328	72901	73690	35040
租赁和商务服务业	75210	75698	57480	67706	67953	58499
科学研究、技术服务业	101144	103614	48493	112771	114640	51166
水利、环境和公共设施管理业	63153	65083	33704	53742	54926	34948
居民服务、修理和其他服务业	51475	51199	52283	61438	62709	57731
教　育	84202	88989	33691	95894	101073	36976
卫生和社会工作	108471	111384	46593	117256	119673	54804
文化、体育和娱乐业	77948	80831	38145	85122	88378	37050
公共管理、社会保障和社会组织	88533	92934	32065	96052	99568	33126
按三次产业分						
第一产业	48529	51394	27596	50377	53927	27843
第二产业	65615	65411	66754	73664	75264	64646
第三产业	83473	86541	37773	90270	93159	40905

4－14 按行业分城镇非私营单位在岗职工平均工资

单位:元

项 目	2005 年	2006 年	2007 年	2008 年	2009 年	2010 年	2011 年
合 计	**18314**	**20666**	**23950**	**27521**	**30704**	**34806**	**41725**
按国民经济行业分							
农、林、牧、渔业	13188	13952	16317	19084	18002	23569	30702
采矿业	18616	20643	19995	23636	31232	33073	22734
制造业	14199	15937	18101	20992	23040	27000	34221
电力、热力、燃气及水生产和供应业	33424	36065	45131	50917	55575	62756	72250
建筑业	17260	19583	22612	26838	28721	35611	42916
交通运输、仓储和邮政业	19530	22676	27948	30559	32160	37655	43389
信息传输、软件和信息技术服务业	46543	45781	46666	49996	57221	65699	65025
批发和零售业	16657	18769	20874	23217	25918	28539	31522
住宿和餐饮业	12485	13929	15118	16397	17407	19942	25714
金融业	38004	48960	61705	77845	83754	96864	114514
房地产业	16392	18191	20594	29235	29559	27329	37683
租赁和商务服务业	19149	17617	21976	21128	22541	23838	35449
科学研究、技术服务业	28010	29815	36589	38939	39601	43013	49641
水利、环境和公共设施管理业	17529	19601	20838	22355	23114	23276	27942
居民服务、修理和其他服务业	13773	15416	18220	18833	21396	35152	34945
教 育	21508	24455	28785	32147	39153	41358	47024
卫生和社会工作	22236	24639	30010	32208	36477	44677	57399
文化、体育和娱乐业	22438	26286	29708	31594	32962	39814	44582
公共管理、社会保障和社会组织	23172	26694	32167	40138	43622	46603	49434

注:在岗职工含劳务派遣人员。

4－14 续表

单位:元

项 目	2012年	2013年	2014年	2015年	2016年	2017年	2018年	2018年比2017年增长(%)
合 计	**48089**	**53333**	**58839**	**62478**	**67630**	**75133**	**83175**	**10.70**
按国民经济行业分								
农、林、牧、渔业	36146	37092	36877	42131	42767	51394	53927	4.93
采矿业	28823	32675	43157	44362	44819	39666	37831	－4.63
制造业	41275	46251	52481	55812	62126	66186	74246	12.18
电力、热力、燃气及水生产和供应业	82277	88048	100610	96046	106494	112360	134970	20.12
建筑业	44585	47923	54852	53902	55964	62528	67013	7.17
交通运输、仓储和邮政业	47317	51697	56340	62239	70024	77388	78938	2.00
信息传输、软件和信息技术服务业	63674	76913	80235	81409	92963	96789	100674	4.01
批发和零售业	39904	42543	45940	49996	53170	57724	69448	20.31
住宿和餐饮业	29112	32901	35587	39542	38087	37406	41962	12.18
金融业	126949	136402	137976	144479	148474	162115	180244	11.18
房地产业	45065	49494	56372	63799	64898	68056	73690	8.28
租赁和商务服务业	44311	66016	60278	58699	64406	75698	67953	－10.23
科学研究、技术服务业	57660	65201	64020	75171	81461	103614	114640	10.64
水利、环境和公共设施管理业	33904	35455	44518	46442	52457	65083	54926	－15.61
居民服务、修理和其他服务业	32940	33377	41281	45437	48779	51199	62709	22.48
教 育	53067	56874	60459	70282	77604	88989	101073	13.58
卫生和社会工作	64686	73784	81927	95961	103842	111384	119673	7.44
文化、体育和娱乐业	51893	59763	67666	67749	73610	80831	88378	9.34
公共管理、社会保障和社会组织	60345	61933	65072	74164	83064	92934	99568	7.14

注:在岗职工含劳务派遣人员。

4-15 城镇非私营单位在岗职工平均工资

(1988-2018年)

单位:元

年份	合计	按登记注册类型分			按企事业机关分		
		国有单位	集体单位	其他单位	企业	事业	机关
1988	1641	1749	1373	2215	1622	1666	1791
1989	1909	2059	1519	2610	1855	2076	2083
1990	2128	2291	1646	2888	2073	2281	2320
1991	2366	2514	1838	3287	2333	2466	2456
1992	2709	2866	2033	3592	2690	2769	2765
1993	3356	3476	2642	4204	3386	3210	3346
1994	4803	5204	3301	5561	4664	5189	5267
1995	5827	6020	4125	7142	5919	5526	5699
1996	6453	6441	4687	7954	6530	6138	6433
1997	7571	7798	5027	8660	7527	7640	7858
1998	8772	9160	5992	9280	8748	8642	9378
1999	9780	10371	6618	9933	9512	10196	10933
2000	11199	12001	7304	11125	10846	11875	12323
2001	12760	14240	8688	11780	12020	14311	14814
2002	14046	15979	9712	12693	13183	15945	16385
2003	15052	17643	10163	13110	14276	16635	17870
2004	16586	20382	10264	14187	15512	19161	20424
2005	18314	23228	12122	15133	16811	22166	23155
2006	20666	26651	13465	17081	19001	25066	26725
2007	23950	30419	16418	20509	21941	29400	32109
2008	27521	35373	20181	23679	25433	32205	39988
2009	30704	39287	22943	26125	29103	36711	43152
2010	34806	43481	23335	30736	32787	40578	46579
2011	41725	50528	30412	38429	40186	48203	51411
2012	48089	58716	33907	44209	45963	55952	60194
2013	53333	63412	36025	50395	51639	60803	61752
2014	58839	68174	45550	56007	57277	66826	63960
2015	62478	77143	45469	58137	59663	75805	74449
2016	67630	84476	48249	62447	64081	82674	83805
2017	75133	97418	53574	68077	70574	94294	93458
2018	83175	106901	69201	76594	78761	103705	104714

注:在岗职工含劳务派遣人员。
本表1998年起"职工平均工资"统计口径为"在岗职工平均工资"。

4－16　按行业分城镇非私营单位在岗职工平均工资

单位:元

项　　目	2017年				2018年			
	合　计	国有单位	集体单位	其他单位	合　计	国有单位	集体单位	其他单位
合　计	**75133**	**97418**	**53574**	**68077**	**83175**	**106901**	**69201**	**76594**
按国民经济行业分								
农、林、牧、渔业	51394	55342	39930	45419	53927	61359	50815	45121
采矿业	39666	34444		39904	37831	0	0	37831
制造业	66186	70539	47898	66385	74246	70934	70942	74351
电力、热力、燃气及水生产和供应业	112360	110260	39760	115009	134970	119846	44990	136011
建筑业	62528	84751	47945	61761	67013	84172	53705	66609
交通运输、仓储和邮政业	77388	85728	44371	75404	78938	81098	51734	78723
信息传输、软件和信息技术服务业	96789	78796		97087	100674	85991	121516	101218
批发和零售业	57724	88203	34860	55925	69448	113859	40746	67354
住宿和餐饮业	37406	51438	25642	36686	41962	60083	31144	41503
金融业	162115	154727	103399	170648	180244	177264	143930	182926
房地产业	68056	72807	70102	67722	73690	87212	62018	73431
租赁和商务服务业	75698	73222	32214	78580	67953	88630	41910	62607
科学研究、技术服务业	103614	114823	123461	85199	114640	132482	81888	98184
水利、环境和公共设施管理业	65083	63298	51191	75203	54926	58398	40952	49208
居民服务、修理和其他服务业	51199	82616	30125	47418	62709	88438	49711	60948
教育	88989	93007	52301	60199	101073	108391	87084	67700
卫生和社会工作	111384	115853	75847	79281	119673	123856	90673	92401
文化、体育和娱乐业	80831	87264	33000	64862	88378	94516	34753	73321
公共管理、社会保障和社会组织	92934	92962	91172	85241	99568	99625	79300	70435

注:在岗职工含劳务派遣人员。

4－17 按县(市)区分城镇非私营单位从业人员及劳动报酬

(2018年)

县(市)区	年末从业人员		年末在岗职工		从业人员劳动报酬	
	数值(人)	比上年增长(%)	数值(人)	比上年增长(%)	数值(万元)	比上年增长(%)
福州市	**1742288**	**9.74**	**1539725**	**9.48**	**13672096**	**21.28**
鼓楼区	544447	18.17	462511	16.93	4676541	35.79
台江区	138053	－5.39	108671	－2.36	1000038	0.91
仓山区	143541	4.55	140023	4.99	1099062	8.72
晋安区	135699	5.34	103071	5.48	1086119	19.85
马尾区	131384	22.36	129898	22.95	1104990	40.87
长乐区	100929	3.33	97420	4.90	683622	8.52
福清市	197385	5.55	188762	5.67	1453790	13.65
闽侯县	93858	1.33	87471	1.31	806609	15.09
连江县	45680	7.32	42227	5.05	317942	11.08
罗源县	33584	14.57	32775	16.24	224892	16.19
闽清县	67590	0.23	65365	－1.25	496913	9.47
永泰县	73485	22.56	48674	14.72	472212	23.84
平潭县	36653	18.17	32857	17.84	249366	17.90

注:在岗职工含劳务派遣人员。

4－17 续表 （2018年）

县(市)区	在岗职工工资总额		从业人员年平均劳动报酬		在岗职工年平均工资	
	数值（万元）	比上年增长（%）	数值（元）	比上年增长（%）	数值（元）	比上年增长（%）
福州市	**12549728**	**22.60**	**80567**	**9.79**	**83175**	**10.70**
鼓楼区	4193409	39.09	90653	11.73	93229	14.45
台江区	848545	2.94	71981	6.47	78769	6.84
仓山区	1079123	9.02	76969	4.82	77538	4.54
晋安区	888362	24.83	79574	15.35	85980	16.90
马尾区	1097220	41.42	83757	15.76	84101	15.60
长乐区	664808	8.73	70649	3.61	71426	2.73
福清市	1412010	14.10	75197	6.48	76562	6.77
闽侯县	772782	15.28	85365	11.99	87580	11.83
连江县	304569	9.48	71538	4.78	74032	5.44
罗源县	221987	16.94	69435	3.89	70229	2.76
闽清县	488379	8.60	77714	11.21	79097	12.10
永泰县	340025	20.57	65597	0.20	71279	3.72
平潭县	238509	18.80	74146	－1.19	78395	－0.96

主要统计指标解释

从业人员 指从事一定社会劳动并取得劳动报酬或经营收入的人员。包括:

(1)在岗职工;

(2)再就业的离退休人员;

(3)私营业主;

(4)个体业主;

(5)私营和个体从业人员;

(6)乡镇企业从业人员;

(7)农村从业人员;

(8)其他从业人员(包括宗教职业者等)。

城镇单位从业人员 指在各级国家机关、政党机关、社会团体及企业、事业单位中工作,并取得工资或其他形式的劳动报酬的全部人员。包括在岗职工、再就业的离退休人员、民办教师以及在各单位中工作的外方人员和港澳台方人员、兼职人员、借用的外单位人员和第二职业者。不包括离开本单位仍保留劳动关系的职工。

在岗职工 指在国有经济、城镇集体经济、联营经济、股份制经济、外商和港澳台投资经济、其他经济单位及其附属机构工作,并由其支付工资的各类人员,不包括返聘的离退休人员、民办教师、在国有经济单位工作的外方人员和港澳台人员。

城镇私营和个体从业人员 城镇私营从业人员指在工商管理部门注册登记,其经营地址设在县城关镇(含城关镇)及以上的私营企业的从业人员。包括:私营企业投资者和雇工。城镇个体从业人员指在工商管理部门注册登记,并持有城镇户口或在城镇长期居住,经批准从事个体工商经营的从业人员。包括:个体经营者和在个体工商户劳动的家庭帮工和雇工。

从业人员劳动报酬 指各单位在一定时期内直接支付给本单位全部从业人员的劳动报酬总额。包括职工工资总额和本单位其他从业人员劳动报酬两部分。

职工工资总额 指各单位在一定时期内直接支付给本单位全部职工的劳动报酬总额。工资总额的计算原则应以直接支付给职工的全部劳动报酬为凭据。各单位支付给职工的劳动报酬以及其他根据有关规定支付的工资,不论是计入成本还是不计入成本的,不论是按国家规定列入计征奖金税项目的,还是未列入计征奖金税项目的,不论是以货币形式支付的还是以实物形式支付的,均包括在工资总额内。

其他从业人员劳动报酬 指各单位在一定时期内直接支付给本单位其他从业人员的全部劳动报酬。

职工平均工资 指在岗职工在一定时期内平均每人所得的工资总额。是反映职工工资水平的主要指标。

5 农林牧渔业

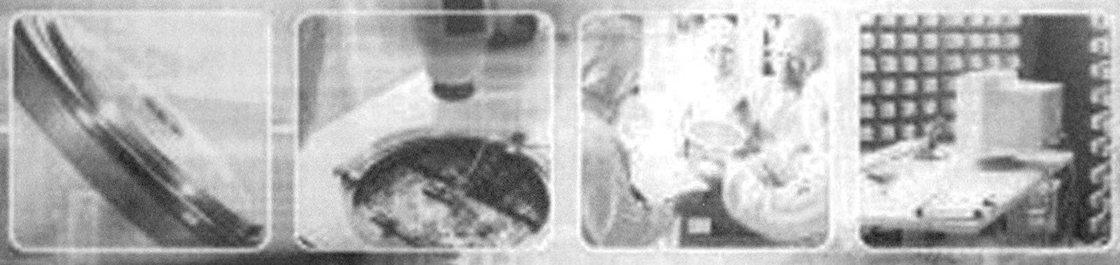

5-1 农村基层基本情况

项　　目	单位	1995年	2000年	2005年	2007年	2008年	2009年	2010年
乡(镇)政府	个	156	157	146	146	145	145	145
乡政府	个	56	51	47	47	47	47	47
镇政府	个	100	106	99	99	98	98	98
村民委员会	个	2490	2477	2422	2388	2400	2393	2393
乡村户数	户	1064409	1179647	1236397	1272609	1288521	1303155	1314568
乡村人口数	人	4330795	4432781	4418912	4468405	4486920	4504721	4517925
乡村劳动力资源数	人	2126068	2241281	2456334	2461856	2492513	2509285	2524917
乡村从业人员数	人	1883781	2039022	2087147	2115910	2125964	2167682	2184081
#农、林、牧、渔业	人	1131650	1124898	1011933	955874	943568	919786	903145
国有农林牧渔业劳动力	人	15253	11853	3439	3208	3158	2981	2887
国有农林牧渔场	个	57	42	28	28	28	26	26
自来水受益村数	个	1293	1489	1699	1892	1988	2126	2191
通汽车村数	个	2307	2442	2371	2367	2388	2381	2384
通电话村数	个	2003	2470	2395	2387	2398	2392	2392

注:2016年、2017年主要农产品的生产情况等数据,以第三次全国农业普查数据为基础进行了核定和修订,下同。

5－1 续表

项目	单位	2011 年	2012 年	2013 年	2014 年	2015 年	2016 年	2017 年	2018 年
乡(镇)政府	个	145	145	145	145	145	145	145	145
乡政府	个	47	47	47	47	47	47	47	47
镇政府	个	98	98	98	98	98	98	98	98
村民委员会	个	2393	2395	2396	2396	2396	2396	2387	2392
乡村户数	户	1324438	1327214	1345900	1359599	1380152	1380181	1382547	1396452
乡村人口数	人	4552645	4562606	4622152	4685505	4751828	4751923	4762426	4774052
乡村劳动力资源数	人	2560078	2576923	2615153	2682557	2713083	2713137	2729916	2729918
乡村从业人员数	人	2207312	2222069	2256078	2289825	2326611	2328317	2340191	2331562
#农、林、牧、渔业	人	903595	890473	881346	866408	843386	843403	845624	846375
国有农林牧渔业劳动力	人	2898	2899	2885					
国有农林牧渔场	个	26	26	26					
自来水受益村数	个	2208	2239	2271	2265	2276	2297	2283	2279
通汽车村数	个	2384	2386	2387					
通电话村数	个	2392	2394	2396					

5－2 农业机械拥有量

项　　目	单　位	1995 年	2000 年	2005 年	2006 年	2007 年	2008 年	2009 年	2010 年
农业机械总动力	**千瓦**	**1156125**	**1407517**	**1540512**	**1543211**	**1548417**	**1550177**	**1607019**	**1328325**
柴油发动机动力	千瓦	867238	1119010	1298738	1312250	1327891	1345246	1363883	1077402
汽油发动机动力	千瓦			63915	50372	38829	23048	21844	33016
电动机动力	千瓦			177859	180589	181697	181883	221292	217907
耕作机械	台	23562	13910	20803	7431	21307	6755	7270	6991
大中型拖拉机	台	403	93	103	126	128	129	164	194
小型拖拉机(含变型拖拉机)	台	23159	13817	20700	7305	6918	6626	7106	6797
农用排灌机械动力	千瓦	100349	98965	98668	100935	110645	105005	115133	110417
排灌动力机械	台	9523		9846	9853	10464	10845	11581	10766
农用水泵	台	6869	8997	9163	8833	9178	10638	10897	10582
收获机械	千瓦	17356	1815	4726	7129	9104	12446	15426	17608
机动脱粒机	台	54	5916	6736	6556	6539	6603	6658	6632
植保机械	千瓦	2557	2228	2748	2958	3267	3459		
畜牧养殖机械	千瓦	19650	21312	20273	21254	27489	27933	28737	28833
饲草料加工机械	台	2976	2809	2684	2817	2542	2392	2394	2366
林业机械	千瓦			272	272	272			
渔业机械	千瓦	313470	456418	473150	476120	552782	614155	721033	487169
农产品初加工动力机械	千瓦	114005	114029	105269	104269	110615	111545	114823	111689
运输机械	千瓦	358670	444070	518708	506918	377452	534407	430957	408137
农用载重汽车	辆	2373	2552	2377	2245	1525	737		
机动运输船	艘	2129	2197	2314	2376	1642	789		
农用运输车	辆	3140	5447	4613	4370	4313	4491	4954	4621

5－2　续表

项　　目	单　位	2011 年	2012 年	2013 年	2014 年	2015 年	2016 年	2017 年	2018 年
农业机械总动力	**千瓦**	**1346272**	**1376763**	**1400091**	**1429751**	**1453959**	**1457360**	**1198094**	**1162935**
柴油发动机动力	千瓦	1110471	1124035	1128510	1148587	1140033	1140748	949007	927588
汽油发动机动力	千瓦	35935	36610	58481	45565	68930	70160	43825	42266
电动机动力	千瓦	199866	216118	213100	235599	244149	246452	206949	192958
耕作机械	台	6765	6992	6909	6652	6648			
大中型拖拉机	台	242	269	319	385	430	549	607	536
小型拖拉机(含变型拖拉机)	台	6523	6723	6590	6267	6218	6125	4965	5090
农用排灌机械动力	千瓦	110853	111786	111621	112012	112539	113336	106190	
排灌动力机械	台	10910	10971	11029	11088	11167	11225	10118	10505
农用水泵	台	10816	10910	11088	11052	11099	11132	9739	9362
收获机械	千瓦	18365	19258	20114	19365	19728	20301	19161	23583
机动脱粒机	台	6839	6621	6629	8066	8446	6857	2283	2312
植保机械	千瓦					10598	11597	10211	5645
畜牧养殖机械	千瓦	27618	27635	27771	28324	28607	28114	23649	23055
饲草料加工机械	台					2498	2471	2089	2035
林业机械	千瓦								
渔业机械	千瓦	496264	505728	527813	554849	586715	597977	570391	501257
农产品初加工动力机械	千瓦	112019	116750	104057	122213	106980	119117	106105	103681
运输机械	千瓦	402644	407194	399930	380273	368672	230478	173843	
农用载重汽车	辆								
机动运输船	艘								
农用运输车	辆	4342	4461	4436	4299	4240			

5－3　农业基础设施

项　　目	单　位	1995 年	2000 年	2005 年	2007 年	2008 年	2009 年	2010 年
农业机械使用								
机耕地面积	公顷	55240	56797	53926	54102	102930	113482	113611
机械播种面积	公顷	73	498	138	171	211	962	2607
机械收割面积	公顷	833	3005	12074	17137	21145	26688	27369
农村电力设施								
乡村办水电站	处	327	330	355	360	360	359	368
发电能力	千瓦	56710	89390	158644	180478	185553	193863	267323
农村用电量	万千瓦时	118636	153755	449280	605714	618858	623851	731578
化肥施用量								
按折纯量计算	吨	130019	128390	112290	86717	86578	87337	85872
氮　肥	吨	60777	54840	45928	34380	33531	32936	32115
磷　肥	吨	16953	15896	14263	11614	11613	11408	11340
钾　肥	吨	25061	26353	24697	19379	19316	19416	18606
复合肥	吨	27228	31301	27402	21344	22118	23577	23811
农用塑料薄膜使用量	吨	3736	4292	4578	4940	4955	4991	4796
# 地膜使用量	吨	1240	1566	2094	2260	2281	2329	2239
农用柴油使用量	吨	140136	174089	176506	215515	222596	227403	233955
农药使用量	吨	6399	8357	7931	8156	8144	8488	8509

5－3 续表

项　　目	单　位	2011 年	2012 年	2013 年	2014 年	2015 年	2016 年	2017 年	2018 年
农业机械使用									
机耕地面积	公顷	115011	117980	118734	126536	130355	131207	80635	70319
机械播种面积	公顷	4714	6690	10081	13841	16979	16937	12022	20406
机械收割面积	公顷	29134	31644	32074	35069	37296	40948	39936	42052
农村电力设施									
乡村办水电站	处	370	373	372					
发电能力	千瓦	276666	288868	280456					
农村用电量	万千瓦时	779260	1080019	1127109	1215403	1187043	1201617	1191432	1232722
化肥施用量									
按折纯量计算	吨	87840	87349	87997	90465	91744	93200	88478	84729
氮　肥	吨	32158	32189	32373	32873	34116	34645	32137	30546
磷　肥	吨	11449	11407	11522	12066	12501	12718	11789	11299
钾　肥	吨	19145	18874	19099	19641	19506	19896	17397	16538
复合肥	吨	24728	24879	25003	25885	25621	25941	27155	26346
农用塑料薄膜使用量	吨	5183	5525	5772	6061	6159	6198	6311	6308
# 地膜使用量	吨	2387	2507	2688	2848	2938	2977	3083	3132
农用柴油使用量	吨	242289	243886	246339	248238	245784	247202	227305	225758
农药使用量	吨	8391	8272	8297	8628	8202	8398	7894	7334

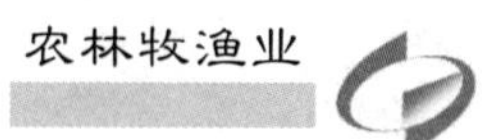

5－4 主要年份农作物播种面积

单位:公顷

年　份	合　计	粮食作物	#谷　物	经济作物	其他作物
1952	292589	263941	190147	15537	13111
1957	316472	279965	188653	17312	19195
1962	285511	254457	164220	12410	18644
1965	304627	258924	175076	18518	27185
1970	302445	265275	182240	12879	24291
1975	328225	274193	193685	16693	37339
1978	329089	275119	191684	20170	33799
1979	328075	271517	185714	24411	32147
1980	320909	265343	183469	27167	28399
1985	281825	225346	166242	28503	27977
1990	357606	266969	171475	24551	66087
1995	380705	263954	169112	20282	96468
2000	388129	254791	158170	17173	116165
2001	361740	229504	141486	18201	114034
2002	355112	220135	136879	20504	114474
2003	336468	198916	125062	23081	114471
2004	327271	190057	120222	21005	116209
2005	315599	179995	111916	22740	112864
2006	316310	178766	111501	23093	114451
2007	261922	123231	82624	22359	116332
2008	260431	121945	77717	21935	116551
2009	260734	118693	73502	20828	121213
2010	261686	115991	69085	22965	122731
2011	262553	113173	67590	23534	125846
2012	260727	106882	63395	24139	129705
2013	263152	105117	61091	24769	133266
2014	266454	103683	61254	25375	137396
2015	270867	102281	58373	26317	142269
2016	238798	83251	44619	22093	133455
2017	240760	82533	42876	21351	136876
2018	247215	83334	41778	22514	141366

5-5 粮食作物播种面积

单位:公顷

项　　目	1995 年	2000 年	2005 年	2006 年	2007 年	2008 年	2009 年	2010 年
总　　计	**263954**	**254791**	**179995**	**178766**	**123231**	**121945**	**118693**	**115991**
按收获季节分								
春收粮食	31298	33583	16197	15669	7447	8530	8725	8674
夏收粮食	78966	76322	50445	47378	27629	25554	25068	22987
秋收粮食	153690	144886	113353	115719	88155	87861	84899	84329
按品种分								
稻　谷	169112	158170	111916	111501	82624	77717	73505	69085
早　稻	69913	66499	41986	39528	22933	20685	19804	17530
中稻和一季晚稻	32217	30793	34913	36606	34214	33001	33243	31642
双季晚稻	66982	60878	35016	35367	25476	24031	20458	19913
大小麦	16782	11964	7	15	545	426	4	4
甘　薯	48100	46576	38095	38602	25950	28101	28320	29586
马铃薯	7320	11116	10724	10498	6736	7067	8211	8236
杂　粮	1498	2184	2175	1886	1674	1756	1741	1958
大　豆	11596	11159	8825	8546	4607	4829	5377	5554
杂　豆	9547	13622	8253	7707	1095	2049	1535	1567

5－5 续表

单位:公顷

项　　目	2011 年	2012 年	2013 年	2014 年	2015 年	2016 年	2017 年	2018 年
总　　计	**113173**	**106882**	**105117**	**103683**	**102281**	**83251**	**82540**	**83334**
按收获季节分								
春收粮食	8761	8763	8943	9076	9425	11778	11078	11237
夏收粮食	22778	22168	21726	21277	20364	12479	13025	12219
秋收粮食	81634	75951	74449	73330	72492	57330	58436	59878
按品种分								
稻　谷	67590	63395	61091	58670	55624	44619	41121	39966
早　稻	17185	16384	15877	15210	14043	10923	8640	7750
中稻和一季晚稻	30059	29219	28385	27921	27097	21041	21402	21147
双季晚稻	20345	17791	16830	15539	14485	10679	11079	11069
大小麦								
甘　薯	27780	25327	25502	25902	26693	22723	23249	24301
马铃薯	8324	8411	8565	8723	9096	10703	11010	11514
杂　粮	2121	2306	2445	2584	2749	1976	1755	1812
大　豆	5837	5919	5937	6183	6476	3542	3664	3905
杂　豆	1516	1521	1577	1622	1643	1663	1738	1837

5－6 经济作物和其他农作物播种面积

单位:公顷

项　　目	1995 年	2000 年	2005 年	2006 年	2007 年	2008 年	2009 年	2010 年
经济作物	**20282**	**17173**	**22740**	**23093**	**22359**	**21935**	**20828**	**22965**
#油　料	15160	15601	17687	18142	19991	19336	20058	20198
#花　生	14029	14691	17562	18027	19887	19220	19865	19930
油菜籽	1114	909	122	109	101	111	187	263
甘　蔗	1654	727	769	749	354	440	433	447
烟　叶	479	567	21	21	16	6	6	1
其他农作物	**96468**	**116165**	**112864**	**114451**	**116332**	**116551**	**121213**	**122731**
#蔬　菜	74923	90190	97317	99037	99396	100462	103256	106753
西　瓜	3717	3639	4933	5162	4976	4919	5139	5185
绿　肥	14273	15895	5864	5429	5161	4978	4922	4893
青饲料		2141	2343	2195	2054	1653	1619	1594

5－6 续表

单位:公顷

项 目	2011 年	2012 年	2013 年	2014 年	2015 年	2016 年	2017 年	2018 年
经济作物	**23534**	**24139**	**24769**	**25375**	**26317**	**22093**	**21347**	**22515**
#油 料	20546	21184	21669	22417	23451	19225	18662	20558
#花 生	20259	20886	21354	22079	23068	18037	17454	18855
油菜籽	284	296	310	329	369	1149	1198	1691
甘 蔗	442	416	429	428	420	645	647	528
烟 叶								
其他农作物	**125846**	**129705**	**133266**	**137396**	**142269**	**133455**	**136876**	**141366**
#蔬 菜	109600	113676	117014	121154	125511	124899	128176	134581
西 瓜	5258	5220	5442	5499	5473	3453	2783	3142
绿 肥	4909	4736	4609	4490	4056	579	770	
青饲料	1676	1676	1559	1422	1437	491	472	97

5-7 各类水果种植面积

单位:公顷

项目	1995年	2000年	2005年	2006年	2007年	2008年	2009年	2010年
水果种植面积	**48729**	**48032**	**45405**	**44826**	**44829**	**45758**	**46343**	**47035**
#柑桔	15451	10726	8341	8418	8429	8262	6026	8383
龙眼	3318	4745	4354	4122	4205	4184	4204	4382
荔枝	404	325	292	307	262	269	269	257
香蕉	861	822	1117	1230	1232	1173	1143	1151
枇杷	2611	3015	5168	5183	5504	5642	5809	6071
橄榄	4000	5754	5792	5732	5704	6922	7326	7556
柿	2707	2454	1951	1931	1827	1762	1747	1830
桃	2073	1576	1718	1672	1696	1818	1819	1823
李	6832	9942	9165	9130	9097	9063	9224	9177
柚	152	198	222	227	218	221	281	273
梨	432	377	357	377	380	398	396	411
葡萄	562	565	672	647	656	657	660	660
杨梅	768	458	366	414	414	391	386	384

5－7 续表 单位:公顷

项目	2011年	2012年	2013年	2014年	2015年	2016年	2017年	2018年
水果种植面积	**47709**	**48665**	**49968**	**51015**	**51541**	**42768**	**44603**	**43959**
#柑桔	8660	8878	9135	9316	9503	8912	9279	8753
龙眼	4480	4589	4643	4703	4714	3855	3964	4848
荔枝	277	270	269	269	273	295	333	290
香蕉	1162	1185	1199	1226	1268	1041	1101	1021
枇杷	6418	6585	6783	7034	7092	5629	5870	5176
橄榄	7601	7640	7717	8169	8207	6519	6799	5990
柿	1830	2081	2083	2062	2049	1313	1297	1257
桃	1821	1797	1703	1701	1726	1557	1612	1623
李	8947	9149	9682	9769	9902	7825	8057	8872
柚	303	303	389	530	567	814	979	693
梨	398	405	402	410	416	450	490	383
葡萄	674	667	763	737	744	665	745	708
杨梅	387	386	366	359	370	339	354	316

5－8　主要年份茶叶水果种植面积及产量

年　　份	茶　　叶		水　　果	
	种植面积（公顷）	产　量（吨）	种植面积（公顷）	产　量（吨）
1952	1141	248	2751	16377
1957	1812	322	4763	31506
1962	1611	198	4434	10970
1965	2205	290	5962	16306
1970	5052	579	4668	15023
1975	6678	1116	6555	12906
1978	7656	1237	7274	9348
1980	8428	1367	10061	16787
1985	8432	1997	22351	33667
1990	6652	2976	39332	101359
1995	8472	4942	48729	220343
2000	8131	7908	48032	250515
2001	7932	8312	46724	256930
2002	7822	8522	47473	256098
2003	8122	9074	46680	296572
2004	8150	10499	46386	291315
2005	8214	11434	45405	278591
2006	8133	12008	44826	290098
2007	8315	13143	44829	310090
2008	8895	15011	45758	320489
2009	8933	15537	46343	338370
2010	9179	16578	47035	348995
2011	9562	18168	47709	380241
2012	9794	19535	48665	410419
2013	10485	21934	49968	454596
2014	10754	24803	51015	496405
2015	10551	27461	51541	533792
2016	10403	32506	42768	727233
2017	10944	37627	44603	715830
2018	11144	40257	49652	775297

5-9 水产品养殖面积

单位:公顷

项　　目	1995年	2000年	2005年	2006年	2007年	2008年	2009年	2010年
水产品养殖面积	**28579**	**42128**	**45565**	**46090**	**38458**	**42919**	**46587**	**48777**
海水养殖	**16924**	**29004**	**32910**	**33358**	**25625**	**29337**	**32151**	**33823**
#鱼　类	291	5528	1322	2856	2131	1978	1616	1722
虾蟹类	4048	3666	4791	5278	3111	5253	6828	6237
#对　虾	3696	2440	2838	2797	1505	2853	4718	4285
贝　类	9466	15006	19009	19218	14670	15045	16724	17719
#蛏	2140	3532	4179	3925	3082	2859	3491	3920
蛤	2135	2234	3434	3708	3199	3638	4008	4410
蚶	14	281	320	450	233	231	258	218
牡　蛎	4316	8004	9433	9707	6745	6664	7310	7396
藻　类	3052	4455	7439	5890	5635	7015	6942	8122
#海　带	963	1790	4320	3042	2984	3772	3630	4138
紫　菜	2088	2660	2774	2423	2322	2810	2978	3087
在海水养殖中								
海上养殖	3441	12550	13621	13920	11032	12171	12368	13374
滩涂养殖	4394	5353	12384	12082	9185	10329	12573	13260
陆基养殖	9089	11101	6905	7356	5408	6837	7210	7189
淡水养殖	**11656**	**13124**	**12655**	**12732**	**12833**	**13582**	**14436**	**14954**
#池塘养殖	5008	5706	6265	6318	7053	7977	8344	9123
湖泊养殖	431	527	580	567	252	383	384	392
河沟养殖	2145	1579	1410	1398	1212	1173	1208	1076
水库养殖	2768	4031	3226	3333	3237	2577	3194	3218

5－9　续表　　　　单位:公顷

项　　目	2011 年	2012 年	2013 年	2014 年	2015 年	2016 年	2017 年	2018 年
水产品养殖面积	**51434**	**54524**	**58042**	**60363**	**62770**	**62870**	**64323**	**66528**
海水养殖	**36108**	**38835**	**41909**	**43490**	**45384**	**47179**	**48093**	**50497**
#鱼　类	1680	1772	1988	2114	2348	2508	2221	2215
虾蟹类	6503	8149	8133	8844	8741	8963	7873	7701
#对　虾	4288	5575	5520	5949	5695			
贝　类	18791	19486	20438	20918	21483	21783	22647	23875
#蛏	3958	4108	4401	4452	4573			
蛤	4727	4406	4353	4293	4308			
蚶	349	317	291	288	292			
牡　蛎	7802	8654	8969	9252	9357			
藻　类	8998	9089	9636	10007	10969	12031	13232	14535
#海　带	4670	4652	5108	5224	5511			
紫菜	3182	3361	3422	3553	3753			
在海水养殖中								
海上养殖	15380	16912	17563	19062	20832	22673	22301	25771
滩涂养殖	13236	13240	14946	15383	15272	14572	14227	13246
陆基养殖	7492	8683	9400	9045	9280	9934	11565	11480
淡水养殖	**15326**	**15689**	**16133**	**16873**	**17386**	**15691**	**16230**	**16031**
#池塘养殖	9656	10268	10647	11083	11574	10919	11605	9754
湖泊养殖	383	386	402	426	421	344	330	354
河沟养殖	1055	981	932	930	961	828	806	614
水库养殖	3027	2904	3005	3077	3103	2808	2741	2762

5－10　农林牧渔业增加值

（1993－2018年）

单位:万元

年份	合计	农业	林业	牧业	渔业
1993	530391	200661	29333	92902	217745
1994	728654	250044	36367	117058	327185
1995	985156	337342	39643	158543	449628
1996	1108933	358436	41132	194627	514738
1997	1209896	382462	46113	233862	547450
1998	1285522	406604	48932	239589	590397
1999	1348355	423332	46987	238460	639576
2000	1351822	414588	47807	227059	662368
2001	1326433	442508	18453	235020	630452
2002	1360280	458454	18666	238623	644536
2003	1436978	461564	40083	235797	699534
2004	1622965	507563	41238	284568	789596
2005	1747751	530105	42150	286787	879562
2006	1761368	535742	43668	228328	875200
2007	2042412	600093	48138	292118	1016137
2008	2364866	656183	60064	367846	1187171
2009	2420005	711384	63226	318786	1229252
2010	2827271	845058	82536	333246	1462704
2011	3250916	941011	97709	406109	1695517
2012	3677283	1055541	104765	401596	1998598
2013	4000506	1146797	116102	388157	2225132
2014	4290722	1303722	141120	382578	2331721
2015	4486522	1391576	137797	399257	2418320
2016	4388150	1430726	154555	384671	2269392
2017	4763961	1580850	151371	354416	2525597
2018	5110449	1710965	185943	322082	2728574

5－11 主要年份农林牧渔业总产值

单位：万元

年 份	合 计	农 业	林 业	牧 业	渔 业
1952	12316	9734	215	1228	1139
1957	18524	12495	890	2359	2780
1962	24505	16424	768	2178	5135
1965	32123	21393	1258	4329	5143
1970	39840	24707	1826	5764	7543
1975	36946	24304	1733	4472	6437
1978	47780	31845	1633	5253	9049
1979	62811	42046	2262	7787	10716
1980	74270	49102	2888	9387	12893
1985	170781	85547	8224	33855	43155
1990	424801	188913	22070	94358	119460
1995	1594572	502701	55001	275179	761691
2000	2174225	618324	69349	394533	1092019
2001	2153911	659853	26811	411876	1055371
2002	2210770	642627	68257	419142	1080744
2003	2348379	694864	55839	417443	1180233
2004	2685206	765033	60794	504275	1355104
2005	2907871	807694	63837	510637	1510342
2006	3132626	883991	69142	504578	1657722
2007	3461207	918981	76381	532423	1788673
2008	4023099	1007146	96549	671220	2090826
2009	4108815	1093168	101706	582075	2168011
2010	4800148	1298939	133141	611016	2581890
2011	5526045	1446379	158109	742443	2992001
2012	6251218	1620658	169810	736779	3526352
2013	6827525	1761562	188517	737776	3929663
2014	7307738	2004837	229293	726840	4124359
2015	7648776	2146577	223945	759043	4283273
2016	7497585	2213046	252929	746893	4032699
2017	8187916	2494826	247807	688435	4491292
2018	8767820	2701751	303986	628371	4848559

5－12　主要年份农林牧渔业总产值指数

（以上年为100）　　单位:%

年　份	合　计	农　业	林　业	牧　业	渔　业
1957	107.30	98.20	151.20	125.70	118.10
1962	112.00	112.00	82.50	120.10	113.30
1965	117.70	118.40		118.00	113.50
1970	122.70	129.30	148.10	137.70	102.70
1975	95.80	95.10	112.80	100.90	92.30
1978	114.90	109.90	113.00	128.40	121.20
1979	111.80	112.20	117.00	125.30	100.10
1980	103.70	102.40	111.40	105.20	105.00
1985	109.20	103.90	127.20	118.40	109.40
1990	104.90	100.00	106.30	104.70	111.10
1995	111.80	109.50	108.10	110.60	114.40
2000	103.30	100.10	104.30	101.00	105.80
2001	100.80	99.30	97.20	103.40	100.90
2002	103.90	103.40	95.50	102.10	105.70
2003	104.00	100.30	97.10	100.40	107.50
2004	105.10	101.20	106.20	104.40	107.90
2005	102.72	100.29	100.64	101.59	104.60
2006	104.10	102.70	104.50	100.20	106.30
2007	105.20	103.70	104.10	97.00	108.50
2008	105.60	102.30	107.90	105.70	107.30
2009	105.40	105.10	103.80	103.70	105.60
2010	104.10	102.70	109.00	103.40	104.70
2011	104.00	104.10	105.70	101.20	104.70
2012	104.80	103.40	101.20	104.60	104.70
2013	104.70	103.70	100.80	102.10	105.90
2014	104.70	103.90	112.80	97.90	105.90
2015	104.00	105.80	106.90	95.50	104.50
2016	102.60	103.80	105.40	97.20	102.50
2017	103.70	105.60	102.80	90.80	105.00
2018	104.30	104.30	107.80	98.50	105.10

5－13　主要年份农林牧渔业总产值指数

（以1952年为100）

年　份	合　计	农　业	林　业	牧　业	渔　业
1952	100.00	100.00	100.00	100.00	100.00
1957	141.20	114.00	376.20	173.90	220.90
1962	121.60	95.50	209.30	103.50	263.00
1965	182.30	145.20	394.30	236.20	302.50
1970	193.00	140.90	476.00	262.00	369.60
1975	186.80	146.60	480.20	215.70	334.80
1978	236.70	188.30	438.30	245.40	455.80
1979	262.10	211.40	513.00	307.40	456.10
1980	271.90	216.50	571.20	323.30	478.70
1985	425.70	278.40	1563.90	684.50	827.80
1990	643.90	354.90	2059.10	1103.50	1573.80
1995	1168.60	465.40	4162.10	1834.90	3881.20
2000	1722.00	597.50	5152.70	2748.20	6258.00
2001	1735.20	593.20	5007.80	2841.10	6311.50
2002	1802.90	613.20	4780.00	2900.00	6671.00
2003	1907.60	656.50	2647.20	2945.70	7418.30
2004	2033.31	685.76	2858.55	3000.74	8096.90
2005	2055.44	654.16	2920.86	3054.01	8251.60
2006	2139.70	671.90	3052.30	3060.10	8771.50
2007	2251.00	696.60	3177.40	2968.30	9517.10
2008	2376.60	712.60	3427.80	3136.00	10207.10
2009	2504.94	748.94	3558.06	3252.03	10778.70
2010	2607.64	769.16	3878.28	3362.60	11285.30
2011	2711.95	800.70	4099.34	3402.95	11815.71
2012	2842.12	827.92	4148.53	3559.49	12371.05
2013	2975.70	858.56	4181.72	3634.23	13100.94
2014	3115.56	892.04	4716.98	3557.91	13873.90
2015	3240.18	943.78	5042.45	3397.81	14498.22
2016	3324.42	979.65	5314.74	3302.67	14860.68
2017	3447.43	1034.51	5463.56	2998.82	15603.71
2018	3595.67	1078.99	5889.71	2953.84	16399.50

5－14　农林牧渔业分项产值

单位:万元

项　　目	1995 年	2000 年	2005 年	2006 年	2007 年	2008 年	2009 年	2010 年
农林牧渔业总产值	**1648429**	**2174225**	**2907871**	**3132627**	**3461207**	**4023099**	**4108816**	**4800149**
一、农业产值	**502701**	**618324**	**807695**	**883991**	**918981**	**1007146**	**1093168**	**1298940**
#粮　食	195114	168471	237438	288062	246841	222285	220816	217695
蔬菜、瓜类	178363	260474	392981	432372	486938	566083	692365	646133
茶、桑、果	43359	71974	96071	122852	146425	172308	178026	238241
二、林业产值	**55001**	**69349**	**63837**	**69142**	**76381**	**96549**	**101705**	**133141**
#竹木采伐	16700	12223	31058	32553	38472	45896	46829	58121
林产品	33902	54278	28078	31600	32312	44489	48546	59100
林木培育和种植			4701	4989	5596	6164	6330	15920
三、牧业产值	**329036**	**394533**	**510637**	**504578**	**532423**	**671220**	**582075**	**611016**
#猪	203631	225641	310332	307406	350475	449257	345862	363492
家禽饲养	51994	64229	158607	155268	142489	160810	174929	180245
狩猎和捕捉动物	174	513	749	676	544	531	532	1041
其他畜牧业	5678	7819	10431	9961	11080	17059	15683	18018
四、渔业产值	**761691**	**1092019**	**1510342**	**1657722**	**1788673**	**2090826**	**2168011**	**2581890**
海水产值	447740	753290	1130325	1259247	1328973	1645055	1693008	2015226
淡水产值	313951	338729	380017	398476	459701	445771	475003	566665

注:1. 本表中 2010 起年粮食产值包括谷物及其他农作物产值;蔬菜、瓜类类产值包括蔬菜、食用菌及花卉盆景园艺产品产值;

2. 本表中 2004 年起茶、桑、果产值包括水果、坚果、饮料和香料作物的产值。

5－14　续表　　单位:万元

项　　目	2011年	2012年	2013年	2014年	2015年	2016年	2017年	2018年
农林牧渔业总产值	**5526045**	**6251218**	**6827524**	**7307738**	**7648776**	**7497585**	**8187916**	**8767820**
一、农业产值	**1446380**	**1620658**	**1761562**	**2004837**	**2146577**	**2213046**	**2494826**	**2701751**
#粮　食	243458	262842	274966	295115	306773	221205	274329	273434
蔬菜、瓜类	916774	1017564	1148984	1259159	1333881	1414676	1541026	1625769
茶、桑、果	276982	326246	318187	423722	450329	432532	525080	673526
二、林业产值	**158109**	**169810**	**188517**	**229293**	**223945**	**252929**	**247807**	**303986**
#竹木采伐	54857	58868	63643	97968	95793	111245	116865	41103
林产品	62680	75355	87160	96343	96165	118017	104491	151729
林木培育和种植	40572	35587	37714	34982	31986	23667	26452	111154
三、牧业产值	**742443**	**736779**	**737776**	**726840**	**759043**	**746893**	**688425**	**628371**
#猪	481170	490271	467019	421456	426997	415433	327737	302496
家禽饲养	176622	154333	154727	161596	178368	253204	259184	234433
狩猎和捕捉动物	924	883	1063	1082	1097	925	1061	961
其他畜牧业	23397	25006	31187	37393	37729	38474	12280	18484
四、渔业产值	**2992002**	**3526352**	**3929663**	**4124359**	**4283273**	**4032699**	**4491292**	**4848559**
海水产值	2264355	2764675	3140111	3350043	3558926	3473697	3893661	4118052
淡水产值	727647	761677	789552	774316	724347	559003	597630	730507

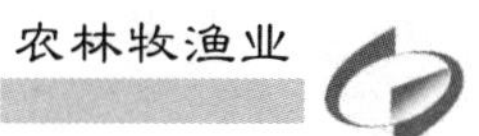

5－15 主要年份粮食总产量及单位播种面积产量

年份	粮食总产量（吨）	#稻谷	粮食单产（公斤/亩）	#稻谷
1952	607376	434326	154	153
1957	655981	450829	156	160
1962	523324	353333	137	144
1965	802162	577140	207	220
1970	827816	603764	208	221
1975	834994	621476	203	214
1978	989434	752856	240	262
1980	1081911	837805	272	305
1985	1007395	8325550	298	334
1990	1226972	948202	306	369
1995	1351140	1023769	341	404
2000	1403843	1021520	367	431
2001	1247727	897823	362	423
2002	1222864	885947	370	431
2003	1086208	789352	364	421
2004	1058508	770233	371	427
2005	974376	693882	361	413
2006	986935	701045	368	419
2007	640500	454673	347	367
2008	637721	435306	349	373
2009	619245	411649	348	373
2010	606916	392600	349	379
2011	599800	389932	353	385
2012	559950	363650	349	382
2013	555280	354807	352	387
2014	553738	342535	356	389
2015	543437	319171	354	383
2016	444274	242525	356	379
2017	447216	234748	361	381
2018	459428	235085	370	392

5-16 各类粮食产量

单位:吨

项目	1995年	2000年	2005年	2006年	2007年	2008年	2009年	2010年
总计	**1351140**	**1403843**	**974376**	**986935**	**640500**	**637721**	**619245**	**606916**
按收获季节分								
春收粮食	74589	91596	50245	49627	27571	30788	33308	33125
夏收粮食	461809	465299	282657	266986	133328	127189	124114	110757
秋收粮食	814742	846948	641474	670322	479601	479744	461823	463034
按品种分								
稻谷	1023769	1021520	693882	701045	454673	435306	411649	392600
早稻	448473	446374	263967	249425	122171	115086	111070	96932
中稻和一季晚稻	200591	210388	227865	240983	197065	192259	195453	190031
双季晚稻	374705	364758	202050	210637	135437	127961	105126	105637
大小麦	41219	30845	9	22	856	1165	6	6
#小麦	25682	18855	9	19	856	1165	6	6
甘薯	228878	258093	199171	206371	141101	152841	154247	159373
马铃薯	24521	46072	44237	43736	27932	29442	34332	34269
杂粮	3146	5083	6152	5776	5071	5656	5743	6755
大豆	15381	18877	16386	16388	8789	9561	10609	11064

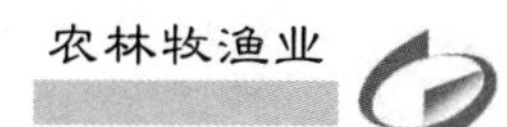

5－16 续表

单位:吨

项　　目	2011 年	2012 年	2013 年	2014 年	2015 年	2016 年	2017 年	2018 年
总　　计	**599800**	**559950**	**555280**	**553738**	**543437**	**444274**	**447203**	**459428**
按收获季节分								
春收粮食	34153	34505	35426	36706	38660	47827	47396	47989
夏收粮食	112545	108716	106459	103753	99069	72160	62293	58975
秋收粮食	453102	416729	413395	413279	405708	327533	337514	352464
按品种分								
稻　谷	389932	363650	354807	342535	319171	242525	234748	235085
早　稻	98119	93680	90862	87230	81252	61453	48091	44184
中稻和一季晚稻	181613	171621	168074	165442	155371	121283	123959	125669
双季晚稻	110200	98349	95871	89863	82548	59789	62698	65232
大小麦	6							
#小　麦	6							
甘　薯	152457	136726	138912	146420	155077	134517	141775	150003
马铃薯	35326	36028	36949	38258	40426	48044	50096	51279
杂　粮	7468	8456	9231	10238	11165	7174	7717	8516
大　豆	11766	12175	12333	13046	14298	8086	8573	10005

5-17 主要年份经济作物总产量及单位播种面积产量

年　份	总产量（吨）				单　产（公斤/亩）			
	油　料	花　生	甘　蔗	烤　烟	油　料	花　生	甘　蔗	烤　烟
1952	18626	16849	24450	120	94	106		73
1957	15622	14323	39379	35	69	79	3083	55
1962	9966	9293	10964	48	61	67	1928	45
1965	18795	16059	79266	31	87	102	3705	2
1970	15835	19492	52931	7	97	144	2952	27
1975	18341	15301	34936	70	85	111	3033	62
1978	17433	13280	92962	207	71	92	4024	75
1980	21119	13351	182324	149	64	87	4852	73
1985	25765	24173	469378	1939	123	137	4384	85
1990	28378	25542	244966	905	114	134	4219	77
1995	33624	32596	92618	567	148	155	3733	80
2000	32992	31998	33792	848	141	145	3097	100
2001	32926	32206	32516	841	140	142	3054	113
2002	35530	34994	39268	806	152	155	3219	101
2003	34365	34200	43008	853	139	139	3208	104
2004	40772	40603	38358	28	151	151	3271	88
2005	40013	39828	38296	29	151	151	3319	91
2006	39535	39363	37253	29	145	146	3314	91
2007	46149	45997	16821	23	154	154	3168	99
2008	44819	44642	26470	9	155	155	4010	95
2009	45557	45230	25718	9	151	152	3961	105
2010	45887	45407	26329	1	152	152	3927	91
2011	47158	46641	25448		153	154	3841	
2012	49030	48486	20853		154	155	3340	
2013	50891	50307	23768		157	157	3690	
2014	53205	52563	23958		158	159	3728	
2015	56380	55638	23936		160	161	3797	
2016	45399	43343	36580		157	160	3780	
2017	45731	43548	36858		163	166	3801	
2018	50052	46972	34274		162	166	4331	

5－18　茶叶水果食用菌产量

单位:吨

项　　目	1995 年	2000 年	2005 年	2006 年	2007 年	2008 年	2009 年	2010 年
蔬菜(含菜用瓜)总产量								**2886807**
茶叶产量	**4942**	**7908**	**11434**	**12008**	**13143**	**15011**	**15537**	**16578**
#绿毛茶	4926	7855	9707	11144	12260	13757	14228	16550
乌龙茶			528	742	883	1217	1308	
水果产量	**220343**	**250515**	**278591**	**290098**	**310090**	**320489**	**338370**	**348995**
#柑　桔	132883	110975	87131	90676	92719	95438	99908	108039
龙　眼	2508	11202	17859	16645	18941	18834	20660	21310
荔　枝	916	1363	1925	2125	1962	1951	2041	2218
香　蕉	5391	6010	12179	13010	13755	14136	13802	14146
枇　杷	8719	16883	13710	28310	31419	33219	26884	29522
菠　萝		36	36	36	36	36	36	36
橄　榄	3795	9981	18762	19408	21350	29734	35866	39530
柿	3850	9360	13098	13998	13681	14509	14546	16299
桃	10393	9861	13006	12718	13857	15055	16684	17382
李	25196	25966	49165	39560	48630	44399	51794	43945
柚	173	897	1745	1776	1757	1923	2957	3935
梨	2979	3985	4357	4537	4883	5082	5295	5405
苹　果		1	15	15	15	16	15	15
葡　萄	8507	11916	6219	14076	13719	13816	14550	14769
杨　梅	701	1148	1581	1703	1805	1856	1985	1975
食用菌产量	**29909**	**34419**	**62537**	**72455**	**79217**	**87944**	**98351**	**106678**
#香　菇	9317	12877	9471	10245	10608	12060	12618	13175
蘑　菇	18042	14751	19006	10631	21526	22408	22231	22798
黑木耳	947	1691	4236	4203	4508	5087	5699	6033
白木耳	401	1105	1343	1378	1482	1674	1781	1813
平菇类(含袖珍菇.凤尾菇等)								50525

5－18　续表　　　　单位:吨

项　　目	2011 年	2012 年	2013 年	2014 年	2015 年	2016 年	2017 年	2018 年
蔬菜(含菜用瓜)总产量	**2995006**	**3119483**	**3236711**	**3422325**	**3599961**	**3506533**	**3706574**	**3903627**
茶叶产量	**18168**	**19535**	**21934**	**24803**	**27461**	**32506**	**37627**	**40257**
#绿毛茶	16471	17546	17813	19549	21113	25276	27507	29274
乌龙茶								
水果产量	**380241**	**410419**	**454596**	**496405**	**533792**	**635038**	**715830**	**775297**
#柑　桔	113906	119769	128852	138007	145442	158421	167130	198025
龙　眼	22258	25321	24327	27203	29601	24749	27254	48821
荔　枝	2552	2401	2327	2414	2532	3111	4164	5669
香　蕉	14447	15658	16516	17709	19105	18531	20590	21578
枇　杷	32966	35718	40010	43090	46878	89655	101061	98768
菠　萝	36	36	34					
橄　榄	45974	53402	56869	68263	71985	72341	81545	102647
柿	16841	17728	19171	19978	21334	13716	12937	13875
桃	17857	17771	19281	20635	22824	23341	24430	30914
李	53665	62062	78933	86171	95028	79289	90486	142293
柚	4096	4165	5779	8048	9554	18104	21272	20100
梨	5559	5558	5713	6022	6285	7577	8639	7603
苹　果								
葡　萄	16095	17017	19427	18439	18832	18901	19630	20847
杨　梅	1979	2004	2118	2234	2399	7407	8349	7331
食用菌产量	**116858**	**130842**	**145024**	**153530**	**173993**	**185729**	**208220**	**223740**
#香　菇	14121	14785	15401	16616	17897	18164	18738	19906
蘑　菇	24034	24138	24351	25389	26773	26199	28561	26842
黑木耳	6315	6782	7733	8349	8813	9496	10620	11364
白木耳	1853	1797	1479	1578	1643	1726	1871	1966
平菇类(含袖珍菇.凤尾菇等)	55727	63713	68958	73572	89516	100407	114833	126770

5－19 主要年份林业 牧业 水产品生产情况

年　　份	造林面积（公顷）	猪牛羊肉产量（吨）	猪出栏数（头）	水产品产量（吨）
1952	5828		220146	52718
1957	14034		433618	99877
1962	7858		183119	96056
1965	26001		526678	127761
1970	30130		521406	139001
1975	22790		599998	129771
1978	20891		671865	153731
1980	22453		755444	156087
1985	31750		927279	265359
1990	36341	94566	928283	440433
1995	4530	177027	2006653	804394
2000	3469	198081	2561742	1462961
2001	2398	213177	2759628	1459291
2002	3397	216571	2829732	1508296
2003	2433	216918	2881159	1617731
2004	2925	222732	2955053	1685635
2005	2228	233068	3094176	1712836
2006	3601	238382	3148552	1740456
2007	7564	170796	2154173	1538387
2008	5895	196660	2456643	1648255
2009	6012	209465	2658355	1691129
2010	4839	216853	2756838	1771046
2011	26246	221280	2821030	1847918
2012	6833	236989	3062932	1962207
2013	10013	243318	3095043	2076954
2014	4389	233807	2935448	2187393
2015	4729	216773	2551911	2282179
2016	4119	209089	2472644	2316750
2017	4359	152812	1799879	2457839
2018	7596	148060	1748536	2583963

5－20 造林面积

单位:公顷

项目	1995年	2000年	2005年	2006年	2007年	2008年	2009年	2010年
当年造林面积	4530	3469	2228	3601	7564	5894	6012	4839
#用材林	3276	1636	1321	2485	1251	3779	3332	2397
经济林	310	482	33	51	55	173	474	620
防护林	1903	1295	864	1016	1876	1908	2207	2294
薪炭林	2592	55	9	48	6			
人工促进天然林更新面积	3551	4702	9650	8223	4908		1512	2432
零星植树(万株)	20	6	252	12	142	152	165	7
育苗面积	24	35	27	31	31	41	42	44
幼林抚育作业面积	41478	9692	7792	9749	11972	12259	13805	14820
成林抚育作业面积	14683	6360	2397	1598	1410	1149	2027	13277

注:1985年以前造林面积成活率45%以上统计,1986年及以后各年成活率85%以上统计;2011年数据不含平潭。

5－20　续表　　　　单位:公顷

项　　目	2011 年	2012 年	2013 年	2014 年	2015 年	2016 年	2017 年	2018 年
当年造林面积	26246	6833	10013	4389	4729	4119	4359	7596
#用材林	16219	2738	5738	2436	6963	2069	1244	293
经济林	1703	1977	572	214	182		48	233
防护林	8286	2119	3501	1688	6250	1074	609	185
薪炭林			202			70	199	
人工促进天然林更新面积	8644	3411	7615	492	1762	1458	1759	1453
零星植树(万株)	56	457	649	634	1018	950	1200	1234
育苗面积	27	289	383	1190	1011	1163	1188	1467
幼林抚育作业面积	41599	70730	50279	45385	11310	17683	22551	20672
成林抚育作业面积	14506	41414	36347	39837	20677	17683	46313	57355

5－21 主要林产品产量

单位:吨

项　　目	1995 年	2000 年	2001 年	2002 年	2003 年	2004 年	2005 年	2006 年	2007 年	2008 年
木材采伐产量(立方米)	123885	77034	77597	76669	183494	187167	149259	161922	702337	665705
竹材采伐产量(万根)	1889	1236	979	1101	296	1088	1267	2028	2401	2696
油桐籽	936	2422	2297	2444	2600	2575	2726	2535	2646	2793
油茶籽	3620	5600	5161	5463	5523	6039	6312	6675	7145	7976
棕　片	752	1944	1899	2103	2119	2245	2481	2719	2787	2809
松　脂	591	983	1048	1003	1039	1076	1199	1332	1405	1449
笋　干	2051	5527	5424	5494	5285	5504	6557	7342	8256	9600
板　栗	138	2362	1894	2344	2371	2572	3043	3718	3845	4493
紫　胶		32	32						106	98
山苍籽	101	207	191	191	277	334	372	429	459	495

注:本表 2004 年木材采伐产量不含薪材;竹材采伐产量含毛竹、篙竹;2003 年起为全社会口径,其他年份为村及村以下口径。

5-21 续表

单位:吨

项 目	2009 年	2010 年	2011 年	2012 年	2013 年	2014 年	2015 年	2016 年	2017 年	2018 年
木材采伐产量(立方米)	714887	791697	652785	765869	786839	916617	878455	824351	1070485	1100543
竹材采伐产量(万根)	2853	2943	2970	3388	3909	7671	8118	9251	9010	10460
油桐籽	2922	3040	3166	3299	3471	3534	3199	3735	3637	3932
油茶籽	8895	10167	11206	13301	15237	17314	19862	22527	28742	36315
棕 片	2967	3429	3447	3647	3769	3810	3734	3822	3504	3437
松 脂	1539	1839	1837	1866	1923	1923	1935	1938	2015	2091
笋 干	10392	11874	12783	14021	15551	17471	19773	22958	25011	27521
板 栗	4666	5213	5454	5791	5954	6526	6981	7468	3047	3309
紫 胶	106	102								
山苍籽	531	573	572	606	634	659	691	713	722	741

5－22 主要畜禽产品产量

项目	单位	1995年	2000年	2005年	2006年	2007年	2008年	2009年	2010年
肉类产量	吨	210142	245787	283425	287798	201723	230900	244802	253058
#猪　肉	吨	172233	192111	226284	231361	164561	189903	202559	209716
牛　肉	吨	2088	2708	2494	2378	2169	2286	2269	2344
羊　肉	吨	2706	3262	4290	4643	4066	4471	4637	4793
禽　肉	吨	30865	44868	47197	46422	27516	30701	32133	33058
兔　肉	吨	2250	2838	3160	2994	3411	3445	3103	3142
牛奶产量	吨	34138	38539	40032	36655	22522	24759	24452	22067
蜂蜜产量	吨	836	775	907	836	1050	957	1038	1069
禽蛋产量	吨	91500	152478	155656	156899	137300	115166	117792	120547
肉猪出栏数	头	2006653	2561742	3094176	3148552	2154173	2456643	2658355	2756838
肉羊出栏数	头	215065	262579	331407	364472	318458	348641	361440	373413
肉牛出栏数	头	18775	27609	25015	25071	21009	22395	22322	23039
家禽出栏数	只	25445259	34309369	35730267	35156291	19909745	21209931	22220499	23099853
家兔出栏数	只	1756271	2275287	2389477	2252492	2302779	2331491	2201494	2242233

5－22　续表

项　　目	单　位	2011 年	2012 年	2013 年	2014 年	2015 年	2016 年	2017 年	2018 年
肉类产量	吨	257969	269037	275581	262571	247092	220532	193333	181839
#猪　肉	吨	213770	229038	234726	224281	206490	200899	143979	139403
牛　肉	吨	2482	2620	2912	3247	3595	2442	2904	3102
羊　肉	吨	5028	5331	5680	6279	6688	5748	5929	5555
禽　肉	吨	33370	28663	28615	24961	26348	36805	38210	31493
兔　肉	吨	3319	3385	3648	3803	3971	1927	1768	1774
牛奶产量	吨	21733	19108	16941	17446	17624	5794	5587	6679
蜂蜜产量	吨	1127	1164	1223	1263	1454	1614	1998	2260
禽蛋产量	吨	123007	126660	106316	102057	104157	125414	124480	113301
肉猪出栏数	头	2821030	3062932	3095043	2935448	2551911	2472644	1799879	1748536
肉羊出栏数	头	392052	413137	432972	471593	500305	422061	434734	401038
肉牛出栏数	头	24391	25677	27699	30629	34213	22963	26927	28223
家禽出栏数	只	23792849	19524862	19510455	16794211	16837685	25917006	24745732	20387233
家兔出栏数	只	2376219	2435816	2576273	2668774	2790769	1339218	1155749	1159765

5－23　年末畜禽存栏数

项　　目	单　位	1995 年	2000 年	2005 年	2006 年	2007 年	2008 年	2009 年	2010 年
大牲畜	头	125733	108228	96365	89841	68687	70946	70083	69050
牛	头	125730	108226	96363	89792	66141	70946	70083	69050
#乳　牛	头		8868	9998	8112	4919	5904	7637	7168
#役　畜	头	84434	64978	50832	46918	33037	21057	19556	19018
猪	头	1267342	1472923	1519169	1587448	1647877	1725669	1730479	1759074
#能繁殖母猪	头	25083	76349	98084	95397	131028	145494	161986	166887
羊	只	193419	193741	240842	255442	229208	248361	250494	259029
蜜蜂箱数	箱	41242	42655	42613	41634	48861	44620	46014	46805
家　兔	只	1139739	1237035	1227390	1257436	1349558	1255941	1274911	1296344
家　禽	只	15917782	17547471	18172230	17622955	15249057	13155578	13788580	14243604

5-23 续表

项　　目	单　位	2011 年	2012 年	2013 年	2014 年	2015 年	2016 年	2017 年	2018 年
大牲畜	头	71188	72329	74759	74817	74510	43168	51597	49538
牛	头	71188	72329	74759	74817	74510	43168	51597	49538
#乳　牛	头	8082	7300	7014	7253	7434	2709	2226	2584
#役　畜	头	18958	18142	17395	16909	16737	22550	28828	23866
猪	头	1827694	1867715	1788827	1622463	1502979	947477	1072934	915495
#能繁殖母猪	头	172215	191235	180990	160121	153668	98662	119013	84170
羊	只	267577	283624	293696	311379	333259	263676	238503	232988
蜜蜂箱数	箱	48275	47922	49407	47597	49614	39230	34414	28285
家　兔	只	1362616	1298219	1310769	1371453	1486117	613182	545580	568336
家　禽	只	14685156	13617748	13232381	11658765	10795205	12766058	13198073	10551197

5－24 淡水产品产量

单位:吨

项　　目	1995年	2000年	2005年	2006年	2007年	2008年	2009年	2010年
淡水产品产量	**83082**	**149340**	**159158**	**165612**	**185383**	**166919**	**179006**	**186610**
#鱼　类	77359	118596	128496	134808	163319	140378	153152	156261
虾蟹类	472	1516	6867	7210	8124	9974	9189	15435
贝　类	4062	27728	22387	22412	12505	15121	15364	13873
淡水养殖产量	78234		145212	190995	168290	152518	164951	172786
#池　塘			98722	94770	128395	115745	127087	142124
水　库			16455	49995	17599	15467	16650	16304
河　沟			10230	20970	5727	7939	8360	6407
湖　泊			4286	8505	913	2841	2906	3210

5－24 续表

单位:吨

项　　目	2011年	2012年	2013年	2014年	2015年	2016年	2017年	2018年
淡水产品产量	**198648**	**206357**	**221966**	**240085**	**253818**	**193806**	**221282**	**228843**
#鱼　类	160887	163063	175307	190048	191534	154511	165978	180392
虾蟹类	20701	25116	27652	30772	33427	30516	33338	37412
贝　类	15924	16531	17061	17230	12022	6974	7517	8998
淡水养殖产量	184179	191974	207581	225383	239006	193806	208493	228843
#池　塘	150153	155874	168932	183306	194460	160611	174871	132142
水　库	17100	18790	20062	21889	24111	19724	16938	16519
河　沟	6160	6488	7414	7962	8479	6571	7576	7409
湖　泊	3203	3439	3547	3660	3790	2802	2837	3125

5－25 海水产品产量

单位：吨

项　　目	1995 年	2000 年	2005 年	2006 年	2007 年	2008 年	2009 年	2010 年
海水产品产量	**721312**	**1313621**	**1553678**	**1574844**	**1353005**	**1481336**	**1512123**	**1584436**
#鱼　类	486701	582172	699645	679973	543664	635820	636565	648748
虾蟹类	28419	52964	67559	73181	63413	83613	91625	99484
贝　类	134777	555200	623718	650981	574586	553018	553018	598123
藻　类	66278	116223	146062	153454	157409	192757	189310	207371
#海水养殖产量	194312	673686	797615	842736	752956	799279	825603	879635
#鱼　类			34799	40396	41603	41256	46286	48434
虾蟹类			14535	17621	13733	21303	27111	32620
贝　类			601799	631238	525041	543808	562471	591066
藻　类			145972	153344	172514	192757	189285	207306

5－25 续表

单位:吨

项　　目	2011 年	2012 年	2013 年	2014 年	2015 年	2016 年	2017 年	2018 年
海水产品产量	**1649270**	**1755850**	**1854988**	**1947308**	**2028361**	**2285864**	**2236557**	**2341925**
#鱼　类	648626	664080	690520	701898	684761	815015	860478	658806
虾蟹类	105916	122602	130436	143028	144960	157691	159653	152199
贝　类	632268	668978	717098	761383	787799	860956	906024	989823
藻　类	226250	247604	271401	284667	326401	373996	419301	455542
#海水养殖产量	946091	1024919	1107384	1189546	1282872	1425062	1513738	1639136
#鱼　类	53978	60913	66319	82589	99139	108485	98675	97481
虾蟹类	38553	51090	52507	61836	69332	80316	85423	82525
贝　类	625455	661636	710570	753613	780776	854658	900602	983315
藻　类	226205	247554	270951	283967	325376	373620	419301	455492

5-26 按县(市)区分农林牧渔业总产值

(2018年)

单位:万元

县(市)区	农林牧渔业总产值		#农业产值	林业产值	牧业产值	渔业产值
	数 值	比上年增长(%)				
福州市	**8767820**	**4.3**	**2701751**	**303986**	**628371**	**4848559**
仓山区	27079	0.4	18356	62		2898
晋安区	95843	4.0	76748	6510	7918	1075
马尾区	74268	3.8	27007	837	5672	40389
长乐区	953686	4.1	228755	885	81334	616884
福清市	1713002	5.0	561032	5940	217265	847630
闽侯县	677664	5.0	475691	16803	125847	27737
连江县	2416964	5.4	192931	5503	45369	2124805
罗源县	785388	5.2	193146	9486	27921	525308
闽清县	530195	5.3	406659	49021	48308	21278
永泰县	768162	5.2	481768	206411	35997	30582
平潭县	652141	1.2	39658	2528	32740	536544

5－27 按县(市)区分主要农产品产量

（2018 年）

单位:吨

县(市)区	粮食总产量		油料总产量		蔬菜总产量	
	数 值	比上年增长（%）	数 值	比上年增长（%）	数 值	比上年增长（%）
福州市	**459428**	**2.7**	**50052**	**8.6**	**3903627**	**5.0**
仓山区					39770	3.0
晋安区	3462	－12.4			141014	6.8
马尾区	2082	－9.7	59	－3.4	50340	－0.9
长乐区	66111	2.3	1719	4.0	579495	4.8
福清市	100446	2.5	29673	4.8	726029	5.8
闽侯县	55942	1.8	2174	4.8	1069598	5.7
连江县	40630	0.5	812	13.9	115422	2.1
罗源县	31033	3.1	295	4.7	122644	5.0
闽清县	53577	4.1	2667	24.1	451080	5.4
永泰县	89390	5.0	5718	15.3	543876	5.4
平潭县	16755	3.1	6935	15.7	64359	－9.8

5－27　续表1　　(2018年)　　单位:吨

县(市)区	水果总产量		茶叶总产量		禽蛋总产量		牛奶总产量	
	数　值	比上年增长(%)	数　值	比上年增长(%)	数　值	比上年增长(%)	数　值	比上年增长(%)
福州市	**775297**	**8.3**	**40257**	**7.0**	**113301**	**－9.0**	**6679**	**19.5**
仓山区	1385	99.9			0	－100.0	0	－100.0
晋安区	5364	5.2	2212	34.6	1035	－6.0	0	－100.0
马尾区	10183	7.9			1047	－13.6	588	113.8
长乐区	36524	5.4	133	8.1	14992	－14.0	558	9.4
福清市	110739	14.2	356	4.7	43674	－20.3	3054	45.3
闽侯县	144757	8.8	1525	14.1	16122	1.2	740	5.9
连江县	25734	19.2	12160	－1.3	8635	－3.1	52	477.8
罗源县	51859	8.8	7270	8.1	6137	66.5	91	3.4
闽清县	159886	37.0	2932	6.7	10622	62.7	1571	－2.7
永泰县	226844	43.9	13669	10.4	4233	－0.8	25	13.6
平潭县	2022	－97.8			6804	－29.0		

5－27 续表2 （2018年） 单位:吨

县(市)区	肉类总产量		水产品产量		海水产品产量	
	数 值	比上年增长(%)	数 值	比上年增长(%)	数 值	比上年增长(%)
福州市	**181839**	**-5.9**	**2583963**	**5.1**	**2341925**	**4.7**
仓山区			4651	3.0	64	-7.2
晋安区	4010	-48.4	990	-12.9		
马尾区	2306	61.0	25248	5.1	16285	4.2
长乐区	21199	-20.3	178270	6.1	110837	2.4
福清市	56826	-8.7	512118	6.1	408778	5.0
闽侯县	43275	10.6	20421	-1.1	2999	-6.7
连江县	10035	-15.8	1102931	6.5	1096900	6.5
罗源县	9614	19.2	196781	6.1	180651	5.6
闽清县	13432	-7.9	6707	5.5		
永泰县	10860	5.2	10250	6.9		
平潭县	10282	-7.1	423275	3.0	423090	3.0

5－28　按县(市)区分年末畜禽存栏数

(2018年)

县(市)区	猪		牛		羊		兔		禽	
	年末存栏(头)	比上年增长(%)	年末存栏(头)	比上年增长(%)	年末存栏(头)	比上年增长(%)	年末存栏(头)	比上年增长(%)	年末存栏(头)	比上年增长(%)
福州市	**915495**	**－14.7**	**49538**	**－4.0**	**232988**	**－2.3**	**568336**	**4.2**	**10551197**	**－20.1**
仓山区									0	－100.0
晋安区	19334	－60.2	374	－20.9	1557	0.0	3613	2.0	188633	－10.6
马尾区	12111	19.6	410	－7.2	1964	－55.5			148267	－45.5
长乐区	74103	－21.1	2932	7.6	6627	－0.9	1921	8.9	710024	－42.9
福清市	361572	－10.5	16032	－6.9	76705	－2.9	160626	－15.4	2387515	－30.7
闽侯县	182956	2.4	8588	－7.3	68500	0.0	160865	－10.1	2561140	－5.5
连江县	62589	－39.4	5161	－18.8	17590	41.7	100156	258.0	981222	－9.4
罗源县	51144	1.4	7105	5.8	18180	－7.2	58380	3.6	678397	81.0
闽清县	62664	－16.8	2202	1.9	15637	－4.2	24108	11.8	1208291	－31.6
永泰县	36444	－25.7	3749	－8.0	13303	11.6	50869	25.2	1094472	－0.5
平潭县	52578	－11.8	2985	38.1	12925	－28.5	7798	－68.8	593236	－39.5

5－29 按县(市)区分粮食播种面积和产量

(2018年) 单位:亩、吨

县(市)区	粮食作物		春收粮食		夏收粮食		秋收粮食	
	播种面积	总产量	播种面积	总产量	播种面积	总产量	播种面积	总产量
福州市	**1250012**	**459428**	**168556**	**47989**	**183286**	**58975**	**898170**	**352464**
晋安区	8258	3462	0	0	242	77	8016	3385
马尾区	5609	2082	706	208	1120	414	3783	1460
长乐区	170812	66111	57750	16995	32883	12095	80179	37021
福清市	266763	100446	16244	4370	70867	24798	179652	71278
闽侯县	161211	55942	21343	6072	25471	6280	114397	43590
连江县	108427	40630	8718	2250	16678	5226	83031	33154
罗源县	90961	31033	5648	1419	3830	923	81483	28691
闽清县	140754	53577	12138	3213	10253	3080	118363	47284
永泰县	244489	89390	38895	11446	19877	5654	185717	72290
平潭县	52728	16755	7114	2016	2065	428	43549	14311

主要统计指标解释

乡镇个数 指农村中经省、自治区、直辖市人民政府批准成立的乡一级行政区划的数量。不包括城关镇、城市街道办事处、工矿区。

村委会个数 指农村中经上级政府批准,按居住地区设立的基层群众性自治组织的个数,含城关镇中的村。

乡村户数 是指长期(一年以上)居住在乡镇(不包括城关镇)行政管理区域内的住户,还包括居住在城关镇所辖行政村范围内的农村住户。户口不在本地而在本地居住一年及以上的住户也包括在本地农村住户内;有本地户口,但举家外出谋生一年以上的住户,无论是否保留承包耕地都不包括在本地农村住户范围内。不包括乡村地区内的国有经济的机关、团体、学校、企业、事业单位的集体户。

乡村人口数 指乡村地区常住居民户数中的常住人口数,即经常在家或在家居住6个月以上,而且经济和生活与本户连成一体的人口。外出从业人员在外居住时间虽然在6个月以上,但收入主要带回家中,经济与本户连为一体,仍视为家庭常住人口;在家居住,生活和本户连成一体的国家职工、退休人员也为家庭常住人口。但是现役军人、中专及以上(走读生除外)的在校学生、以及常年在外(不包括探亲、看病等)且已有稳定的职业与居住场所的外出从业人员,不应当作家庭常住人口。

乡村劳动力资源数 指乡村人口中劳动年龄以上(16周岁)能够参加生产经营活动的人员。

乡村从业人员 指乡村人口中16岁以上实际参加生产经营活动并取得实物或货币收入的人员,既包括劳动年龄内经常参加劳动的人员,也包括超过劳动年龄但经常参加劳动的人员。但不包括户口在家的在外学生、现役军人和丧失劳动能力的人,也不包括待业人员和家务劳动者。从业人员按从事主业时间最长(时间相同按收入)分为农业从业人员、工业从业人员、建筑业从业人员、交运仓储及邮政业从业人员、信息传输、计算机服务和软件业从业人员、批发与零售业从业人员、住宿和餐饮业从业人员、其他行业从业人员。

耕地 指种植农作物的土地,包括熟地,新开发、复垦、整理地,休闲地(含轮歇地、轮作地);以种植农作物(含蔬菜)为主,间有零星果树、桑树或其他树木的土地;平均每年能保证收获一季的已垦滩地和海涂。耕地中包括南方宽度<1.0米、北方宽度<2.0米固定的沟、渠、路和地坎(埂);临时种植中草药材、草皮、花卉、苗木等的耕地,以及其他临时改变用途的耕地。

农用化肥施用量 指本年度内实际用于农业生产的化学肥料数量,包括氮肥、磷肥、钾肥和复合肥。化肥施用量要求按折纯量计算数量,折纯量是指把氮肥、磷肥、钾肥分别按含氮、含五氧化二磷、含氧化钾的百分之一百成分进行折算后的数量。复合肥按其所含主要成份折算。计算公式为:

折纯量=实物量×某种化肥有效成份含量的百分比

农作物播种面积 指实际播种或移植的面积。凡是实际种植有农作物的面积,不论种植在耕地还是非耕地上,也不论面积大小,均应如实统计,种什么就报什么,种多少就报多少,不得遗漏。时改变用途的耕地。

粮食产量 指全社会的产量。包括国有经济经营的、集体统一经营的和农民家庭经营的粮食产量,还包括工矿企业办的农场和其他生产单位的产量。粮食除包括稻谷、小麦、玉米、高粱、谷子及其他杂粮外,还包括薯类和豆类。其产量计算方法,豆类按去豆荚后的干豆计算;薯类(包括甘薯和马铃薯,不包括芋头和木薯)1963年以前按每4公斤鲜薯折1公斤粮食计算,从1964年开始及以后改为按5公斤鲜薯折1公斤粮食计算。城市郊区作为蔬菜的薯类(如马铃薯等到)按鲜品计算,并且不作粮食统计。其他粮食一律按脱粒后的原粮计算。

农林牧渔业总产值 指以货币表现的农、林、牧、渔全部产品和对农业生产进行各种支持性服务活动的总量,它反映一定时期内生产的总规模和总成果。从2003年开始农林牧渔业总产值执行新的国民经济行业分类标准,包括农业、林业、牧业、渔业及农林牧渔业服务业,不再包括农民家庭兼营商品性工业。

农林牧渔业中间消耗 指各种经济类型的农业生产单位和农户在农业生产经营过程中投入(或消耗)的各种物质产品和劳务价值的总和。包括中间物质消耗和中间劳务消耗两个部分。计入中间消耗必须具备以下两个条件:一是与总产出相对应的生产过程中消耗的物质产品和劳务活动;二是本期投入并一次消耗的不属于固定资产的非耐用品。

农林牧渔业增加值 指各种经济类型的农业生产单位和农户从事生产经营活动所提供的社会最终产品的货币表现。增加值的计算方法有两种,一是生产法:农林牧渔业增加值 = 农林牧渔业总产出 - 农林牧渔业中间消耗;二是分配法:农林牧渔业增加值 = 固定资产折旧 + 劳动者报酬 + 生产税净额(生产税 - 生产补贴) + 营业盈余。

6625.14
3225.14
3225.89
6725.89
2956.21
8956.21
1235.41
02:11
10:10

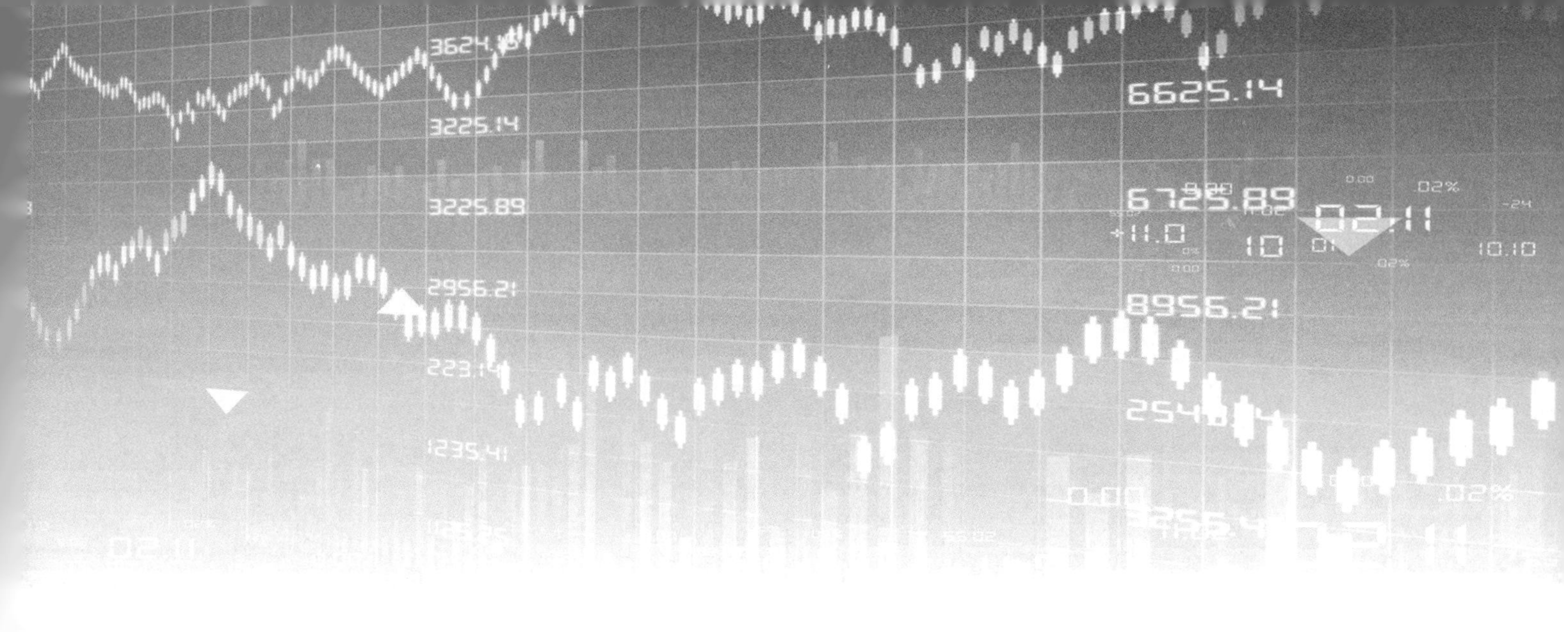

6 工业与交通

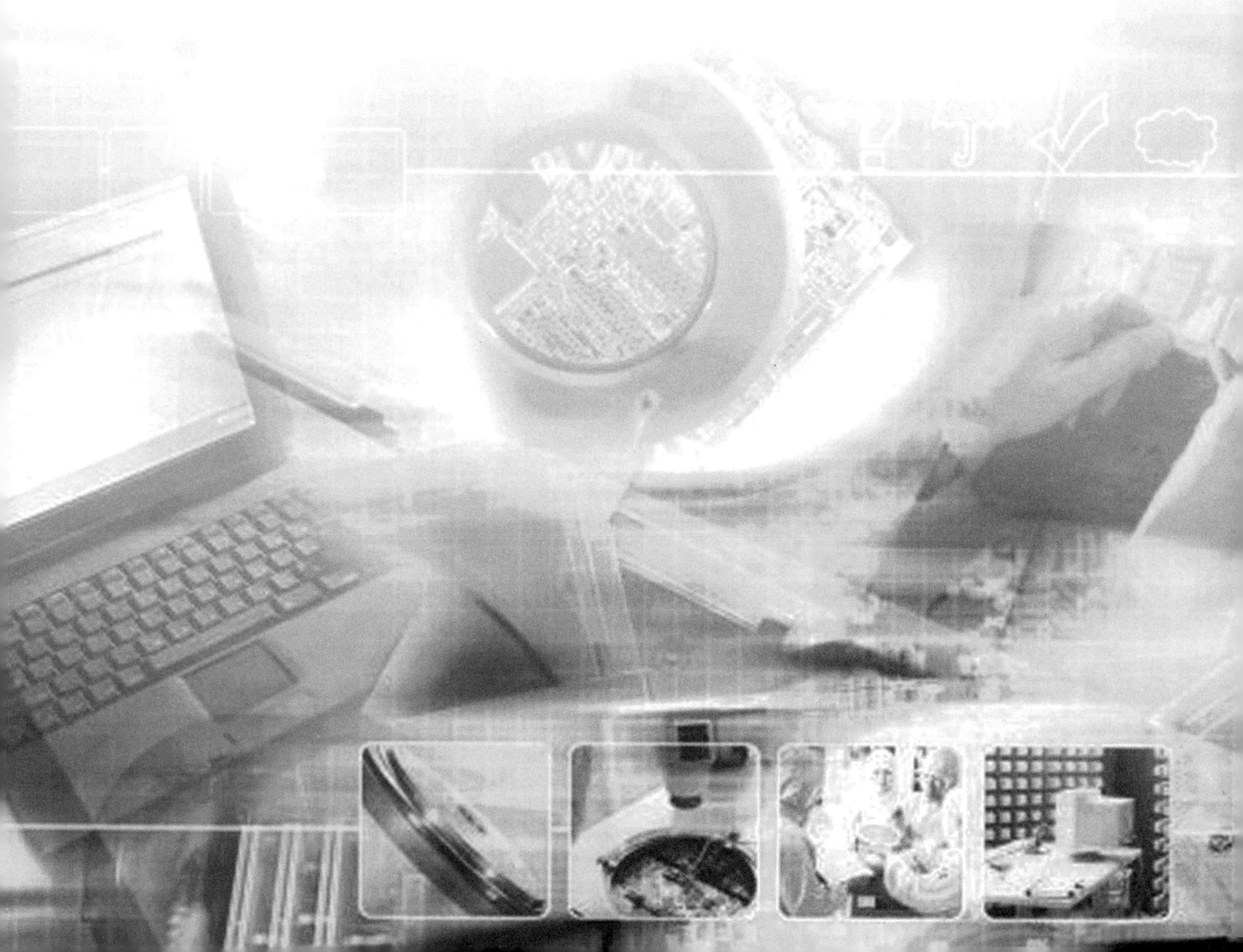

6-1 主要年份工业总产值和工业增加值

单位:亿元

年份	工业总产值	工业增加值	工业增加值指数	
			以上年为100	以1952年为100
1952	0.84	0.23	160.0	100.0
1957	1.80	0.50	100.6	215.5
1962	2.67	0.75	86.0	320.0
1965	4.59	1.28	131.1	549.2
1970	6.71	1.88	118.5	803.3
1975	12.14	3.40	109.9	1453.7
1978	16.18	4.53	123.4	1937.1
1979	18.06	5.06	111.4	2162.2
1980	19.94	5.58	111.3	2386.8
1985	45.13	14.31	136.8	6119.5
1990	137.28	34.50	79.0	14751.4
1995	506.82	130.01	118.3	48430.8
2000	1123.85	321.15	114.8	124540.1
2001	1162.64	346.98	111.8	139235.9
2002	1342.91	385.36	115.7	161096.2
2003	1627.09	463.84	118.8	191382.4
2004	1992.10	539.56	115.0	220099.9
2005	2209.99	564.20	105.0	232205.4
2006	2545.96	601.85	108.3	251478.4
2007	3080.63	699.55	113.8	286182.5
2008	3584.58	791.24	113.2	323958.6
2009	3965.65	891.64	113.7	368340.9
2010	4869.05	1127.59	118.8	437589.0
2011	5873.36	1355.19	115.2	504102.5
2012	6353.25	1481.99	114.1	575181.0
2013	7253.98	1654.51	113.2	651104.9
2014	8009.76	1816.87	111.7	727284.2
2015	8195.22	1875.26	106.8	776739.5
2016	8810.37	1978.83	106.7	828781.0
2017	8931.28	2227.15	107.7	892597.2
2018	9745.37	2416.16	108.8	971145.8

6－2 “规模以上”工业企业单位数

单位:个

项　　　目	2003 年	2004 年	2005 年	2006 年	2007 年	2008 年	2009 年	2010 年
合　　计	**1901**	**2345**	**2359**	**2470**	**2656**	**2902**	**2889**	**2879**
一、按轻重工业分								
轻工业	1112	1356	1363	1419	1520	1644	1647	1660
重工业	789	989	996	1051	1136	1257	1242	1219
二、按企业规模分								
大型企业	10	12	11	13	15	18	20	26
中型企业	169	196	223	257	282	315	299	327
小型企业	1722	2137	2125	2200	2359	2568	2570	2526
微型企业								
三、按登记注册类型分								
内资企业	1129	1437	1426	1489	1649	1855	1883	1889
港澳台商投资企业	470	502	500	532	545	562	545	547
外商投资企业	302	406	433	449	462	485	461	443
四、按经济组织类型分								
独资企业	921	942	883	896	889	902	851	837
合作、合伙企业	138	106	100	85	81	85	68	67
股份有限公司	60	62	69	65	71	64	67	72
有限责任公司	782	1235	1307	1424	1615	1851	1903	1903

注:1. 2011 年起规模以上工业企业指年主营业务收入 2000 万元及以上工业企业,下同。
2. 2011 年起增加微型企业规模分类,故企业数与往年不可比,下同。

6－2　续表　　　　单位:个

项　　目	2011年	2012年	2013年	2014年	2015年	2016年	2017年	2018年
合　　计	**2050**	**2119**	**2205**	**2275**	**2302**	**2220**	**2213**	**2240**
一、按轻重工业分								
轻工业	1153	1182	1229	1262	1281	1241	1323	1336
重工业	897	937	976	1013	1021	979	890	904
二、按企业规模分								
大型企业	81	81	85	84	92	91	87	92
中型企业	401	471	468	484	476	464	482	451
小型企业	1493	1526	1603	1647	1654	1621	1585	1606
微型企业	75	41	49	60	80	44	59	91
三、按登记注册类型分								
内资企业	1318	1403	1508	1610	1665	1645	1655	1710
港澳台商投资企业	394	383	371	349	346	314	306	288
外商投资企业	338	333	326	316	291	261	252	242
四、按经济组织类型分								
独资企业	577	562	520	484	459	396	381	370
合作、合伙企业	66	61	35	27	28	23	22	20
股份有限公司	65	65	83	90	105	119	124	121
有限责任公司	1342	1431	1567	1674	1710	1682	1686	1729

6-3 “规模以上”工业主要产品产量

品　名	单　位	2005年	2006年	2007年	2008年	2009年	2010年	2011年
食用植物油	万吨	9.12	11.63	26.29	18.05	18.42	29.30	19.33
啤　酒	万千升	8.13	9.68	9.55	9.05	9.55	9.53	9.04
软饮料	万吨	30.44	44.04	51.36	66.04	58.28	75.15	74.03
精制茶	万吨	0.45	0.48	0.53	0.67	0.29	0.38	0.46
纱	万吨	47.09	78.89	83.88	99.33	114.31	133.18	159.95
布	万米	10849	13227	17397	13109	13946	19626	26589
#棉　布	万米	2964	3598	5041	8937	7211	11574	19517
棉混纺布	万米	232	414	430	831	2845	4177	6072
化学纤维布	万米	7653	9215	11926	3341	3890	3875	1000
服　装	万件	3294	3013	2867	4453	4283	4927	4840
皮　鞋	万双	4807	5259	4836	4981	5833	8283	9396
纯　碱	万吨	17.73	19.80	18.88	18.02	19.28	17.07	9.27
氮　肥	万吨	6.53	9.52	6.67	4.89	5.57	4.88	3.28
化学纤维	万吨	13.74	30.87	45.97	74.41	91.50	105.46	105.09
塑料制品	万吨	49.36	45.37	55.93	75.31	70.10	74.46	83.80
花岗石板材	万平方米	2801.58	2924.05	4032.37	5280.03	6101.38	7417.82	8096.96
粗　钢	万吨	13.80	45.43	69.31	175.73	179.19	428.19	502.15
钢　材	万吨	129.79	205.44	327.93	257.05	384.08	440.16	629.62
泵	万台	17.82	12.69	82.73	97.62	61.07	68.90	78.36
汽　车	万辆	6.67	5.72	6.95	4.49	9.65	14.08	13.10
交流电动机	万千瓦	23.72	25.82	29.51	26.98	22.01	1.06	
电力变压器	万千伏安	336.45	387.90	443.06	385.18	353.38	551.05	256.30
显示器	万台	2240.15	2646.41	2902.42	2692.61	2381.14	2710.88	3064.81
彩色显像管	万只	1189.50	900.50	1092.67	882.69	350.42	465.25	230.33
彩色电视机	万部	22.70	33.65	38.18	381.90	327.60	267.25	142.99
钟	万只	2429.43	2060.98	2374.70	4118.21	2868.42	3795.40	3338.50
发电量	亿千瓦小时	157.41	173.27	212.59	280.82	328.68	341.98	460.98
#水　电	亿千瓦小时	60.99	67.92	56.18	57.10	49.24	80.30	44.79

6－3 续表

品　名	单　位	2012 年	2013 年	2014 年	2015 年	2016 年	2017 年	2018 年
食用植物油	万吨	16.34	19.58	68.38	71.90	67.50	62.51	64.22
啤　酒	万千升	10.85	12.44	11.12	10.55	9.80	8.01	7.34
软饮料	万吨	91.46	127.80	134.97	91.19	103.27	142.71	142.28
精制茶	万吨	0.79	1.02	0.44	0.78	0.93	0.78	0.85
纱	万吨	198.19	213.91	241.66	255.88	278.87	295.41	326.35
布	万米	28371	35490	55585	54449	51841	50025	46999
#棉　布	万米	16320	14992	24759	23110	22483	20264	17780
棉混纺布	万米	7571	8176	14987	14819	15378	15974	14828
化学纤维布	万米	4480	12322	15839	16520	13981	13787	14392
服　装	万件	8449	9478	11024	10760	12185	14530	15657
皮　鞋	万双	13294	14988	8015	12511	13089	13098	11407
纯　碱	万吨					14.87	24.23	24.67
氮　肥	万吨					8.87	36.56	42.35
化学纤维	万吨	135.16	211.40	247.28	337.55	422.38	428.03	426.01
塑料制品	万吨	104.08	99.68	99.03	104.56	109.52	121.12	122.74
花岗石板材	万平方米	9606.84	12851	14255	17299	20001.86	279.00	235.06
粗　钢	万吨	618.77	682.45	770.64	581.43	564.72	605.69	716.16
钢　材	万吨	738.78	865.67	851.08	838.65	791.83	858.36	880.64
泵	万台	63.81	88.64	94.41	120.60	124.90	44.50	0.00
汽　车	万辆	12.65	13.92	9.30	9.86	13.48	19.19	12.33
交流电动机	万千瓦	14.06	16.70	24.39	31.74	33.52	36.64	51.60
电力变压器	万千伏安	346.05	343.09	485.03	479.77	429.18	432.22	637.73
显示器	万台	2988.06	3330.18	3076.95	2884.49	3025.05	2914.45	3147.22
彩色显像管	万只							
彩色电视机	万部	146.93	169.91	240.89	299.05	284.37	232.23	60.55
钟	万只	3833.83	2984.26	2689.33	3337.79	3606.36	4017.73	4793.26
发电量	亿千瓦小时	419.55	431.47	446.50	459.01	474.63	617.00	715.97
#水　电	亿千瓦小时	81.94	63.80	73.90	80.51	92.18	72.63	61.35

6－4 “规模以上”工业主要经济指标

（2018 年）

单位：万元

项　　目	企业单位数（个）	资产总计	主营业务收　入	主营业务成　本	利润总额	年平均用工人数（人）
合　计	**2240**	**75318903**	**89800296**	**77292733**	**5921581**	**677763**
#亏损企业	172	7418714	4777684	4584276	－332855	42102
国有控股企业	91	26455511	14114222	11904771	861536	55826
一、按轻重工业分						
轻工业	1336	25145156	48267009	41693364	2875978	421967
重工业	904	50173747	41533287	35599369	3045603	255796
二、按企业规模分						
大型企业	92	31282222	31366350	26791652	2443010	204408
中型企业	451	21897187	29213925	24946302	1910612	251846
小型企业	1606	18183458	25728452	22172850	1537525	206883
微型企业	91	3956036	3491570	3381929	30434	14626
三、按登记注册类型分						
内资企业	1710	57292817	60356669	51929134	4125606	421024
国有企业	6	1006928	564779	508333	41418	2005
中央企业	2	562692	411786	373158	18782	687
地方企业	4	444236	152994	135175	22636	1318
集体企业	15	117841	749215	634430	39074	6563
股份合作企业	2	13371	66546	55691	4518	1462
联营企业	2	39081	93517	70976	9344	164
国有联营企业	0	0	0	0	0	0
集体联营企业	1	4992	4083	3312	587	75
国有与集体联营企业	0	0	0	0	0	0
其他联营企业	1	34090	89434	67664	8757	89

6－4 续表 （2018 年） 单位：万元

项目	企业单位数（个）	资产总计	主营业务收入	主营业务成本	利润总额	年平均用工人数（人）
有限责任公司	305	26672907	18788900	16103789	1138116	91456
国有独资公司	15	4533595	3315496	3209465	20002	11667
其他有限责任公司	290	22139312	15473405	12894324	1118113	79789
股份有限公司	65	10464425	4395079	3661460	753333	26668
私营企业	1315	18978264	35698633	30894455	2139803	292706
私营独资企业	12	33910	118883	104711	4682	1592
私营合作企业	4	22920	108341	86665	11253	1309
私营有限责任公司	1257	17425337	33820099	29304975	1988369	278477
私营股份有限公司	42	1496097	1651311	1398104	135500	11328
其他企业	0	0	0	0	0	0
港、澳、台商投资企业	288	10228091	16553250	14491063	712897	137816
合资经营企业（港或澳、台资）	89	3727415	5220456	4292099	441733	36300
合作经营企业（港或澳、台资）	3	11098	65702	56012	4032	1283
港澳台商独资经营企业	185	5287964	9073727	8251437	199988	91103
港澳台商投资股份有限公司	10	1174789	2173185	1872296	69495	8785
其他港澳台商投资企业	1	26825	20180	19219	－2351	345
外商投资企业	242	7797995	12890377	10872536	1083078	118923
中外合资经营企业	78	4212134	5883281	4989151	325192	45817
中外合作经营企业	5	55853	74319	63526	8861	950
外资企业	152	3494216	6806782	5706149	747072	70210
外商投资股份有限公司	4	20953	61880	51422	1866	1433
其他外商投资企业	3	14839	64115	62288	88	513
四、按经济组织类型分						
独资企业	370	9940858	17313386	15205060	1032233	171473
合作、合伙企业	20	183987	492720	414377	35746	6026
股份有限公司	121	13156265	8281454	6983283	960194	48214
有限责任公司	1729	52037793	63712736	54690014	3893409	452050

6－5 按行业分“规模以上”工业主要经济指标

（2018年） 单位：万元

项目	企业单位数（个）	工业销售产值	#出口交货值	资产总计	#流动资产合计	固定资产净值	固定资产原价
总计	**2240**	**90777908**	**16434856**	**75318903**	**35165012**	**25553398**	**44064097**
非金属矿采选业	3	119047	0	25201	12904	6511	8829
农副食品加工业	197	6960214	1622404	2761758	1888657	455330	906291
食品制造业	54	1543435	30038	1488773	423675	182888	340860
酒、饮料和精制茶制造业	35	975031	27322	467818	232232	161137	275481
烟草制品业	1	22801	0	59443	19006	34721	45501
纺织业	274	11528290	286661	6685337	3613196	1971235	3700842
纺织服装、服饰业	70	1633853	630846	580504	368590	114233	290474
皮革、毛皮、羽毛及其制品和制鞋业	128	5954202	3004543	1167081	758590	208200	434734
木材加工和木、竹、藤、棕、草制品业	26	402220	44215	142509	71331	47644	73969
家具制造业	59	1046959	518973	341503	231533	71336	144164
造纸和纸制品业	57	822720	101251	386796	207706	81729	155974
印刷和记录媒介复制业	40	684549	19870	399405	191259	59019	148531
文教、工美、体育和娱乐用品制造业	146	3014848	1695515	1177479	801968	161673	366681
石油加工、炼焦和核燃料加工业	9	419885	458	202781	103192	61353	104569
化学原料和化学制品制造业	61	3521677	107882	4375794	1385865	2185698	2848139
医药制造业	24	721947	78888	700653	455182	152076	299741
化学纤维制造业	33	8134803	212888	4757502	2262362	1635334	3765259
橡胶和塑料制品业	111	2417127	245064	2166091	1377282	503278	885325
非金属矿物制品业	170	4722472	550493	5926207	3541187	998446	1743254
黑色金属冶炼和压延加工业	24	5393782	71962	3223173	1659551	968150	2425473
有色金属冶炼和压延加工业	14	1097095	277937	1137795	425290	416795	517693
金属制品业	86	1937408	183064	1232884	674225	281159	494680
通用设备制造业	86	2036692	292210	2487297	1470947	293080	455949
专用设备制造业	69	985591	40317	983839	618305	157873	281650
汽车制造业	94	3815296	459239	2864779	1842083	644613	1552054
铁路、船舶、航空航天和其他运输设备制造业	17	542729	141813	1486622	1179232	236482	311935
电气机械和器材制造业	127	4778293	1061047	2730759	1943796	389882	657809
计算机、通信和其他电子设备制造业	106	7630293	4238607	8807317	5142880	2704989	3953718
仪器仪表制造业	49	997824	440793	664876	453986	85545	144483
其他制造业	6	179951	41593	115177	56238	15287	27195
废弃资源综合利用业	6	393595	0	94777	45669	46541	58053
金属制品、机械和设备修理业	9	571369	8960	339767	59525	205473	232486
电力、热力生产和供应业	27	5136517	0	14110056	1385393	9379255	15425481
燃气生产和供应业	12	477802	0	329399	116329	105530	175105
水的生产和供应业	10	157592	0	897753	145847	530903	811718

6－5　续表1　(2018年)　单位:万元

项　目	负债合计	#流动负债合计	所有者权益合计	主营业务收入	主营业务成本	主营业务税金及附加
总　计	**42024371**	**28298509**	**33294528**	**89800296**	**77292733**	**429680**
非金属矿采选业	4162	4162	21039	117571	89121	4926
农副食品加工业	1549771	1380167	1211987	6882598	6056156	22582
食品制造业	1043463	335448	445311	1531726	1289727	7406
酒、饮料和精制茶制造业	213659	167482	254159	951800	754704	11581
烟草制品业	11215	11215	48228	22801	15333	141
纺织业	3204501	2664670	3480835	11313320	9952006	25643
纺织服装、服饰业	365486	305892	215018	1662799	1499516	8277
皮革、毛皮、羽毛及其制品和制鞋业	529254	507030	637826	5904901	4931335	26053
木材加工和木、竹、藤、棕、草制品业	34935	32866	107574	396864	340963	6619
家具制造业	160451	158220	181052	1002270	880163	5411
造纸和纸制品业	225562	213248	161234	802775	702135	4501
印刷和记录媒介复制业	129976	111139	269429	672864	601180	2904
文教、工美、体育和娱乐用品制造业	653517	627527	523963	2944518	2593114	17192
石油加工、炼焦和核燃料加工业	86935	84437	115845	384405	341829	622
化学原料和化学制品制造业	2471235	1028915	1904559	3492776	2748064	14968
医药制造业	243272	229391	457382	695064	448094	7863
化学纤维制造业	2921293	2214204	1836209	8023758	6722252	24173
橡胶和塑料制品业	1372182	1226333	793909	2395066	2188507	6653
非金属矿物制品业	2700000	2450479	3226207	4881159	4071141	30901
黑色金属冶炼和压延加工业	1977103	1975834	1246070	5388873	4860536	14156
有色金属冶炼和压延加工业	753579	553183	384217	1096276	1018767	2938
金属制品业	585993	478187	646891	1936738	1761296	6486
通用设备制造业	1035070	977224	1452228	2010786	1665059	10118
专用设备制造业	472792	423467	511047	999633	796933	5266
汽车制造业	1311795	1161181	1552984	3795218	3120187	72973
铁路、船舶、航空航天和其他运输设备制造业	969955	798031	516667	555239	547775	6393
电气机械和器材制造业	1588683	1409415	1142076	4700150	4189506	23897
计算机、通信和其他电子设备制造业	4357545	2919848	4449771	7438457	6435740	24632
仪器仪表制造业	232328	223929	432548	995539	849201	3759
其他制造业	40127	39267	75049	179855	157479	1320
废弃资源综合利用业	56851	56851	37926	394818	367616	6278
金属制品、机械和设备修理业	177910	85306	161857	566795	421665	2725
电力、热力生产和供应业	9960581	3122118	4149474	5031798	4363849	17359
燃气生产和供应业	176247	173740	153152	475007	400683	1265
水的生产和供应业	406945	148102	490808	156083	111103	1701

6-5 续表2 (2018年) 单位:万元

项目	利润总额	所得税费用	亏损企业亏损总额	利税总额	本年应交增值税	平均用工人数(人)
总计	**5921581**	**533977**	**332855**	**8070169**	**1675455**	**677763**
非金属矿采选业	16008	2281	0	28003	6934	859
农副食品加工业	402648	27572	14595	507455	80922	39485
食品制造业	97249	6636	2526	135008	30319	12486
酒、饮料和精制茶制造业	51792	8706	4431	90881	27496	11449
烟草制品业	71	843	0	1013	801	328
纺织业	642429	30656	1763	777025	108536	76118
纺织服装、服饰业	53976	5379	895	112075	49774	26231
皮革、毛皮、羽毛及其制品和制鞋业	584580	21613	8634	745704	135012	81737
木材加工和木、竹、藤、棕、草制品业	24292	3572	238	37755	6843	5586
家具制造业	29760	3356	1527	57502	21280	15605
造纸和纸制品业	35161	3974	555	56349	16652	7908
印刷和记录媒介复制业	24521	1654	445	43962	15984	11308
文教、工美、体育和娱乐用品制造业	109554	9617	525	208811	82063	51542
石油加工、炼焦和核燃料加工业	27238	3147	741	35057	6399	2159
化学原料和化学制品制造业	471893	56595	3595	588458	101151	13292
医药制造业	87271	16586	2312	119523	24174	7459
化学纤维制造业	523074	15852	0	592172	44872	17618
橡胶和塑料制品业	83818	8141	7157	129915	39202	20265
非金属矿物制品业	867346	46286	23494	1025321	126953	42365
黑色金属冶炼和压延加工业	229390	46120	110184	307440	63809	15804
有色金属冶炼和压延加工业	11471	62	65	23091	8682	5665
金属制品业	63875	9224	13252	103467	32898	15334
通用设备制造业	146649	10430	4873	217801	61034	23057
专用设备制造业	67682	4920	2358	97060	22995	11996
汽车制造业	280189	63123	8643	479958	107469	31095
铁路、船舶、航空航天和其他运输设备制造业	-51355	5676	64259	-39452	5510	4328
电气机械和器材制造业	152532	19801	9562	275265	97906	35802
计算机、通信和其他电子设备制造业	289817	37402	44657	447636	124650	53108
仪器仪表制造业	45536	4763	98	65186	15808	11241
其他制造业	7098	444	0	14698	6276	3707
废弃资源综合利用业	7737	718	0	71980	57965	675
金属制品、机械和设备修理业	94467	3865	25	104162	6970	2619
电力、热力生产和供应业	371231	39200	979	526559	130891	14244
燃气生产和供应业	51889	10582	468	56806	3310	1790
水的生产和供应业	20694	5185	0	26527	3918	3498

6－6　规模以上工业主要经济效益指标

（2018 年）

项　　　　目	总资产贡献率（%）	资产负债率（%）	流动资产周转率（次/年）	成本费用利润率（%）	产品销售率（%）
总　　计	**12.04**	**55.80**	**2.60**	**6.93**	**96.90**
＃亏损企业	－2.24	64.83	1.39	－6.59	98.11
国有控股企业	6.75	62.33	2.00	6.44	98.62
一、按轻重工业分					
轻工业	16.72	53.95	3.46	6.26	97.18
重工业	9.70	56.72	2.01	7.71	96.57
二、按企业规模分					
大型企业	11.25	59.42	2.31	8.23	95.50
中型企业	13.66	49.13	2.67	6.87	97.42
小型企业	13.12	54.97	2.68	6.28	97.63
微型企业	4.42	67.77	7.30	0.87	99.84
三、按登记注册类型分					
内资企业	11.05	55.10	2.51	7.19	97.63
国有企业	8.26	58.80	3.15	7.55	99.21
中央企业	8.69	52.91	7.76	4.75	100.00
地方企业	7.72	66.26	1.22	14.75	97.36
集体企业	44.26	60.00	15.71	5.52	98.64
股份合作企业	64.26	40.37	9.73	7.40	100.00
联营企业	26.01	14.88	4.16	11.11	99.56
国有联营企业	0.00	0.00	0.00	0.00	0.00
集体联营企业	12.72	14.30	7.83	16.80	99.38
国有与集体联营企业	0.00	0.00	0.00	0.00	0.00
其他联营企业	27.95	14.96	4.07	10.86	99.57

6-6 续表 (2018年)

项　　目	总资产贡献率（%）	资产负债率（%）	流动资产周转率（次/年）	成本费用利润率（%）	产品销售率（%）
有限责任公司	7.55	62.22	2.58	6.39	97.57
国有独资公司	4.37	68.15	6.47	0.60	99.70
其他有限责任公司	8.20	61.01	2.29	7.71	97.14
股份有限公司	9.19	46.88	0.76	17.21	96.64
私营企业	16.87	49.48	3.41	6.34	97.72
私营独资企业	33.91	27.84	5.58	4.26	97.40
私营合作企业	76.89	18.14	20.34	11.77	98.82
私营有限责任公司	17.18	51.38	3.49	6.22	97.84
私营股份有限公司	12.06	28.34	2.16	8.61	95.26
其他企业	0.00	0.00	0.00	0.00	0.00
港、澳、台商投资企业	12.77	60.37	2.89	4.46	94.10
合资经营企业（港或澳、台资）	19.68	52.44	2.62	9.10	96.74
合作经营企业（港或澳、台资）	69.78	30.29	11.41	6.63	99.94
港澳台商独资经营企业	8.60	64.72	2.77	2.24	93.60
港澳台商投资股份有限公司	9.51	65.90	5.00	3.28	89.86
其他港澳台商投资企业	-7.09	76.69	1.77	-10.34	93.04
外商投资企业	18.38	54.92	2.66	8.95	97.20
中外合资经营企业	12.16	60.57	2.11	5.65	96.27
中外合作经营企业	22.50	40.33	2.71	13.07	99.11
外资企业	25.82	47.74	3.40	12.13	97.75
外商投资股份有限公司	22.25	130.98	4.96	3.12	125.17
其他外商投资企业	10.10	88.37	8.45	0.14	99.81
四、按经济组织类型分					
独资企业	15.13	57.97	3.13	6.27	95.63
合作、合伙企业	30.59	40.73	5.64	7.83	99.18
股份有限公司	9.56	46.61	1.16	11.81	94.59
有限责任公司	12.02	57.76	2.93	6.45	97.52

6－7　按行业分“规模以上”工业企业主要经济效益指标

（2018 年）

项　　目	总资产贡献率（%）	资产负债率（%）	流动资产周转率（次/年）	成本费用利润率（%）	产品销售率（%）
总　　计	**12.04**	**55.80**	**2.60**	**6.93**	**96.90**
非金属矿采选业	111.02	16.52	9.11	16.59	97.84
农副食品加工业	20.63	56.12	3.68	6.19	96.89
食品制造业	9.39	70.09	3.66	6.72	97.92
酒、饮料和精制茶制造业	20.19	45.67	4.13	5.86	101.80
烟草制品业	2.03	18.87	1.20	0.31	100.08
纺织业	13.45	47.93	3.16	5.98	98.43
纺织服装、服饰业	19.79	62.96	4.57	3.35	95.27
皮革、毛皮、羽毛及其制品和制鞋业	67.33	45.35	7.79	11.04	98.66
木材加工和木、竹、藤、棕、草制品业	27.09	24.51	5.57	6.62	97.67
家具制造业	17.91	46.98	4.33	3.08	98.97
造纸和纸制品业	15.32	58.32	3.89	4.60	98.83
印刷和记录媒介复制业	11.65	32.54	3.54	3.73	98.85
文教、工美、体育和娱乐用品制造业	18.82	55.50	3.71	3.85	99.27
石油加工、炼焦和核燃料加工业	17.71	42.87	4.11	6.89	96.89
化学原料和化学制品制造业	15.52	56.48	2.54	15.46	99.63
医药制造业	17.26	34.72	1.55	14.47	94.04
化学纤维制造业	14.82	61.40	3.65	6.77	93.21
橡胶和塑料制品业	6.69	63.35	1.91	3.29	97.66
非金属矿物制品业	17.68	45.56	1.42	19.07	97.33
黑色金属冶炼和压延加工业	9.99	61.34	3.28	4.50	98.18
有色金属冶炼和压延加工业	4.03	66.23	2.70	1.01	93.78
金属制品业	9.21	47.53	2.89	3.40	96.90
通用设备制造业	9.24	41.61	1.40	7.54	98.19
专用设备制造业	10.70	48.06	1.63	7.25	95.95
汽车制造业	17.12	45.79	2.11	7.96	95.86
铁路、船舶、航空航天和其他运输设备制造业	－0.29	65.25	0.48	－8.15	97.95
电气机械和器材制造业	10.99	58.18	2.49	3.29	95.57
计算机、通信和其他电子设备制造业	5.92	49.48	1.47	3.97	92.18
仪器仪表制造业	10.31	34.94	2.21	4.77	98.63
其他制造业	13.61	34.84	3.24	4.11	96.91
废弃资源综合利用业	79.81	59.98	8.65	2.03	98.09
金属制品、机械和设备修理业	33.78	52.36	9.54	20.06	99.61
电力、热力生产和供应业	5.61	70.59	3.66	7.89	99.76
燃气生产和供应业	17.40	53.51	4.27	11.35	99.36
水的生产和供应业	3.17	45.33	1.15	13.64	97.62

6－8 规模以上工业企业能源购进、消费与库存

（2018 年）

能源名称	计量单位	年初库存量	购进量	合 计	工业生产消费	非工业生产消费	年末库存量
原 煤	吨	507580.91	18999006.82	18495225.40	18367408.09	127817.31	901223.28
#无烟煤	吨	27220.13	771144.58	738444.19	738444.19		59901.52
炼焦烟煤	吨						
一般烟煤	吨	480360.78	18227862.24	17756781.21	17628963.90	127817.31	841321.76
褐 煤	吨						
洗精煤	吨	24655.39	1189170.74	1177708.49	1177708.49		36117.64
其它洗煤	吨						
煤制品	吨	1198.30	126738.09	127002.89	127002.89		933.50
焦 炭	吨	59126.83	2557558.24	2522391.46	2522391.46		94293.61
其它焦化产品	吨						
焦炉煤气	万立方米		9990.10	9990.10	9990.10		
高炉煤气	万立方米		30061.00	305837.00	305837.00		
转炉煤气	万立方米			45826.00	45826.00		
发生炉煤气	万立方米						
天然气（气态）	万立方米	4.07	63365.62	63357.40	63327.35	30.05	2.29
液化天然气（液态）	吨	5.80	17125.49	17094.44	17089.54	4.90	39.15
煤层气（煤田）	万立方米						
原 油	吨						
汽 油	吨	53.40	24158.30	24102.44	15891.31	8211.13	46.73
煤 油	吨	1.71	99.47	98.99	96.81	2.18	2.19
柴 油	吨	2636.33	61852.31	62792.98	54824.62	7968.36	1618.24
燃料油	吨	65.57	1123.74	1102.61	1044.86	57.75	37.10
液化石油气	吨	31.81	10644.97	10650.41	10607.11	43.30	8.15
炼厂干气	吨						
石脑油	吨						
润滑油	吨	13.11	449.82	443.64	443.64		19.80
石 蜡	吨	4.00	480.00	479.00	479.00		5.00
溶剂油	吨	242.31	414.89	375.00	375.00		282.20
石油焦	吨						
石油沥青	吨						
其它石油制品	吨	3.03	95.06	96.96	96.96		1.12
热 力	百万千焦		6868079.24	7860386.84	7855680.42	4706.42	
电 力	万千瓦时		2353817.53	2957786.48	2928171.13	29615.35	
煤矸石用于燃料	吨						
城市垃圾用于燃料	吨	9449.12	1058770.48	1059372.56	1059372.56		8843.04
生物质废料用于燃料	吨标准煤	404.00	41288.83	40913.73	40894.86	18.87	235.11
余热余压	百万千焦		85.12	84.12	84.12		
其它工业废料用于燃料	吨		3303.00	3303.00	3303.00		
其他燃料	吨标准煤	6.00					
能源合计	吨标准煤			21468377.34	21326175.18	142202.16	

6－9　规模以上工业企业主要能源品种分行业消费量

（2018年）

指　　标	综合能源消费量（吨标准煤）	原　煤（吨）	洗精煤（吨）	煤制品（吨）	焦　炭（吨）
合　　计	**15361151**	**18495225**	**1177708**	**127003**	**2522391**
轻工业	2169100	686945	0	126500	0
重工业	13192051	17808280	1177708	503	2522391
一、按工业行业门类分					
采矿业	1750	0	0	0	0
煤炭开采和洗选业	0	0	0	0	0
石油和天然气开采业	0	0	0	0	0
黑色金属矿采选业	0	0	0	0	0
有色金属矿采选业	0	0	0	0	0
非金属矿采选业	1750	0	0	0	0
开采辅助活动	0	0	0	0	0
其他采矿业	0	0	0	0	0
制造业	9021226	3624205	1177708	127003	2522391
农副食品加工业	180074	67151	0	16	0
食品制造业	28987	294	0	735	0
酒、饮料和精制茶制造业	23601	5914	0	0	0
烟草制品业	5986	0	0	0	0
纺织业	746332	246818	0	9987	0
纺织服装、服饰业	8747	0	0	0	0
皮革、毛皮、羽毛及其制品和制鞋业	64929	1828	0	0	0
木材加工和木、竹、藤、棕、草制品业	13727	0	0	0	0
家具制造业	17029	0	0	0	0
造纸和纸制品业	31147	3266	0	3344	0
印刷和记录媒介复制业	9925	106	0	152	0
文教、工美、体育和娱乐用品制造业	44788	2496	0	1936	0
石油加工、炼焦和核燃料加工业	87514	167494	1177708	0	0
化学原料和化学制品制造业	1272965	1257981	0	0	0
医药制造业	48127	2279	0	0	0
化学纤维制造业	547390	243844	0	110330	0
橡胶和塑料制品业	129688	5312	0	0	0
非金属矿物制品业	1209922	465168	0	462	0
黑色金属冶炼和压延加工业	4000702	1133922	0	0	2522321
有色金属冶炼和压延加工业	97748	0	0	0	0
金属制品业	59192	58	0	0	19
通用设备制造业	18608	0	0	41	51
专用设备制造业	10811	114	0	0	0
汽车制造业	94723	0	0	0	0
铁路、船舶、航空航天和其他运输设备制造业	10014	0	0	0	0
电气机械和器材制造业	42299	1488	0	0	0
计算机、通信和其他电子设备制造业	172959	0	0	0	0
仪器仪表制造业	8108	0	0	0	0
其他制造业	2935	1400	0	0	0
废弃资源综合利用业	23916	17273	0	0	0
金属制品、机械和设备修理业	8334	0	0	0	0
电力、热力、燃气及水生产和供应业	6338175	14871020	0	0	0
电力、热力生产和供应业	6312748	14871020	0	0	0
燃气生产和供应业	1425	0	0	0	0
水的生产和供应业	24001	0	0	0	0
二、按企业登记注册类型分					
国有企业	2597922	6249376	0	0	0
集体企业	4050	0	0	0	0
股份合作企业	88	0	0	0	0
股份制企业	10738157	11626027	1177708	126962	1755713
外商及港澳台商投资企业	1981567	604723	0	0	766678
其他经济类型企业	39367	15101	0	41	0

6－9 续表1 （2018年）

指 标	天然气（气态）（万立方米）	液化天然气（液态）（吨）	汽 油（吨）	煤 油（吨）	柴 油（吨）
合 计	**63357**	**17094**	**24102**	**99**	**62793**
轻工业	14224	7257	13496	19	13122
重工业	49133	9838	10606	80	49671
一、按工业行业门类分					
采矿业	0	0	0	0	338
煤炭开采和洗选业	0	0	0	0	0
石油和天然气开采业	0	0	0	0	0
黑色金属矿采选业	0	0	0	0	0
有色金属矿采选业	0	0	0	0	0
非金属矿采选业	0	0	0	0	338
开采辅助活动	0	0	0	0	0
其他采矿业	0	0	0	0	0
制造业	63356	17094	22010	98	59897
农副食品加工业	630	155	1410	1	2998
食品制造业	928	169	382	0	352
酒、饮料和精制茶制造业	71	1293	512	0	37
烟草制品业	344	0	9	0	11
纺织业	539	5386	2197	10	1226
纺织服装、服饰业	14	0	504	0	133
皮革、毛皮、羽毛及其制品和制鞋业	171	0	2078	0	1488
木材加工和木、竹、藤、棕、草制品业	0	0	145	0	198
家具制造业	0	0	520	0	303
造纸和纸制品业	410	0	219	0	927
印刷和记录媒介复制业	16	1	775	7	646
文教、工美、体育和娱乐用品制造业	249	24	1331	2	794
石油加工、炼焦和核燃料加工业	0	0	36	0	314
化学原料和化学制品制造业	0	5	1160	0	1222
医药制造业	4	0	481	0	615
化学纤维制造业	7	0	512	0	847
橡胶和塑料制品业	943	0	1449	0	914
非金属矿物制品业	47499	294	1341	8	34317
黑色金属冶炼和压延加工业	6856	113	188	1	5889
有色金属冶炼和压延加工业	2155	8217	288	0	433
金属制品业	1358	91	474	0	288
通用设备制造业	6	0	1277	44	453
专用设备制造业	0	0	490	6	463
汽车制造业	783	1013	1552	6	1390
铁路、船舶、航空航天和其他运输设备制造业	119	0	195	0	1260
电气机械和器材制造业	138	198	940	15	460
计算机、通信和其他电子设备制造业	114	109	820	0	162
仪器仪表制造业	0	0	616	0	7
其他制造业	0	25	76	0	163
废弃资源综合利用业	0	0	23	0	167
金属制品、机械和设备修理业	0	0	12	0	1422
电力、热力、燃气及水生产和供应业	2	0	2093	1	2558
电力、热力生产和供应业	0	0	1739	1	2391
燃气生产和供应业	2	0	207	0	161
水的生产和供应业	0	0	146	0	6
二、按企业登记注册类型分					
国有企业	37	0	135	7	1725
集体企业	0	0	9	0	0
股份合作企业	0	0	0	0	0
股份制企业	53405	15389	15884	75	47844
外商及港澳台商投资企业	9720	1705	8069	16	13187
其他经济类型企业	195	0	5	0	37

6－9　续表2　　（2018年）

指　　标	燃料油（吨）	液化石油气（吨）	热　力（百万千焦）	电　力（万千瓦时）	生物质废料用于燃料（吨标准煤）	其他燃料（吨标准煤）
合　计	**1103**	**10650**	**7860387**	**2957786**	**40914**	
轻工业	931	1819	3652862	1015466	38731	
重工业	171	8832	4207525	1942321	2183	
一、按工业行业门类分						
采矿业	0	0	0	1023	0	0
煤炭开采和洗选业	0	0	0	0	0	0
石油和天然气开采业	0	0	0	0	0	0
黑色金属矿采选业	0	0	0	0	0	0
有色金属矿采选业	0	0	0	0	0	0
非金属矿采选业	0	0	0	1023	0	0
开采辅助活动	0	0	0	0	0	0
其他采矿业	0	0	0	0	0	0
制造业	1103	10650	7860387	2250682	40914	0
农副食品加工业	203	1090	1771217	44761	2788	0
食品制造业	76	580	0	10026	490	0
酒、饮料和精制茶制造业	6	0	0	11642	1080	0
烟草制品业	0	0	0	1468	0	0
纺织业	57	2	770088	426314	849	0
纺织服装、服饰业	0	5	0	6478	0	0
皮革、毛皮、羽毛及其制品和制鞋业	32	2	0	44683	2986	0
木材加工和木、竹、藤、棕、草制品业	0	0	0	5732	6268	0
家具制造业	0	0	0	13002	214	0
造纸和纸制品业	57	0	0	12881	5407	0
印刷和记录媒介复制业	0	0	7573	6052	0	0
文教、工美、体育和娱乐用品制造业	0	34	0	30571	459	0
石油加工、炼焦和核燃料加工业	0	0	0	5628	0	0
化学原料和化学制品制造业	0	257	4031748	274748	0	0
医药制造业	246	41	624803	16841	2743	0
化学纤维制造业	0	0	413686	260987	307	0
橡胶和塑料制品业	255	4	65494	77091	15173	0
非金属矿物制品业	0	941	175777	170887	615	0
黑色金属冶炼和压延加工业	0	0	0	479736	0	0
有色金属冶炼和压延加工业	102	7212	0	33952	0	0
金属制品业	3	194	0	33102	0	0
通用设备制造业	60	50	0	13491	0	0
专用设备制造业	0	1	0	8070	0	0
汽车制造业	0	170	0	63681	1534	0
铁路、船舶、航空航天和其他运输设备制造业	0	0	0	5769	0	0
电气机械和器材制造业	0	62	0	31104	0	0
计算机、通信和其他电子设备制造业	7	5	0	140167	0	0
仪器仪表制造业	0	0	0	5999	0	0
其他制造业	0	0	0	1429	0	0
废弃资源综合利用业	0	0	0	9219	0	0
金属制品、机械和设备修理业	0	0	0	5171	0	0
电力、热力、燃气及水生产和供应业	0	0	0	706081	0	0
电力、热力生产和供应业	0	0	0	685782	0	0
燃气生产和供应业	0	0	0	830	0	0
水的生产和供应业	0	0	0	19469	0	0
二、按企业登记注册类型分						
国有企业	0	0	1889939	124877	0	0
集体企业	0	0	0	3284	0	0
股份合作企业	0	0	0	72	0	0
股份制企业	572	9028	5363796	2210631	24447	0
外商及港澳台商投资企业	531	1623	606652	598751	16407	0
其他经济类型企业	0	0	0	20172	60	0

6－10 按县(市)区分“规模以上”工业主要财务指标

(2018 年)　　　　单位:万元

项　　目	企业单位数(个)	工业销售产值	#出口交货值	资产总计	#流动资产合计
福州市	**2240**	**90777908**	**16434856**	**75318903**	**35165012**
鼓楼区	98	1266653	147082	1877362	1154138
台江区	13	86646	6313	321302	203567
仓山区	304	8413000	2708913	4440693	3115460
晋安区	152	5162456	1381241	1816827	1083026
马尾区	145	7962066	1827390	6303125	4058259
长乐区	392	23961991	823263	15121032	7620294
福清市	379	17965911	4873881	25231648	9875920
闽侯县	391	9829865	2441091	6912130	3571427
连江县	124	6350320	1954781	4867339	2038897
罗源县	72	4361106	42688	2882976	1437335
闽清县	110	1834721	167656	1298468	542165
永泰县	43	580003	38339	586790	212071
平潭县	16	277196	22218	528258	145519

6－10　续表1　　（2018年）　　单位:万元

项　　目	固定资产净值	固定资产原价	负债合计	#流动负债合计	所有者权益合计	主营业务收入
福州市	**25553398**	**44064097**	**42024371**	**28298509**	**33294528**	**89800296**
鼓楼区	414945	663273	749968	640999	1127393	1260669
台江区	30887	51466	86193	70433	235110	88471
仓山区	670430	1463063	2123008	1959267	2317686	8418212
晋安区	330557	760812	659282	587791	1157544	5117436
马尾区	951921	1933981	3138043	2825594	3165082	7900026
长乐区	4986911	10361572	8050624	6814688	7070407	23643361
福清市	9872096	13188075	15555991	7769496	9675656	17663923
闽侯县	1385646	2634107	3919232	2610397	2992900	9606905
连江县	2153853	3047679	2810034	1378839	2057304	6340807
罗源县	1034627	2170253	1608080	1450527	1274895	4369468
闽清县	605432	1695218	339321	239779	959147	1792201
永泰县	206420	350396	341846	232610	244944	592890
平潭县	376341	568236	485212	316572	43046	279681

6－10 续表2 (2018年) 单位:万元

项　　目	主营业务成本	主营业务税金及附加	利润总额	所得税费用	利税总额	本年应交增值税
福州市	**77292733**	**429680**	**5921581**	**533977**	**8070169**	**1675455**
鼓楼区	900458	8550	111702	10217	150160	29774
台江区	55575	1154	13025	2281	19212	5034
仓山区	7127006	63156	394527	58822	720473	261378
晋安区	4594951	37643	168253	22678	275715	68257
马尾区	7106458	26214	260916	33477	415895	125656
长乐区	20299108	43319	1480207	53372	1749424	222100
福清市	15346671	57010	1373922	139626	1800936	364934
闽侯县	8085492	109016	582468	91977	996580	283830
连江县	4952268	40091	1032179	36597	1149694	76430
罗源县	3864454	15887	261668	59839	343981	65547
闽清县	1482199	15043	218889	18790	310724	75250
永泰县	528408	2111	28125	2830	50182	19843
平潭县	267990	1094	－7575	2775	－26	5063

6－10　续表3　　（2018年）　　单位:万元

项　　目	平均用工人数（人）	总资产贡献率（%）	资产负债率（%）	流动资产周转率（次/年）	成本费用利润率（%）	产品销售率（%）
福州市	**677763**	**12.04**	**55.80**	**2.60**	**6.93**	**96.90**
鼓楼区	14015	8.33	39.95	1.10	9.43	99.92
台江区	1969	6.28	26.83	0.45	16.36	91.64
仓山区	126047	16.92	47.81	2.78	4.86	96.62
晋安区	62182	15.36	36.29	4.78	3.37	98.78
马尾区	56072	7.47	49.79	1.98	3.36	97.90
长乐区	108553	13.32	53.24	3.13	6.62	96.49
福清市	128150	8.73	61.65	1.84	7.98	94.84
闽侯县	96901	15.10	56.70	2.73	6.43	97.44
连江县	27666	25.71	57.73	3.12	19.44	98.59
罗源县	15878	12.66	55.78	3.20	6.21	97.95
闽清县	22887	24.38	26.13	3.31	14.04	97.92
永泰县	7256	9.94	58.26	2.80	4.99	95.52
平潭县	1838	1.93	91.85	1.94	－2.55	95.55

6－11　规模以上工业企业科技活动情况

（2018 年）　　　　单位：万元

项　　目	企业数（个）	# 有 R&D 活动	# 有研发机构	R&D 人员合计（人）	R&D 经费内部支出	R&D 经费外部支出
总　计	**2240**	**685**	**204**	**35850**	**1159715**	**55103**
一、按企业规模分						
大中型企业	514	247	106	26598	937068	47045
大型企业	93	58	33	15104	574544	35256
中型企业	421	189	73	11494	362524	11789
小型企业	284	113	39	3138	93178	4514
微型企业	1442	325	59	6114	129469	3544
二、按隶属关系分组						
中　央	20	13	4	2688	92318	25721
地　方	73	31	14	2925	85095	10948
其　他	2147	641	186	30237	982302	18434
三、按登记注册类型分						
内资企业	1710	510	141	22227	701188	41946
国有企业	6	1		44	691	
集体企业	15	1		9	418	
股份合作企业	2					
联营企业	2					
国有联营企业						
集体联营企业	1					
国有与集体联营企业						
其他联营企业	1					
有限责任公司	305	114	41	8302	269559	30228
国有独资公司	15	8	1	1379	7191	14569
其他有限责任公司	290	106	40	6923	262369	15660
股份有限公司	65	50	16	3861	124012.2	9080
私营企业	1315	344	84	10011	306508	2637
私营独资企业	12	3		18	734	
私营合伙企业	4					
私营有限责任公司	1257	314	74	8537	271570	1971
私营股份有限公司	42	27	10	1456	34204	666
其他企业						
港、澳、台商投资企业	286	90	35	6267	257166	5034
合资经营企业（港或澳、台资）	87	33	15	1919	74639	3293
合作经营企业（港或澳、台资）	3	1		11	452	
港、澳、台商独资经营企业	185	47	18	3855	165627	1301
港、澳、台商投资股份有限公司	10	8	2	385	14910	440
其他港澳台投资企业	1	1		97	1537	
外商投资企业	244	85	28	7356	201361	8124
中外合资经营企业	78	36	11	5110	133323	6134
中外合作经营企业	5	2		37	1358	71
外资企业	154	46	17	2207	66482	1919
外商投资股份有限公司	4					
其他外商投资企业	3	1		2	198	

6－11 续表1 （2018年） 单位：万元

项 目	专利申请数（件）	#发明专利（件）	新产品开发项目数（项）	新产品销售收入	引进境外技术经费支出	技术改造经费支出
总 计	**6012**	**2349**	**3228**	**10189735**	**20535**	**511995**
一、按企业规模分						
大中型企业	3514	1639	1602	8767134	19456	445494
大型企业	2155	1142	657	5861365	11122	199078
中型企业	1359	497	945	2905770	8335	246417
小型企业	634	228	474	781214	885	22817
微型企业	1864	482	1152	641387	194	43684
二、按隶属关系分组						
中 央	901	473	207	471284	20	83312
地 方	401	155	269	934436	56	47514
其 他	4710	1721	2752	8784015	20459	381169
三、按登记注册类型分						
内资企业	4426	1715	2345	5766051	19430	350986
国有企业						158
集体企业						
股份合作企业			1	1224		65
联营企业						
国有联营企业						
集体联营企业						
国有与集体联营企业						
其他联营企业						
有限责任公司	1716	832	773	2770942		254291
国有独资公司	656	382	139	27095		11592
其他有限责任公司	1060	450	634	2743847		242699
股份有限公司	730	324	391	1436327	6724	28994
私营企业	1980	559	1180	1557558	12706	67477
私营独资企业			1	50		142
私营合伙企业						
私营有限责任公司	1703	462	998	1268970	12706	63526
私营股份有限公司	277	97	181	288538		3810
其他企业						
港、澳、台商投资企业	809	279	504	2789409	988	130068
合资经营企业（港或澳、台资）	228	63	169	662303	166	110847
合作经营企业（港或澳、台资）			1	343		
港、澳、台商独资经营企业	437	137	274	2013452	822	17363
港、澳、台商投资股份有限公司	135	70	53	98567		29
其他港澳台投资企业	9	9	7	14744		1830
外商投资企业	777	355	379	1634275	116	30941
中外合资经营企业	452	264	178	769104		11752
中外合作经营企业	7		3	464		
外资企业	318	91	197	864707	116	19175
外商投资股份有限公司						14
其他外商投资企业			1			

6－11　续表2　　(2018年)　　单位:万元

项　　目	企业数(个)	#有R&D活动	#有研发机构	R&D人员合计(人)	R&D经费内部支出	R&D经费外部支出
四、按国民经济行业分						
采矿业	3					
有色金属矿采选业						
非金属矿采选业	3					
制造业	2188	676	202	34078	1125550	31315
农副食品加工业	196	66	20	1676	62272	1232
食品制造业	55	21	4	321	8392	44
酒、饮料和精制茶制造业	35	11	3	227	5829	59
烟草制品业	1	1	1	25	463	
纺织业	276	32	17	1730	60151	289
纺织服装、服饰业	70	5		338	17071	
皮革、毛皮、羽毛及其制品和制鞋业	127	7	3	558	18201	264
木材加工及木、竹、藤、棕、草制品业	26	2		39	515	
家具制造业	58	5	1	79	3010	
造纸及纸制品业	57	6		47	850	
印刷业和记录媒介的复制	40	6	2	167	3698	87
文教、工美、体育和娱乐用品制造业	146	39	7	1054	23680	89
石油加工、煤炭及其他燃料加工业	9	2		68	3031	
化学原料及化学制品制造业	61	23	9	821	49277	481
医药制造业	24	17	7	632	13741	1939
化学纤维制造业	33	15	8	1502	96785	99
橡胶和塑料制品业	111	26	5	777	22548	34
非金属矿物制品业	170	51	14	2236	49911	401
黑色金属冶炼和压延加工业	24	5	2	428	61998	667
有色金属冶炼和压延加工业	14	8	5	521	26457	866
金属制品业	86	24	7	478	11654	20
通用设备制造业	86	35	9	2313	56136	5702
专用设备制造业	69	35	10	926	29708	1384
汽车制造业	94	47	15	2269	64652	10077
铁路、船舶、航空航天和其他运输设备制造业	17	6	3	421	12304	374
电气机械和器材制造业	126	57	12	2133	68683	678
计算机、通信和其他电子设备制造业	107	80	23	10575	325458	4279
仪器仪表制造业	49	32	12	1381	22200	2058
其他制造业	6	5	1	225	3299	57
废弃资源综合利用业	6	1		14	274	
金属制品、机械和设备修理业	9	6	2	97	3302	136
电力、热力、燃气及水生产和供应业	49	9	2	1772	34165	23789
电力、热力生产和供应业	27	7	2	1749	33555	23699
燃气生产和供应业	12	2		23	611	90
水的生产和供应业	10					

6－11　续表3　（2018年）　单位：万元

项　　目	专利申请数（件）	#发明专利（件）	新产品开发项目数（项）	新产品销售收入	引进境外技术经费支出	技术改造经费支出
四、按国民经济行业分						
采矿业						
有色金属矿采选业						
非金属矿采选业						
制造业	5276	1958	3069	10189730	20515	485672
农副食品加工业	194	84	231	509855		2539
食品制造业	130	25	72	37095		512
酒、饮料和精制茶制造业	36	6	21	17732		11569
烟草制品业	14	6	5	748		5469
纺织业	350	42	86	327282	12631	26666
纺织服装、服饰业	6	6	13	64589		366
皮革、毛皮、羽毛及其制品和制鞋业	41	1	32	494881		1137
木材加工及木、竹、藤、棕、草制品业	18	2	6	9307		1462
家具制造业	2		10	9962		9676
造纸及纸制品业	7		8	3500		450
印刷业和记录媒介的复制	9	6	10	18476		1858
文教、工美、体育和娱乐用品制造业	152	54	81	115686	48	2216
石油加工、煤炭及其他燃料加工业	2	1	4			3
化学原料及化学制品制造业	103	34	74	433980		72643
医药制造业	128	49	134	209773		5736
化学纤维制造业	187	45	128	1281523		36994
橡胶和塑料制品业	176	53	121	268875		6859
非金属矿物制品业	332	148	166	398464		38290
黑色金属冶炼和压延加工业	14	3	23	74691		123907
有色金属冶炼和压延加工业	159	65	68	328854		4405
金属制品业	125	31	48	69644		3931
通用设备制造业	550	203	159	615060	38	1595
专用设备制造业	205	80	182	159306	648	679
汽车制造业	399	80	233	309911	252	5870
铁路、船舶、航空航天和其他运输设备制造业	26	6	57	182872	56	977
电气机械和器材制造业	367	104	261	419826		12502
计算机、通信和其他电子设备制造业	1159	710	631	3660623	6842	101009
仪器仪表制造业	340	100	175	145447		571
其他制造业	31	5	20	5448		12
废弃资源综合利用业	6	1	4	6809		
金属制品、机械和设备修理业	8	8	6	9514		5769
电力、热力、燃气及水生产和供应业	736	391	159	5	20	26323
电力、热力生产和供应业	736	391	158			24910
燃气生产和供应业				5	20	170
水的生产和供应业			1			1244

6－12 规模以上非工业企业科技活动情况

（2018 年）

单位：万元

项目	企业数（个）	#有 R&D 活动	#有研发机构	R&D 人员合计（人）	R&D 经费内部支出	R&D 经费外部支出	专利申请数（件）	#发明专利（件）
总计	**449**	**103**	**34**	**11162**	**218079**	**13410**	**1208**	**529**
一、按企业规模分								
大型企业	100	42	18	7543	160090	9557	629	239
中型企业	313	59	16	3603	57908	3854	577	290
小型企业	29	1		3	19			
微型企业	7	1		13	62		2	
二、按隶属关系分组								
中　央	26	11	3	1380	36698	196	200	51
地　方	67	16	5	825	19889	530	139	62
其　他	356	76	26	8957	161492	12684	869	416
三、按登记注册类型分组								
内资企业	425	98	33	8754	169183	12032	973	356
国有企业	23	8	1	432	9868	85	71	13
集体企业	1							
股份合作企业	1	1		48	2010		5	1
联营企业	1							
国有联营企业	1							
集体联营企业								
国有与集体联营企业								
其他联营企业								
有限责任公司	158	42	14	3966	102322	2751	437	130
国有独资公司	35	12	3	907	17575	991	78	19
其他有限责任公司	123	30	11	3059	84747	1759	359	111
股份有限公司	28	5	6	339	6682		115	75
私营企业	213	42	12	3969	48301.7	9196	345	137
私营独资企业								
私营合伙企业								
私营有限责任公司	199	35	10	3474	42290	8325	317	130
私营股份有限公司	14	7	2	495	6012	870	28	7
其他企业								
港、澳、台商投资企业	16	3		1576	28404	1133	186	132
合资经营企业（港或澳、台资）	7							
合作经营企业（港或澳、台资）								
港、澳、台商独资经营企业	7	3		1576	28404	1133	186	132
港、澳、台商投资股份有限公司	2							
其他港澳台投资企业								
外商投资企业	8	2	1	832	20491	246	49	41
中外合资经营企业	3	1		70	1502			
中外合作经营企业								
外资企业	5	1	1	762	18990	246	49	41
外商投资股份有限公司								
其他外商投资企业								

6－12　续表　（2018年）　单位：万元

项　　目	企业数（个）	#有R&D活动	#有研发机构	R&D人员合计（人）	R&D经费内部支出	R&D经费外部支出	专　利申请数（件）	#发明专利（件）
四、按国民经济行业大类分组								
建筑业	151	29	10	2500	56212	1132	237	35
房屋建筑业	72	20	7	1160	20000	512	126	22
土木工程建筑业	26	5	1	851	25977	107	69	8
建筑安装业	22	3	2	434	9030	513	29	5
建筑装饰、装修和其他建筑业	31	1		55	1205		13	
服务业								
交通运输、仓储和邮政业	37	1		102	335			
铁路运输业								
道路运输业	22	1		102	335			
水上运输业	1							
航空运输业	2							
管道运输业								
多式联运和运输代理业								
装卸搬运和仓储业	9							
邮政业	3							
信息传输、软件和信息技术服务业	91	41	16	6995	133549	11312	679	430
电信、广播电视和卫星传输服务	8	1		125	331	432	41	41
互联网和相关服务	11	4	3	439	9482		75	72
软件和信息技术服务业	72	36	13	6431	123736	10881	563	317
租赁和商务服务业	23	2	2	165	1278	771	21	9
租赁业								
商务服务业	23	2	2	165	1278	771	21	9
科学研究和技术服务业	91	26	6	1308	24949	195	250	54
研究和试验发展	2	1		31	566		8	2
专业技术服务业	86	25	6	1277	24383	195	242	52
科技推广和应用服务业	3							
水利、环境和公共设施管理业	24	2		48	868		21	1
水利管理业								
生态保护和环境治理业	3	2		48	868		21	1
公共设施管理业	21							
土地管理业								
卫生和社会工作	20	1		22	455			
卫　生	19	1		22	455			
社会工作	1							
文化、体育和娱乐业	12	1		22	432			
新闻和出版业	1							
广播、电视、电影和录音制作业	3							
文化艺术业								
体　育	4							
娱乐业	4	1		22	432			

6-13 民用车辆拥有量

(2018年)

单位:辆

项目	总计	营运	非营运	校车	进口	个人	新注册	报废
合计	**1552496**	**86535**	**1465140**	**821**	**107957**	**1346717**	**165525**	**17586**
一、汽车	**1312781**	**71997**	**1239963**	**821**	**107506**	**1121904**	**147363**	**14309**
载客汽车	1173253	28216	1144216	821	107058	1049210	129231	10823
#大型	9713	7856	1607	250	58	164	2057	1820
中型	4831	1228	3032	571	121	947	206	457
小型	1154330	19132	1135198	0	105342	1044151	126708	8329
微型	4379	0	4379	0	1537	3948	260	217
#轿车	797089	18613	778476	0	47735	728395	76643	5527
载货汽车	132995	43647	89348	0	421	70768	17067	3293
#重型	27064	21756	5308	0	297	3012	4619	325
中型	2372	1513	859	0	0	796	159	113
轻型	103513	20375	83138	0	124	66921	12289	2833
微型	46	3	43	0	0	39	0	22
#普通载货	57066	4198	52868	0	122	40305	6319	1458
其它汽车	6533	134	6399	0	27	1926	1065	193
#三轮汽车	0	0	0	0	0	0	0	0
低速货车	242	24	218	0	0	232	0	13
二、摩托车	**224769**	**3**	**224766**	**0**	**443**	**224071**	**16739**	**2951**
普通	221411	3	221408	0	443	220722	16727	2755
轻便	3358	0	3358	0	0	3349	12	196
三、拖拉机(农机部门数据)	**0**	**0**	**0**	**0**	**0**	**0**	**0**	**0**
四、挂车	**14946**	**14535**	**411**	**0**	**8**	**742**	**1423**	**326**

补充资料:机动车驾驶员2245775人,其中汽车驾驶员2072070人。

6－14 运输线路长度

（2018年）　　单位:公里

项　　目	福州市	市　区	福清市	闽侯县	连江县	罗源县	闽清县	永泰县
公路通车里程合计	**7920.678**	**1396.653**	**1262.723**	**1357.468**	**955.804**	**603.556**	**1012.877**	**1331.597**
#国　道	1193.997	213.264	220.711	228.297	186.150	73.655	84.480	187.440
省　道	660.849	129.158	99.548	103.579	84.087	54.707	93.768	96.002
县　道	1512.600	230.503	155.071	311.738	144.895	128.633	274.735	267.025
乡　道	4553.232	823.728	787.393	713.854	540.672	346.561	559.894	781.130
等级公路	**10464.041**	**1782.943**	**2008.828**	**1637.650**	**1149.879**	**916.682**	**1272.043**	**1696.016**
#高速公路	586.809	113.837	100.368	162.799	85.337	25.615	52.560	46.293
一　级	75.327	59.724		15.603				
二　级	920.416	227.674	208.609	111.355	150.982	41.308	90.360	90.128
三　级	1050.788	213.373	209.527	119.487	82.966	49.918	116.825	258.692
四　级	7830.701	1168.335	1490.324	1228.406	830.594	799.841	1012.298	1300.903

注:1.公路通车里程不含专用公路、村道;2.等级公路划分时含专用公路、村道。

主要统计指标解释

工业 指从事物质产品生产活动的部门,工业生产活动主要包括以下几个方面:对自然资源的开采,如采矿、晒盐等,但禽兽捕猎和水产捕捞按国家标准《国民经济行业分类和代码》的划分,均属农业生产活动,不包括在工业生产活动内。对农副产品的加工、再加工,如粮油加工、食品加工、轧花、缫丝、纺织、制革等。对采掘品的加工、再加工,如冶金加工、石油加工、化学加工、机械加工、木材加工等,以及电力、煤气及水的生产和供应等。对工业品的修理、翻新,如机器设备的修理、交通运输工具(包括小卧车)的修理等。拆船业也是工业生产活动。

工业总产值 指以货币表现的工业企业在报告期内生产的工业最终产品或提供工业性劳务活动的总价值量。它是反映一定时间内工业生产总规模和总水平的重要标志,是计算工业生产发展速度和主要比例关系,计算工业产品销售率和其他经济指标的重要依据。

工业增加值 指工业企业在报告期内以货币表现的工业生产活动的最终成果。工业增加值有两种计算方法:一是生产法,即工业总产出减去工业中间投入;二是收入法,即从收入的角度出发,根据生产要素在生产过程中应得到的收入份额计算,具体构成项目有固定资产折旧、劳动者报酬、生产税净额、营业盈余,这种方法也称要素分配法。

轻工业 指主要提供生产消费品和制作手工工具工业。按其所使用的原料不同,可分为两大类:(1)以农产品为原料的轻工业,是指直接或间接以农产品为基本原料的轻工业。主要包括食品制造、饮料制造、烟草加工、纺织、缝纫、皮革和毛皮制作、造纸以及印刷等工业;(2)以非农产品为原料的轻工业,是指以工业品为原料的轻工业。主要包括文教体育用品、化学药品制造、合成纤维制造、日用化学制品、日用玻璃制品、日用金属制品、手工工具制造、医疗器械制造、文化和办公用机械制造等工业。

重工业 指为国民经济各部门提供物质技术基础的主要生产资料的工业。按其生产性质和产品用途,可以分为下列三类:(1)采掘(伐)工业,是指对自然资源的开采,包括石油开采、煤炭开采、金属矿开采、非金属矿开采和木材采伐等工业;(2)原材料工业,指向国民经济各部门提供基础材料、动力和燃料的工业。包括金属冶炼及加工、炼焦及焦炭化学、化工原料、水泥、人造板以及电力、石油和煤炭加工等工业;(3)加工工业,是指对工业原材料进行再加工制造的工业。包括装备国民经济各部门的机械设备制造工业、金属结构、水泥制品等工业,以及为农业提供的生产资料如化肥、农药等工业。

固定资产原值 指企业在建造、购置、安装、改建、扩建、技术改造某项固定资产时所支出的全部货币总额。它一般包括买价、包装费、运杂费和安装费等。

固定资产净值 指固定资产原价减去历年已提折旧额后的净额。

流动资产 流动资产是指可以在一年或者超过一年的一个经营周期内变现或者运用的资产,包括货币资金、短期投资、应收票据、实收股利、实收利息、应收帐款、预付货款、其他应收款、实收补贴款、存货、待摊费用、一年内到期的长期债权投资和其他流动资产等。

利税总额 指企业利润总额、产品销售税金及附加和应交增值税之和。

资金利税率 指在一定时期内已实现的利润、税金总额与同期的资产(固定资产净值和流动资产)平均总额之比。

工业增加值率 指在一定时期内工业增加值占工业总产出的比重,反映降低中间消耗的经济效益。

流动资产周转次数 指在一定时期内流动资产完成的周转次数,反映流动资产的周转速度。

主营业务收入 指企业经营和提供劳务等主要经营业务取得的业务总额。

全员劳动生产率 指根据产品的价值量指标计算的平均每一个职工在单位时间内的产品生产量。目前全员劳动生产率是将工业企业的工业增加值除以同一时期从业人员的平均人数来计算。

公路里程 也称“公路通车里程”,是反映公路建设发展规模的重要指标,也是计算运输网密度等指标的基础资料;是指实际达到交通部制定的公路工程技术标准规定的等级的公路长度。它包括大中城市的郊区公路以及通过小城镇街道的公路里程,也包括桥梁、渡口的长度,但不包括城市的街道以及厂矿、林区和农业生产用道的里程,两条或多条公路共同经由同一路段,只计算一次,不得重复计算里程长度。

7 房地产开发投资

7－1　房地产开发投资情况

项　　目	单　位	1990年	1995年	2000年	2005年	2006年
完成投资额	**万元**	**39178**	**549959**	**758488**	**2220270**	**3011836**
按经济类型分						
国有经济	万元	15117	138579	153831	114735	238345
集体经济	万元	6803	42013	57057	157396	131971
其他经济	万元	17258	369367	547600	1948139	2641520
按构成分						
#建筑工程	万元	31167	377911	533277	1425189	1469573
安装工程	万元	1371	35730	22201	95726	109178
设备工器具购置	万元	1685	11665	20588	19408	7790
按工程用途分						
商业营业用房	万元	6073	68010	103134	171875	208634
住　宅	万元	22955	357930	461013	1588398	2028782
办公楼	万元	9246	82476	84642	49015	23143
其　他	万元	904	41543	109699	410982	751277
按隶属关系分						
中　央	万元	1527	3272	5516		
地方(含其他)	万元	37651	546687	752972	2220270	3011836
新增固定资产	万元	14418	356867	502619	790832	954632
施工面积	万平方米	164.68	923.83	1236.99	2023.33	2126.41
#住　宅	万平方米	117.75	643.06	873.12	1714.72	1809.35
本年竣工面积	万平方米	67.28	328.86	323.56	501.43	479.54
#住　宅	万平方米	50.86	260.77	255.90	448.11	411.12
土地购置费	万元	4087	23177	111815	467989	1248672
商品房屋销售额	万元	26907	275644	490304	2702461	2921840
#住　宅	万元	9956	171757	382120	2373901	2470916

注:1. 2005年起商品房销售额包括现房和期房两部分,以前年份只统计现房部分,不包括期房部分。
2. 2008年为经济普查代年报;2011年房地产企业实行网络直报,与快报比数据有变动。
3. 2018年采用第四次全国经济普查数据。

7－1　续表1

项　　目	单　位	2007 年	2008 年	2009 年	2010 年	2011 年	2012 年
完成投资额	**万元**	**3764663**	**3136079**	**3617991**	**6706940**	**9634087**	**9722667**
按经济类型分							
国有经济	万元	353732	287194	162836	498897	711343	1161179
集体经济	万元	139816	217156	224160	219469	267039	63341
其他经济	万元	3271115	2631729	3230995	5988574	8655705	8498147
按构成分							
#建筑工程	万元	1893265	2133196	2367528	3311464	4937192	6487181
安装工程	万元	126400	145323	138266	196939	288755	488344
设备工器具购置	万元	8734	17440	17106	17156	12371	27687
按工程用途分							
商业营业用房	万元	150235	158889	203354	482384	864472	878689
住　宅	万元	2704938	2239851	2521901	3842829	6800822	6284804
办公楼	万元	26872	28085	39777	249356	532640	811513
其　他	万元	882618	709254	852959	2132371	1436153	1747661
按隶属关系分							
中　央	万元		252		11393	47198	10806
地方(含其他)	万元	3764663	3135827	3617991	6695547	9586889	9711861
新增固定资产	万元	877325	678775	1076320	945411	1756326	1693930
施工面积	万平方米	2431.91	2520.39	2635.06	3599.46	4939.00	5704.68
#住　宅	万平方米	2083.42	2155.02	2244.38	2908.55	3819.54	4275.69
本年竣工面积	万平方米	474.07	329.15	485.90	345.81	541.43	534.33
#住　宅	万平方米	411.80	294.68	423.59	294.57	457.87	402.46
土地购置费	万元	1658440	653667	897691	2924155	3996054	2296969
商品房屋销售额	万元	3343512	2044541	4576114	5029944	6321066	9414937
#住　宅	万元	2903189	1790644	4175460	4183336	5082318	7812616

7－1　续表2

项　　目	单　位	2013 年	2014 年	2015 年	2016 年	2017 年	2018 年
完成投资额	**万元**	**12647907**	**14550729**	**13811248**	**16794355**	**16941798**	**14403195**
按经济类型分							
国有经济	万元	1414648	1386959	1670773	1961903	1016347	824040
集体经济	万元	79718	48950	45028	43255	5707	5003
其他经济	万元	11153541	13114820	12095447	14789197	15919744	13574152
按构成分							
#建筑工程	万元	8163735	9598181	8802608	10115138	9213887	6344219
安装工程	万元	1045565	1293555	1114049	1654360	1946632	1095443
设备工器具购置	万元	67222	93710	96233	75224	77169	268631
按工程用途分							
商业营业用房	万元	1203579	2219297	2565794	2416658	1986392	1334806
住　宅	万元	8654077	9265800	8566533	11235935	11769854	9669341
办公楼	万元	1082242	1369490	1113150	1231799	1131738	854857
其　他	万元	1708009	1696142	1565771	1909963	2053814	2544191
按隶属关系分							
中　央	万元	3556	580	52664	3939	23901	21156
地方(含其他)	万元	12644351	14550149	13758584	16790416	16917897	14382039
新增固定资产	万元	2677016	2859755	3992627	3774517	4901153	4318467
施工面积	万平方米	6871.04	7598.91	7800.01	7760.77	7947.59	7928.93
#住　宅	万平方米	4961.57	5108.45	4992.32	4919.79	5070.58	4914.33
本年竣工面积	万平方米	832.55	833.86	1064.05	823.82	1155.74	719.94
#住　宅	万平方米	605.83	600.12	745.09	524.62	765.17	439.02
土地购置费	万元	2924812	3353251	3491957	4717669	4929399	6438274
商品房屋销售额	万元	14117852	10350054	10659342	13542937	18635494	23128524
#住　宅	万元	11226626	8252471	8488111	11292827	13466619	18056585

7－2 房地产开发企业主要指标

（2018年） 单位：万元、平方米

指标名称	计划总投资	自开始建设累计完成投资	本年完成投资	住宅投资	#90平方米以下	144平方米以上	别墅、高档公寓
总计	**86115356**	**77021775**	**14403195**	**9669341**	**3627073**	**1274247**	**444686**
一、按控股情况分							
国有控股	11183121	12001317	1376642	966582	668734	49504	2000
集体控股	401994	98510	24862	9521	1646	5000	0
私人控股	55852604	48746861	10154246	6836956	2448664	701357	361698
港澳台商控股	5037902	4797856	455144	251645	83144	41782	12200
外商控股	896927	497046	122683	81827	22515	1963	0
其他	12742808	10880185	2269618	1522810	402370	474641	68788
二、按隶属关系分							
中央	277060	177427	21156	9615	9615	0	0
地方	8705011	10320900	815550	664733	524043	40934	16230
其他	77133285	66523448	13566489	8994993	3093415	1233313	428456
三、按营业状态分							
营业	83456344	74726100	13874487	9350171	3579865	1237717	363795
停业(歇业)	211548	218476	40819	14276	10805	0	0
当年关闭							
其他	2447464	2077199	487889	304894	36403	36530	80891
四、按企业资质等级分							
一级	6420171	7677362	832483	704529	501829	8049	745
二级	9888899	9369925	1530656	919264	344436	86232	0
三级	20585861	21502344	1624767	992941	338925	176108	79420
四级	2559971	2289493	273471	177369	46936	52892	1715
暂定	45311708	35360935	9731176	6688654	2392787	928434	362787
其他	1348746	821716	410642	186584	2160	22532	19
五、按登记注册类型分							
内资企业	80044027	71775219	13718485	9252919	3525185	1194100	380244
港澳台商投资企业	5174402	4749510	562027	334595	79373	78184	64442
外商投资企业	896927	497046	122683	81827	22515	1963	0

注：采用第四次全国经济普查数据。

7－2 续表1 （2018年） 单位：万元、平方米

指标名称	办公楼投资	商业营业用房投资	其他用房投资	本年新增固定资产	待开发土地面积	本年购置土地面积	本年土地成交价款	房屋施工面积
总计	**854857**	**1334806**	**2544191**	**4318467**	**1889931**	**3394349**	**2562904**	**79289304**
一、按控股情况分								
国有控股	76497	135841	197722	669286	38569	252102	404872	11865260
集体控股	8971	1340	5030	0	0	0	0	458415
私人控股	520957	922161	1874172	3327006	1376633	2983124	1897466	50015654
港澳台商控股	5234	31482	166783	45348	0	88052	76566	6245935
外商控股	5	12227	28624	32075	133255	0	0	994382
其他	243193	231755	271860	244752	341474	71071	184000	9709658
二、按隶属关系分								
中央	10796	0	745	0	0	0	0	284707
地方	33669	48088	69060	384816	0	0	0	9357247
其他	810392	1286718	2474386	3933651	1889931	3394349	2562904	69647350
三、按营业状态分								
营业	798435	1269217	2456664	4203709	1645192	3343890	2498038	77084710
停业（歇业）	0	12101	14442	39384	0	0	0	202352
当年关闭					0	0	0	
其他	56422	53488	73085	75374	244739	50459	64866	2002242
四、按企业资质等级分								
一级	0	8243	119711	50500	0	31456	120320	7158378
二级	114500	152948	343944	595913	0	0	0	10221752
三级	164104	174937	292785	1407074	424315	176089	29541	18965554
四级	20745	20337	55020	238588	0	10000	600	3079014
暂定	499708	955662	1587152	2026392	1456798	3065244	2302443	38712367
其他	55800	22679	145579	0	8818	111560	110000	1152239
五、按登记注册类型分								
内资企业	849618	1290934	2325014	4241044	1756676	3306297	2486338	73474402
港澳台商投资企业	5234	31645	190553	45348	0	88052	76566	4820520
外商投资企业	5	12227	28624	32075	133255	0	0	994382

7－2 续表2 （2018年） 单位：万元、平方米

指标名称	#本年新开工面积	房屋竣工面积	竣工房屋价值	商品房销售面积合计	住宅	#90平方米以下	144平方米以上	别墅、高档公寓
总计	**18220031**	**7199446**	**2009083**	**17112935**	**12556171**	**3616899**	**1493281**	**296908**
一、按控股情况分								
国有控股	1233937	397123	153141	1967922	1711797	1040953	30997	10224
集体控股	274813	0	0	7972	7972	0	7972	0
私人控股	12952743	5657470	1559896	11771099	8509312	2056270	1221467	273756
港澳台商控股	498535	108691	37213	657783	575526	108994	29758	0
外商控股	424689	55436	16414	192031	159868	16682	6459	665
其他	2835314	980726	242419	2516128	1591696	394000	196628	12263
二、按隶属关系分								
中央	0	0	0	18144	7300	7300	0	0
地方	458565	105163	36113	1441067	1115294	665399	34971	10071
其他	17761466	7094283	1972970	15653724	11433577	2944200	1458310	286837
三、按营业状态分								
营业	17973213	6896403	1931377	16761182	12285131	3593146	1438877	296908
停业（歇业）	0	47902	14368	54	54	54	0	0
当年关闭								
其他	246818	255141	63338	351699	270986	23699	54404	0
四、按企业资质等级分								
一级	358399	211892	50500	587583	516751	407330	42039	0
二级	1965852	516643	145838	2313684	1825914	624148	132516	11740
三级	1954775	2833139	817855	4396158	2928118	712408	418697	11250
四级	274285	529014	140765	384805	209712	38267	45050	19672
暂定	13161016	3108758	854125	9165423	6930729	1831354	820346	253581
其他	505704	0	0	265282	144947	3392	34633	665
五、按登记注册类型分								
内资企业	17194779	7035319	1955456	16116471	11667603	3507762	1451389	294495
港澳台商投资企业	600563	108691	37213	804694	728700	92455	35433	1748
外商投资企业	424689	55436	16414	191770	159868	16682	6459	665

7－2　续表3　　(2018年)　　单位:万元、平方米

指标名称	办公楼销售面积	商业营业用房销售面积	其他房屋销售面积	出租面积	#商业营业用房	待售面积	#住宅	商品房销售额
总　　计	**1017937**	**1264235**	**2274592**	**113980**	**97915**	**3803440**	**958648**	**23128524**
一、按控股情况分								
国有控股	10844	68973	176308	0	0	90773	55896	2208832
集体控股	0	0	0	0	0	18607	18607	15200
私人控股	610127	997656	1654004	85774	85774	2991321	494348	15698057
港澳台商控股	12242	20402	49613	0	0	89575	23649	849798
外商控股	803	7559	23801	28206	12141	55242	14373	228542
其　他	383921	169645	370866	0	0	557922	351775	4128095
二、按隶属关系分								
中　央	10844	0	0	0	0	0	0	19166
地　方	58262	160413	107098	0	0	8103	2448	1699865
其　他	948831	1103822	2167494	113980	97915	3795337	956200	21409493
三、按营业状态分								
营　业	1003928	1261984	2210139	113980	97915	3763341	949129	22476613
停业(歇业)	0	0	0	0	0	0	0	217
当年关闭								
其　他	14009	2251	64453	0	0	40099	9519	651694
四、按企业资质等级分								
一　级	0	21520	49312	0	0	353631	281399	746161
二　级	72512	89879	325379	0	0	177359	11592	2876009
三　级	179152	373109	915779	0	0	2535601	568470	4843766
四　级	73412	25683	75998	28206	12141	129651	29202	382708
暂　定	641885	719809	873000	85774	85774	592370	55588	13928556
其　他	50976	34235	35124	0	0	14828	12397	351324
五、按登记注册类型分								
内资企业	1004892	1254115	2189861	85774	85774	3575576	853317	21626204
港澳台商投资企业	12242	2704	61048	0	0	172622	90958	1274042
外商投资企业	803	7416	23683	28206	12141	55242	14373	228278

7－2 续表4 （2018年） 单位：万元、平方米

指标名称	住宅销售额	# 90平方米以下住房	144平方米以上住房	别墅、高档公寓	办公楼销售额	商业营业用房销售额	其他房屋销售额
总　计	**18056585**	**5184267**	**2289913**	**402644**	**1698391**	**1873608**	**1499940**
一、按控股情况分							
国有控股	1941569	1117367	103765	36905	10844	115418	141001
集体控股	15200	0	15200	0	0	0	0
私人控股	12176093	3221186	1681218	350470	1001675	1437297	1082992
港澳台商控股	787889	167414	59023	0	14771	30046	17092
外商控股	199603	15922	12280	585	631	11252	17056
其　他	2936231	662378	418427	14684	670470	279595	241799
二、按隶属关系分							
中　央	8322	8322	0	0	10844	0	0
地　方	1372139	817381	110791	35613	104322	151945	71459
其　他	16676124	4358564	2179122	367031	1583225	1721663	1428481
三、按营业状态分							
营　业	17510242	5109952	2146323	402644	1670279	1867983	1428109
停业（歇业）	217	217	0	0	0	0	0
当年关闭							
其　他	546126	74098	143590	0	28112	5625	71831
四、按企业资质等级分							
一　级	672207	470174	80219	0	0	39348	34606
二　级	2376822	856199	253686	41165	179910	108703	210574
三　级	3538294	756939	407633	15713	238636	499866	566970
四　级	215322	49939	71602	21141	117663	30499	19224
暂　定	11013753	3049374	1357738	324040	1082281	1176761	655761
其　他	240187	1642	119035	585	79901	18431	12805
五、按登记注册类型分							
内资企业	16630543	5017523	2203151	396982	1682989	1857721	1454951
港澳台商投资企业	1226439	150822	74482	5077	14771	4845	27987
外商投资企业	199603	15922	12280	585	631	11042	17002

7－3 房地产开发企业资金来源情况

（2018 年）

单位:万元

指标名称	本年资金来源合计	上年末结余资金	本年资金来源小计	国内贷款	利用外资	自筹资金	定金及预收款	个人按揭贷款	其他到位资金	本年各项应付款合计
总　　计	**26837414**	**5890363**	**20947051**	**3342548**	**2826**	**8379933**	**5865607**	**2046424**	**1309713**	**2377349**
一、按控股情况分										
国有控股	4051601	1456522	2595079	528028	0	610064	1055543	22051	379393	267392
集体控股	15819	316	15503	5100	0	5000	0	0	5403	12300
私人控股	17157467	3314877	13842590	1748881	0	6402124	3470021	1347788	873776	1766864
港澳台商控股	1155203	476864	678339	249800	2826	102302	164622	155789	3000	22802
外商控股	269060	93740	175320	9955	0	62107	102117	0	1141	22684
其　他	4188264	548044	3640220	800784	0	1198336	1073304	520796	47000	285307
二、按隶属关系分										
中　央	29562	908	28654	11673	0	2521	0	0	14460	16246
地　方	2839652	1029307	1810345	473047	0	242073	708152	38445	348628	105350
其　他	23968200	4860148	19108052	2857828	2826	8135339	5157455	2007979	946625	2255753
三、按营业状态分										
营　业	25947352	5544176	20403176	3236048	2826	7979575	5841601	2041193	1301933	2288649
停业(歇业)	144686	103817	40869	0	0	40869	0	0	0	0
当年关闭	0	0	0	0	0	0	0	0	0	0
其　他	745376	242370	503006	106500	0	359489	24006	5231	7780	88700
四、按企业资质等级分										
一　级	1925327	437232	1488095	589000	0	130976	535794	132325	100000	115303
二　级	3116223	1074210	2042013	199321	0	329847	703226	549683	259936	124165
三　级	4842269	1049842	3792427	425428	2826	1338560	1325430	635153	65030	204252
四　级	600905	256941	343964	104500	0	96638	66517	75168	1141	30059
暂　定	15822207	3037834	12784373	2024299	0	6194652	3090427	644499	830496	1872776
其　他	530483	34304	496179	0	0	289260	144213	9596	53110	30794
五、按登记注册类型分										
内资企业	25192831	5325811	19867020	3082793	0	8216960	5364153	1897542	1305572	2332074
港澳台商投资企业	1375523	470812	904711	249800	2826	100866	399337	148882	3000	22591
外商投资企业	269060	93740	175320	9955	0	62107	102117	0	1141	22684

注:采用第四次全国经济普查数据。

7－4 房地产开发企业主要财务指标

（2018年） 单位：万元

指标名称	企业数（个）	年末从业人数（人）	资产总计	流动资产合计	#存货	固定资产原价	累计折旧	#本年折旧
总计	**598**	**23133**	**120604468**	**99233236**	**43526183**	**1098705**	**246547**	**52820**
一、按控股情况分								
国有控股	60	2505	22385594	12964413	8453527	92090	21839	3866
集体控股	11	253	473771	463709	391610	2492	1690	107
私人控股	414	15456	70974944	61523114	25791353	774337	164444	37191
港澳台商控股	38	1558	9126642	7570468	2798988	59679	30219	3614
外商控股	15	533	6037106	5666248	398547	117699	9266	4788
其　他	60	2828	11606412	11045283	5692159	52408	19089	3254
二、按隶属关系分								
中　央	3	53	167115	166059	112393	453	237	29
地　方	43	2049	19865980	11355419	7356442	116090	23748	5876
其　他	552	21031	100571374	87711758	36057348	982163	222561	46915
三、按营业状态分								
营　业	562	22376	118315279	97253469	42463237	1091602	243859	51994
停业（歇业）	11	98	417063	378237	66359	1253	657	47
当年关闭	1	1	2057	2057	0	0	0	0
其　他	24	658	1870070	1599473	996588	5850	2031	780
四、按企业资质等级分								
一　级	15	2351	28392381	17001192	5902059	212575	74860	9707
二　级	47	2835	24025745	19999595	6003225	44942	27386	4434
三　级	132	5084	19377541	18129025	9335968	359482	70160	18699
四　级	59	1393	3547207	3240847	991613	66328	14405	2823
暂　定	321	10956	43728294	39558508	20528990	400967	54022	15412
其　他	24	514	1533301	1304069	764329	14411	5714	1745
五、按登记注册类型分								
内资企业	546	21284	108274485	87699434	40573556	943093	214647	45021
港澳台商投资企业	39	1516	11313553	10706802	2554871	38251	22943	3035
外商投资企业	13	333	1016430	826999	397757	117362	8957	4765

注：采用第四次全国经济普查数据。

7－4 续表1 （2018年） 单位:万元

指标名称	负债合计	实收资本	主营业务收入	商品房屋销售收入	房屋出租收入	其他收入	主营业务成本	主营业务税金及附加
总　　计	**96596749**	**9438845**	**11857494**	**11476547**	**90928**	**270775**	**8467167**	**618071**
一、按控股情况分								
国有控股	13401877	1164297	2090244	1932206	23532	134143	1675791	83720
集体控股	458366	27146	7880	5881	927	1072	4425	541
私人控股	60933525	5940746	6912803	6713706	58969	125127	5090126	346643
港澳台商控股	7035828	899577	637694	628906	3816	1090	397818	26467
外商控股	5492688	342777	95074	85013	1321	8740	41210	9414
其　他	9274466	1064302	2113799	2110834	2363	602	1257798	151287
二、按隶属关系分								
中　央	98785	67850	6183	5830	224	129	4971	133
地　方	11659344	792809	1569869	1525679	21431	22397	1295128	52461
其　他	84838620	8578187	10281442	9945038	69272	248249	7167068	565476
三、按营业状态分								
营　业	94672248	9180567	11742014	11361067	90928	270775	8396169	615419
停业(歇业)	370878	33022	4130	4130	0	0	2621	17
当年关闭	0	2000	0	0	0	0	0	0
其　他	1553622	223256	111350	111350	0	0	68377	2635
四、按企业资质等级分								
一　级	18669724	1324482	1760671	1590471	18367	151732	1284504	57453
二　级	21917139	1060251	1188641	1145128	11747	17231	951025	40482
三　级	14744874	2131412	3583969	3552437	17868	12677	2423529	198480
四　级	2897501	444269	389438	322430	3166	63469	306515	29231
暂　定	37130091	4352580	4731343	4666110	36514	25471	3349333	277724
其　他	1237420	125852	203432	199970	3267	195	152262	14701
五、按登记注册类型分								
内资企业	86047007	8412524	11084627	10723477	84846	260942	7952694	559839
港澳台商投资企业	9765667	865544	689131	671381	4761	9106	474296	49331
外商投资企业	784075	160777	83736	81688	1321	727	40178	8902

7-4 续表2　　(2018年)　　单位:万元

指标名称	营业利润	投资收益	销售费用	管理费用	财务费用	利润总额	应交所得税	应付职工薪酬	应交增值税
总计	**1984149**	**140716**	**405700**	**400648**	**287081**	**1915060**	**325442**	**347155**	**511787**
一、按控股情况分									
国有控股	320885	-1206	20762	40248	37361	328633	67183	38625	101990
集体控股	-3759	14	612	2208	4371	-3730	-905	1870	-6
私人控股	995538	122492	281808	248978	190855	932776	156712	218595	303429
港澳台商控股	158461	20354	25589	40733	9219	147121	-12	26192	21738
外商控股	23031	838	6700	8966	11625	23489	2384	8932	4001
其他	489993	-1777	70230	59514	33650	486771	100080	52942	80635
二、按隶属关系分									
中央	-608	0	0	819	868	-602	216	804	310
地方	199391	18228	17119	38471	30630	206423	26385	26509	36658
其他	1785366	122488	388581	361358	255583	1709239	298841	319843	474819
三、按营业状态分									
营业	1981086	140716	398530	391616	273484	1913427	325801	338661	508685
停业(歇业)	-554	0	5	1985	54	-553	0	518	57
当年关闭	0	0	0	0	0	0	0	0	0
其他	3617	0	7166	7047	13542	2186	-359	7976	3045
四、按企业资质等级分									
一级	362501	64931	22542	62373	76355	359187	31077	39503	32342
二级	209997	39441	42746	53953	42650	207321	28211	36362	61931
三级	735704	41551	82788	100091	80664	720865	124318	79212	131175
四级	3788	996	17283	19526	14292	-5763	5137	15700	16072
暂定	659711	-5912	231289	151484	74341	622081	132493	171481	261668
其他	12448	-292	9051	13221	-1222	11369	4206	4897	8599
五、按登记注册类型分									
内资企业	1849262	118081	370371	366135	264641	1790834	323208	322919	481066
港澳台商投资企业	115552	21884	28723	28549	17339	104651	1037	20632	27241
外商投资企业	19335	751	6607	5964	5101	19575	1198	3604	3481

主要统计指标解释

房地产开发投资 指各种登记注册类型的房地产开发法人单位统一开发的包括统代建、拆迁还建的住宅、厂房、仓库、饭店、宾馆、度假村、写字楼、办公楼等房屋建筑物,配套的服务设施,土地开发工程(如道路、给水、排水、供电、供热、通讯、平整场地等基础设施工程)和土地购置的投资;不包括单纯的土地开发和交易活动。

固定资产投资额 指以货币形式表现的在一定时期内建造和购置固定资产的工作量以及与此有关的费用的总称。

计划总投资 指在建的建设工程按照总体设计(或按设计概算或预算)规定的内容全部建成计划需要的总投资。没有总体设计的建设工程,分别按报告期施工工程的计划总投资合计数填报。单纯购置单位应填报单纯购置的计划总投资。计划总投资是反应固定资产投资在建总规模的重要指标,也是检查工程进度,计算建设周期的依据之一。

本年完成投资 指从本年 1 月 1 日起至报告期完成的全部投资额。本年完成投资是反映本年的实际投资规模,计算有关投资效果,进行国民经济核算和经济分析的重要指标。

完成投资额是以货币表示的工作量指标,包括实际完成的建筑安装工程价值,设备、工具、器具的购置费,以及实际发生的其他费用。没用到工程实体的建筑材料、工程预付款和没有进行安装的需要安装的设备等,不能计入投资完成额。

建筑工程 指各种房屋、建筑物的建造工程,又称建筑工作量。这部分投资额必须兴工动料,通过施工活动才能实现,是固定资产投资额的重要组成部分。

安装工程 指各种设备、装置的安装工程,又称安装工作量。在安装工程中,不包括被安装设备本身价值。

本年新增固定资产 指在报告期已经完成建造和购置过程,并已交付生产或使用单位的固定资产的价值,包括已经建成投入生产或交付使用的工程投资和达到固定资产标准的设备、工具、器具的投资及有关应摊入的费用。属于增加固定资产价值的其他建设费用,应随同交付使用的工程一并计入新增固定资产。

房屋施工面积 指报告期内施工的全部房屋建筑面积。包括本期新开工的房屋建筑面积、上期跨入本期继续施工的房屋建筑面积、上期停缓建在本期恢复施工的房屋建筑面积、本期竣工的房屋建筑面积以及本期施工后又停缓建的房屋建筑面积。多层建筑应填各层建筑面积之和。

房屋竣工面积 指报告期内房屋建筑按照设计要求已全部完工,达到住人和使用条件,经验收鉴定合格或达到竣工验收标准,可正式移交使用的各栋房屋建筑面积的总和。

竣工面积以房屋单位工程(栋)为核算对象,在整栋房屋符合竣工条件后按其全部建筑面积一次性计算,而不是按各栋施工房屋中已完成的部分或层次分割计算。

商品房销售面积 指报告期内出售商品房屋的合同总面积(即双方签署的正式买卖合同中所确定的建筑面积)。本月销售面积指从本月 1 日起至本月最后一天止出售商品房屋的合同总面积。商品房销售面积由现房销售面积和期房销售面积两部分组成。

商品房销售额 指报告期内出售商品房屋的合同总价款(即双方签署的正式买卖合同中所确定的合同总价)。本月销售额指从本月 1 日起至本月最后一天止出售商品房屋的合同总价款。该指标与商品房销售面积同口径,由现房销售额和期房销售额两部分组成。

待售面积　指报告期末已竣工的可供销售或出租的商品房屋建筑面积中，尚未销售或出租的商品房屋建筑面积，包括以前年度竣工和本期竣工的房屋面积，但不包括报告期已竣工的拆迁还建、统建代建、公共配套建筑、房地产公司自用及周转房等不可销售或出租的房屋面积。按照商品房待售时间的长短可以划分为待售一年以下、待售一到三年（含一年）和待售三年以上（含三年）。

8 建筑业

8－1　按登记注册类型分建筑业总承包、专业承包施工企业生产情况

（2018 年）

项　　目	单　位	总　　计	＃国有及国有控股企业	按登记注册类型分		
				内资企业	港、澳、台商投资企业	外商投资企业
建筑业企业个数	个	1157	52	1144	12	1
签订的合同额	万元	94430810	34976150	93941744	444532	44534
上年结转合同额	万元	42856807	21492510	42753627	73722	29458
本年新签合同额	万元	51574003	13483640	51188118	370810	15076
承包工程完成情况						
直接从建设单位承揽工程完成的产值	万元	38753070	7007074	38532091	200547	20432
自行完成施工产值	万元	38574714	6979159	38353736	200547	20432
分包出去工程的产值	万元	178355	27915	178355	0	0
从建设单位以外承揽工程完成的产值	万元	1680257	177977	1676632	3624	0
建筑业总产值	万元	40254971	7157136	40030368	204171	20432
＃装饰装修产值	万元	1582908	173102	1570546	12361	0
在外省完成的产值	万元	19143877	1266812	18981105	161938	834
建筑业总产值按构成分						
建筑工程产值	万元	36952576	6664065	36872705	65568	14303
安装工程产值	万元	2927362	471280	2783062	138183	6117
其他产值	万元	375032	21791	374601	420	12
竣工产值	万元	20375987	2965106	20337899	3973	34116
房屋建筑施工面积	平方米	340332940	57218356	331678791	8422743	231406
＃本年新开工面积	平方米	114173443	9769341	106043765	8039619	90059
年末自有施工机械设备(净值)	万元	839112	32516	838468	644	0
年末自有施工机械设备(总台数)	台	58231	4542	57952	279	0
年末自有施工机械设备(总功率)	千瓦	1848972	97230	1845280	3692	0
计算建筑业劳动生产率的平均人数	人	1574596	247746	1565399	8399	798
年末从业人数	人	1566316	243428	1552510	13081	725
＃工程技术人员	人	129859	17327	129311	486	62
主要建筑材料消耗量						
钢　材	吨	18673956	3018844	18619391	47110	7455
木　材	立方米	13115593	1258753	13103375	12218	0
水　泥	吨	86007203	14684513	85912070	29300	65833
平板玻璃(重量箱)	重量箱	14038027	2856001	14028326	2181	7520
平板玻璃(平方米)	平方米	55259715	6421178	55211296	14199	34220
铝　材	吨	1089879	252886	1086781	1406	1692
房屋建筑竣工面积	平方米	70102998	5744263	69932420	0	170578
住　宅	平方米	53046920	4637086	53046920	0	0
商业及服务用房	平方米	2743838	54235	2743838	0	0
办公用房	平方米	4378739	257870	4378739	0	0
科研、教育、医疗用房	平方米	1131629	9800	1131629	0	0
文化、体育、娱乐用房	平方米	445957	39221	445957	0	0
厂房及建筑物	平方米	7814511	714204	7643933	0	170578
仓　库	平方米	502137	0	502137	0	0
其他用房	平方米	39267	31847	39267	0	0
房屋竣工价值	万元	13254484	1333429	13220369	0	34116
住　宅	万元	9953616	1036010	9953616	0	0
商业及服务用房	万元	623074	72280	623074	0	0
办公用房	万元	796672	9100	796672	0	0
科研、教育、医疗用房	万元	230842	2411	230842	0	0
文化、体育、娱乐用房	万元	93425	14170	93425	0	0
厂房及建筑屋	万元	1451815	186516	1417699	0	34116
仓　库	万元	90590	0	90590	0	0
其他用房	万元	14451	12942	14451	0	0

8－2 按行业分建筑业总承包、专业承包施工企业生产情况

（2018年）

项目	单位	总计	按国民经济行业分			
			房屋建筑业	土木工程建筑业	建筑安装业	建筑装饰和其他建筑业
建筑业企业个数	个	1157	595	267	117	178
签订的合同额	万元	94430810	79572987	11277068	1720258	1860496
上年结转合同额	万元	42856807	36411250	5253758	549378	642420
本年新签合同额	万元	51574003	43161737	6023310	1170880	1218076
承包工程完成情况						
直接从建设单位承揽工程完成的产值	万元	38753070	30653788	5966984	938973	1193325
自行完成施工产值	万元	38574714	30533403	5939903	919095	1182314
分包出去工程的产值	万元	178355	120385	27081	19878	11011
从建设单位以外承揽工程完成的产值	万元	1680257	986506	679190	6178	8383
建筑业总产值	万元	40254971	31519909	6619093	925273	1190697
#装饰装修产值	万元	1582908	1011243	101094	14209	456362
在外省完成的产值	万元	19143877	15505137	2850563	330275	457903
建筑业总产值按构成分						
建筑工程产值	万元	36952576	29975342	5735222	254753	987260
安装工程产值	万元	2927362	1236004	837459	659111	194788
其他产值	万元	375032	308563	46411	11409	8649
竣工产值	万元	20375987	16530095	2994415	355886	495592
房屋建筑施工面积	平方米	340332940	327959219	10949331	323117	1101273
#本年新开工面积	平方米	114173443	108786765	4769561	322997	294120
年末自有施工机械设备(净值)	万元	839112	696531	110618	16111	15852
年末自有施工机械设备(总台数)	台	58231	36793	13228	4913	3297
年末自有施工机械设备(总功率)	千瓦	1848972	1239495	436940	89083	83454
计算建筑业劳动生产率的平均人数	人	1574596	1221883	270795	34192	47726
年末从业人数	人	1566316	1234597	250829	33462	47428
#工程技术人员	人	129859	92895	26183	5107	5674
主要建筑材料消耗量						
钢　材	吨	18673956	15827194	2330877	297549	218336
木　材	立方米	13115593	11618723	1179613	47553	269704
水　泥	吨	86007203	73101038	11695047	437297	773821
平板玻璃(重量箱)	重量箱	14038027	12536859	1298095	8812	194261
平板玻璃(平方米)	平方米	55259715	49225479	4999642	34319	1000275
铝　材	吨	1089879	981042	51521	10693	46623
房屋建筑竣工面积	平方米	70102998	65471065	4209165	134504	288264
住　宅	平方米	53046920	50989425	1657360	134504	265631
商业及服务用房	平方米	2743838	2299475	444363	0	0
办公用房	平方米	4378739	4011757	362570	0	4412
科研、教育、医疗用房	平方米	1131629	898170	231693	0	1766
文化、体育、娱乐用房	平方米	445957	433924	11168	0	865
厂房及建筑物	平方米	7814511	6331169	1467752	0	15590
仓库	平方米	502137	499815	2322	0	0
其他用房	平方米	39267	7330	31937	0	0
房屋竣工价值	万元	13254484	12327269	846685	20716	59815
住　宅	万元	9953616	9546215	331610	20716	55076
商业及服务用房	万元	623074	554047	69027	0	0
办公用房	万元	796672	722924	72742	0	1006
科研、教育、医疗用房	万元	230842	188065	42318	0	459
文化、体育、娱乐用房	万元	93425	90257	3012	0	156
厂房及建筑屋	万元	1451815	1134384	314313	0	3118
仓　库	万元	90590	89894	696	0	0
其他用房	万元	14451	1483	12968	0	0

8－3 按企业资质等级分建筑业总承包施工企业生产情况

（2018 年）

项目	单位	总计	按企业资质等级分			
			特级	一级	二级	三级以下
建筑业企业个数	个	767	8	80	177	502
签订的合同额	万元	90339431	42852105	25579928	13189959	8717440
上年结转合同额	万元	41680859	25251349	10381073	3873656	2174781
本年新签合同额	万元	48658572	17600757	15198855	9316303	6542658
承包工程完成情况						
直接从建设单位承揽工程完成的产值	万元	36002170	9025965	13898117	7361740	5716349
自行完成施工产值	万元	35857139	9014876	13830512	7318128	5693624
分包出去工程的产值	万元	145031	11089	67605	43612	22725
从建设单位以外承揽工程完成的产值	万元	1256589	108843	453668	464982	229096
建筑业总产值	万元	37113729	9123719	14284180	7783110	5922719
#装饰装修产值	万元	1014769	108467	312106	282899	311297
在外省完成的产值	万元	17936691	3932609	8367465	4001844	1634773
建筑业总产值按构成分						
建筑工程产值	万元	34771921	8954804	13160102	7155265	5501750
安装工程产值	万元	2040725	150021	1089779	490685	310241
其他产值	万元	301082	18894	34299	137160	110728
竣工产值	万元	19076765	4148353	8049825	4091405	2787182
房屋建筑施工面积	平方米	339844723	123967879	132557200	58570485	24749159
#本年新开工面积	平方米	113858211	34530694	40819331	26086594	12421592
年末自有施工机械设备(净值)	万元	798362	26890	480571	142195	148705
年末自有施工机械设备(总台数)	台	50864	1437	16446	17692	15289
年末自有施工机械设备(总功率)	千瓦	1669067	85644	443463	581451	558509
计算建筑业劳动生产率的平均人数	人	1457289	345901	546612	304505	260271
年末从业人数	人	1450309	334974	556521	301760	257054
#工程技术人员	人	115826	17641	36330	28626	33229
主要建筑材料消耗量						
钢材	吨	18237231	4680973	7401286	3849266	2305706
木材	立方米	12790351	3044945	4661049	3158896	1925461
水泥	吨	83492106	26857563	29620768	14616691	12397084
平板玻璃(重量箱)	重量箱	13875772	5108374	4173867	2397190	2196341
平板玻璃(平方米)	平方米	54333235	15721585	19026785	11058270	8526595
铝材	吨	1034513	340003	344939	207853	141718
房屋建筑竣工面积	平方米	69942184	15442081	29484818	15135953	9879332
住宅	平方米	53026433	12107622	25254378	10343200	5321233
商业及服务用房	平方米	2704888	170944	1403844	949846	180254
办公用房	平方米	4374327	1854889	527410	756816	1235212
科研、教育、医疗用房	平方米	1101475	87425	423369	222862	367819
文化、体育、娱乐用房	平方米	422446	39221	167459	97930	117836
厂房及建筑物	平方米	7771361	1093742	1416144	2686013	2575462
仓库	平方米	502137	88238	260367	72106	81426
其他用房	平方米	39117	0	31847	7180	90
房屋竣工价值	万元	13213850	3175435	5614926	2706125	1717364
住宅	万元	9944446	2559116	4737844	1715165	932320
商业及服务用房	万元	613744	34508	375820	159588	43829
办公用房	万元	795666	313078	86120	174117	222351
科研、教育、医疗用房	万元	224689	28128	83315	47105	66141
文化、体育、娱乐用房	万元	87149	14170	24359	20179	28441
厂房及建筑屋	万元	1443135	210552	236808	585468	410307
仓库	万元	90590	15883	57719	3040	13949
其他用房	万元	14432	0	12942	1464	26

8－4 按企业资质等级分建筑业专业承包施工企业生产情况

（2018 年）

项目	单位	总计	按企业资质等级分		
			一级	二级	三级以下
建筑业企业个数	个	390	63	181	146
签订的合同额	万元	4091379	2018744	1047431	1025204
上年结转合同额	万元	1175948	727405	246850	201692
本年新签合同额	万元	2915431	1291339	800580	823512
承包工程完成情况					
直接从建设单位承揽工程完成的产值	万元	2750899	1280788	724927	745185
自行完成施工产值	万元	2717575	1274937	711493	731145
分包出去工程的产值	万元	33324	5851	13433	14040
从建设单位以外承揽工程完成的产值	万元	423667	326045	68733	28890
建筑业总产值	万元	3141242	1600981	780226	760035
#装饰装修产值	万元	568139	336680	171998	59461
在外省完成的产值	万元	1207186	816051	185845	205291
建筑业总产值按构成分					
建筑工程产值	万元	2180655	1259631	503805	417219
安装工程产值	万元	886637	331099	227388	328151
其他产值	万元	73950	10252	49034	14665
竣工产值	万元	1299223	616336	341161	341726
房屋建筑施工面积	平方米	488217	50915	367484	69818
#本年新开工面积	平方米	315232	39828	212139	63265
年末自有施工机械设备(净值)	万元	40750	16292	9617	14841
年末自有施工机械设备(总台数)	台	7367	1966	2247	3154
年末自有施工机械设备(总功率)	千瓦	179905	66593	62255	51057
计算建筑业劳动生产率的平均人数	人	117307	51859	34978	30470
年末从业人数	人	116007	56279	31567	28161
#工程技术人员	人	14033	5196	4522	4315
主要建筑材料消耗量					
钢材	吨	436725	237921	107256	91548
木材	立方米	325242	162033	103806	59403
水泥	吨	2515097	1744599	492093	278405
平板玻璃(重量箱)	重量箱	162255	44540	70961	46754
平板玻璃(平方米)	平方米	926480	211534	441416	273530
铝材	吨	55366	40962	5157	9247
房屋建筑竣工面积	平方米	160814	16488	143125	1201
住宅	平方米	20487	0	19286	1201
商业及服务用房	平方米	38950	0	38950	0
办公用房	平方米	4412	0	4412	0
科研、教育、医疗用房	平方米	30154	438	29716	0
文化、体育、娱乐用房	平方米	23511	310	23201	0
厂房及建筑物	平方米	43150	15590	27560	0
仓库	平方米	0	0	0	0
其他用房	平方米	150	150	0	0
房屋竣工价值	万元	40634	3340	37136	159
住宅	万元	9171	0	9012	159
商业及服务用房	万元	9330	0	9330	0
办公用房	万元	1006	0	1006	0
科研、教育、医疗用房	万元	6153	108	6045	0
文化、体育、娱乐用房	万元	6276	96	6180	0
厂房及建筑屋	万元	8680	3118	5562	0
仓库	万元	0	0	0	0
其他用房	万元	19	19	0	0

8－5 按县(市)区分建筑业总承包、专业承包施工企业生产情况

(2018 年)

项目	单位	福州市	鼓楼区	台江区	仓山区	晋安区	马尾区	长乐区
建筑业企业个数	个	1157	229	64	60	134	96	73
签订的合同额	万元	94430810	27938786	2854225	1493480	4893625	20046622	7650678
上年结转合同额	万元	42856807	14222654	1814032	429339	1867262	12565397	3537219
本年新签合同额	万元	51574003	13716133	1040193	1064141	3026362	7481225	4113459
承包工程完成情况						0		
直接从建设单位承揽工程完成的产值	万元	38753070	8088385	1274738	928733	2821670	4216450	3326704
自行完成施工产值	万元	38574714	8006261	1213781	926843	2813601	4197231	3326704
分包出去工程的产值	万元	178355	82124	60957	1890	8069	19219	0
从建设单位以外承揽工程完成的产值	万元	1680257	238265	7874	2344	121384	29271	1835
建筑业总产值	万元	40254971	8244526	1221655	929187	2934985	4226502	3328539
#装饰装修产值	万元	1582908	285974	117424	50493	136637	291937	59131
在外省完成的产值	万元	19143877	3429408	450452	123230	1509699	975101	2007102
建筑业总产值按构成分						0		
建筑工程产值	万元	36952576	7461852	1015403	898315	2487534	3822567	3268427
安装工程产值	万元	2927362	740926	192812	24063	399908	357594	7436
其他产值	万元	375032	41748	13441	6810	47543	46341	52676
竣工产值	万元	20375987	3358295	626093	503210	1290184	2209497	2368794
房屋建筑施工面积	平方米	340332940	61092492	18328708	3752837	6917167	56296361	30617459
#本年新开工面积	平方米	114173443	24116921	3161913	1074999	2131161	11793225	9010360
年末自有施工机械设备(净值)	万元	839112	68594	7822	11908	51253	17282	73702
年末自有施工机械设备(总台数)	台	58231	8582	986	546	7245	2654	6418
年末自有施工机械设备(总功率)	千瓦	1848972	218655	22624	13499	186349	60011	318871
计算建筑业劳动生产率的平均人数	人	1574596	303839	51018	34282	106893	157440	144246
年末从业人数	人	1566316	302984	48502	32681	98431	152054	147696
#工程技术人员	人	129859	32659	2739	4084	9573	9237	11555
主要建筑材料消耗量"						0		
钢　材	吨	18673956	4620472	717429	387768	1000325	808924	1844725
木　材	立方米	13115593	1344917	171275	176868	619109	1272196	1233710
水　泥	吨	86007203	14450981	1109252	1482231	4617552	12949770	9544765
平板玻璃(重量箱)	重量箱	14038027	1227729	188445	78892	262073	2961609	1036637
平板玻璃(平方米)	平方米	55259715	5992135	1066520	400496	1089358	7179272	4130099
铝　材	吨	1089879	175705	10109	12272	56863	265098	70752
房屋建筑竣工面积	平方米	70102998	10512043	2054563	690800	2305036	2711643	9143369
住　宅	平方米	53046920	8309380	2010610	404078	1706504	2182023	7800703
商业及服务用房	平方米	2743838	745628	0	0	0	0	547947
办公用房	平方米	4378739	495503	0	333	19300	68295	85760
科研、教育、医疗用房	平方米	1131629	231487	3000	0	28251	70996	133728
文化、体育、娱乐用房	平方米	445957	48872	0	0	0	52195	0
厂房及建筑物	平方米	7814511	558705	40953	286389	519134	327376	575151
仓　库	平方米	502137	122468	0	0	0	10758	0
其他用房	平方米	39267	0	0	0	31847	0	80
房屋竣工价值	万元	13254484	2418089	390017	150174	485240	419460	1584823
住　宅	万元	9953616	1851012	382137	106945	362914	309599	1322610
商业及服务用房	万元	623074	241219	0	0	0	0	81948
办公用房	万元	796672	68993	0	52	2935	14352	13562
科研、教育、医疗用房	万元	230842	62454	380	0	4629	13816	32933
文化、体育、娱乐用房	万元	93425	18558	0	0	0	11956	0
厂房及建筑屋	万元	1451815	151052	7500	43177	101819	67016	133746
仓　库	万元	90590	24800	0	0	0	2721	0
其他用房	万元	14451	0	0	0	12942	0	24

8－5　续表　　(2018年)

项　　目	单　位	福清市	闽侯县	连江县	罗源县	闽清县	永泰县	平潭县
建筑业企业个数	个	48	90	63	22	124	91	63
签订的合同额	万元	2680657	1537204	3828110	853854	9413350	9775376	1464844
上年结转合同额	万元	339619	614504	1060601	433166	2258003	3249834	465176
本年新签合同额	万元	2341038	922700	2767509	420688	7155347	6525542	999668
承包工程完成情况								
直接从建设单位承揽工程完成的产值	万元	2031225	653134	2912275	427555	6218763	5370348	483090
自行完成施工产值	万元	2031225	648432	2912275	426744	6218705	5370048	482863
分包出去工程的产值	万元	0	4702	0	811	58	300	227
从建设单位以外承揽工程完成的产值	万元	1845	12814	15579	14	17044	37022	1194968
建筑业总产值	万元	2033070	661246	2927854	426758	6235748	5407070	1677831
#装饰装修产值	万元	123684	21767	111182	16043	308486	44284	15865
在外省完成的产值	万元	860173	123518	1352235	192348	3714885	2948093	1457635
建筑业总产值按构成分								
建筑工程产值	万元	1896725	574265	2385339	424725	5723905	5339225	1654295
安装工程产值	万元	135300	42303	473096	2029	501985	30845	19066
其他产值	万元	1045	44677	69420	4	9859	37000	4470
竣工产值	万元	1110370	266020	1584319	97880	2903986	3436529	620810
房屋建筑施工面积	平方米	18937539	12941049	17286798	2920116	57429438	51954480	1858496
#本年新开工面积	平方米	6223104	9382222	5563797	631024	18340360	22290206	454151
年末自有施工机械设备(净值)	万元	391095	21302	28784	4026	71016	69033	23295
年末自有施工机械设备(总台数)	台	5778	1799	3473	554	9051	7955	3190
年末自有施工机械设备(总功率)	千瓦	66743	71746	119090	18777	373162	269330	110115
计算建筑业劳动生产率的平均人数	人	72993	27276	101327	19602	261435	214503	79742
年末从业人数	人	75859	25835	107328	17584	258737	218299	80326
#工程技术人员	人	9101	4604	6834	2700	18920	14803	3050
主要建筑材料消耗量								
钢　材	吨	806244	257406	1273817	162344	3365325	2919001	510176
木　材	立方米	795569	130538	833043	71423	3581478	2555276	330191
水　泥	吨	3752124	1007064	8192645	440739	14956226	10864020	2639834
平板玻璃(重量箱)	重量箱	1174896	90832	1282986	50537	2598463	3009103	75825
平板玻璃(平方米)	平方米	6363894	447134	6277785	245761	9314534	12369652	383075
铝　材	吨	50420	17273	158856	20675	113673	83005	55178
房屋建筑竣工面积	平方米	4009553	1144108	7910752	543955	12907911	15958578	210687
住　宅	平方米	2645775	366218	7122987	231774	7924111	12274703	68054
商业及服务用房	平方米	4827	54980	99404	0	578181	673536	39335
办公用房	平方米	475348	86197	231488	11680	1397846	1421059	85930
科研、教育、医疗用房	平方米	205858	48080	45862	50408	235855	75855	2249
文化、体育、娱乐用房	平方米	135193	6500	310	11168	127788	63931	0
厂房及建筑物	平方米	410805	544783	340851	232120	2603530	1359595	15119
仓　库	平方米	131347	37260	63000	6805	40600	89899	0
其他用房	平方米	400	90	6850	0	0	0	0
房屋竣工价值	万元	752681	171037	1361738	91304	2478356	2917904	33664
住　宅	万元	542961	52604	1224151	45734	1458185	2281171	13593
商业及服务用房	万元	120	13039	26845	0	140828	109645	9430
办公用房	万元	82703	15681	50139	1375	278314	263110	5457
科研、教育、医疗用房	万元	28811	9550	12550	6434	42815	15965	505
文化、体育、娱乐用房	万元	17457	2100	96	3012	24766	15479	0
厂房及建筑屋	万元	57244	74853	45058	33899	526126	205647	4679
仓　库	万元	23325	3184	1500	850	7323	26886	0
其他用房	万元	60	26	1399	0	0	0	0

8－6 建筑业盈利总承包、专业承包施工企业数及利润总额

(2018 年)

项　　目	单　位	福州市	鼓楼区	台江区	仓山区	晋安区	马尾区	长乐区
企业个数	个	**1045**	**199**	**54**	**48**	**116**	**86**	**44**
施工总承包	个	706	70	21	24	52	63	34
特　级	个	7	2				1	
一　级	个	75	16	2	1	9	2	6
二　级	个	165	19	8	8	14	8	5
三级以下	个	459	33	11	15	29	52	23
专业承包	个	339	129	33	24	64	23	10
一　级	个	57	27	6	3	4	6	
二　级	个	159	58	14	12	39	8	7
三级以下	个	123	44	13	9	21	9	3
利润总额	万元	**1062738**	**155626**	**31369**	**25862**	**71424**	**96013**	**53039**
施工总承包	万元	936866	101334	24500	12731	50699	88517	51166
特　级	万元	169543	22689				66561	
一　级	万元	310468	58987	17719	3631	26708	2302	17145
二　级	万元	249238	5959	6025	3914	6311	6475	6392
三级以下	万元	207617	13700	757	5186	17681	13178	27629
专业承包	万元	125873	54292	6869	13131	20724	7496	1873
一　级	万元	52139	24512	4160	677	2814	4631	
二　级	万元	26885	8894	2051	3970	5985	1569	1323
三级以下	万元	46849	20886	658	8484	11926	1297	550

8－6 续表 (2018年)

项目	单位	福清市	闽侯县	连江县	罗源县	闽清县	永泰县	平潭县
企业个数	个	**72**	**83**	**60**	**20**	**120**	**85**	**58**
施工总承包	个	62	76	55	15	113	81	40
特级	个					1	3	
一级	个	12	2	6		12	5	2
二级	个	22	15	14	5	16	20	11
三级以下	个	28	59	35	10	84	53	27
专业承包	个	10	7	5	5	7	4	18
一级	个	2	2	1	2	2		2
二级	个	5	3	3	1	1		8
三级以下	个	3	2	1	2	4	4	8
利润总额	万元	**111002**	**23808**	**47187**	**46979**	**205141**	**150690**	44599
施工总承包	万元	110544	22023	45449	44600	204640	150476	30187
特级	万元					11316	68977	
一级	万元	79694	600	19460		53525	13606	17094
二级	万元	23251	10572	17217	39576	81800	33940	7807
三级以下	万元	7600	10852	8772	5024	57999	33955	5286
专业承包	万元	458	1785	1738	2379	501	214	14413
一级	万元	56	179	253	2329	47		12482
二级	万元	321	1575	350	11	28		807
三级以下	万元	81	31	1134	40	425	214	1124

8－7　按行业分劳务分包企业主要指标

（2018 年）

项　　目	单　位	总　计		按国民经济行业分			
			内资企业	房　屋建筑业	土木工程建 筑 业	建　筑安装业	建筑装饰和其他建筑　　业
企业个数	个	234	234	143	33	6	52
建筑业总产值	万元	2046144	2046144	1366878	198684	2111	478471
#装饰装修产值	万元	153207	153207	147995	92	0	5120
建筑业劳动生产率的平均人数	人	237913	237913	129598	13396	153	94766
年末从业人数	人	227205	227205	123142	14469	164	89430
#工程技术人员	人	11731	11731	8074	831	15	2811
现场施工工人	人	182979	182979	92879	12064	122	77914
固定资产原价	万元	80410	80410	22675	8645	724	48366
本年折旧	万元	7223	7223	4931	1225	53	1014
资产总计	万元	592692	592692	430384	71018	1715	89576
负债合计	万元	436197	436197	332413	40356	740	62688
实收资本	万元	106118	106118	74040	13314	363	18401
营业收入合计	万元	2063232	2063232	1402658	182396	2021	476157
#主营业务收入	万元	2060875	2060875	1400556	182396	2021	475902
主营业务成本	万元	1946446	1946446	1319385	166177	1711	459173
主营业务税金及附加	万元	16746	16746	10813	1487	54	4392
费用合计（营业费用、管理费用、财务费用）	万元	28767	28767	21120	2055	153	5440
营业利润	万元	21177	21177	8502	7068	108	5499
利润总额	万元	20671	20671	8225	6986	108	5352
应交增值税	万元	63537	63537	44993	4328	72	14144
应付职工薪酬（本年贷方累计发生额）	万元	13757589	13757589	9053556	653982	14288	4035763
全部从业人员年平均人数	人	227205	227205	123142	14469	164	89430

8-8 按登记注册类型分建筑业总承包、专业承包施工企业主要财务指标

(2018年)　　单位:万元

项目	总计	#国有及国有控股企业	按登记注册类型分		
			内资企业	港、澳、台商投资企业	外商投资企业
年初存货	2904176	1162625	2890354	4583	9240
流动资产合计	22761868	5999499	22627817	98774	35278
#存　货	3265036	1245190	3256295	5149	3592
固定资产原价	2008903	599170	1998765	5433	4706
累计折旧	808103	169299	801000	4021	3082
#本年折旧	129076	25772	128497	122	457
资产合计	27040837	8387326	26888947	113409	38480
流动负债合计	16103999	5152046	16008458	67437	28104
非流动负债合计	1505816	731214	1505816	0	0
负债合计	18695403	6316591	18599841	67458	28104
所有者权益合计	8345434	2070735	8289106	45951	10376
#实收资本	4969907	829472	4922302	36605	11000
国家资本	506778	503521	501201	0	5577
集体资本	103381	7629	103381	0	0
法人资本	1335883	247928	1327468	8416	0
个人资本	2991729	65971	2987030	3699	1000
港澳台资本	24516	0	26	24491	0
外商资本	7619	4423	3195	0	4423
主营业务收入	33643645	6173920	33454677	162579	26389
主营业务成本	31095124	5792950	30943419	128220	23486
主营业务税金及附加	376632	23150	375385	1087	160
其他业务利润	16842	8114	15907	873	61
销售费用	42487	3510	42289	0	198
管理费用	914343	189096	908284	4047	2012
财务费用	223249	48709	222497	287	465
营业利润	1030003	138227	1024855	4522	626
营业外收入	24276	11825	24272	1	3
营业外支出	11890	4865	11832	45	14
建筑业企业在境外完成的营业收入	454340	420970	454340	0	0
利润总额	1042120	144254	1037026	4479	615
应交所得税	328018	30657	322684	5290	44
应付职工薪酬(本年贷方累计发生额)	9508262	1778051	9453829	46308	8125
应交增值税	947558	149047	945072	1738	748
全部从业人员年平均人数(人)	1574596	247746	1565228	8399	969

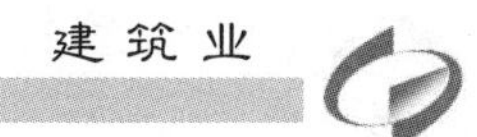

8－9 按行业分建筑业总承包、专业承包施工企业主要财务指标

（2018 年）　　单位：万元

项目	总计	按国民经济行业分			
		房屋建筑业	土木工程建筑业	建筑安装业	建筑装饰和其他建筑业
年初存货	2904176	2245106	392196	147483	119392
流动资产合计	22761868	17260659	3188750	1538227	774232
#存　货	3265036	2629550	387693	176424	71369
固定资产原价	2008903	1212296	604640	99377	92589
累计折旧	808103	407486	312323	45999	42295
#本年折旧	129076	69410	45707	8101	5859
资产合计	27040837	19856051	4224370	2063241	897174
流动负债合计	16103999	12769512	2152972	640320	541195
非流动负债合计	1505816	1319804	151580	31307	3126
负债合计	18695403	14559259	2457025	1104659	574459
所有者权益合计	8345434	5296792	1767345	958582	322715
#实收资本	4969907	3229977	1099368	392213	248349
国家资本	506778	358131	68588	64901	15158
集体资本	103381	60828	20012	22527	15
法人资本	1335883	826266	341999	84979	82639
个人资本	2991729	1959156	668717	218772	145085
港澳台资本	24516	18008	26	1030	5452
外商资本	7619	7588	26	5	0
主营业务收入	33643645	26203426	5408293	997547	1034379
主营业务成本	31095124	24426282	4878039	884818	905984
主营业务税金及附加	376632	296190	61011	7152	12279
其他业务利润	16842	4705	3107	8762	268
销售费用	42487	22960	10198	7351	1978
管理费用	914343	522462	266987	76378	48517
财务费用	223249	210332	11930	－4522	5509
营业利润	1030003	766361	186856	39993	36793
营业外收入	24276	10234	5051	7946	1045
营业外支出	11890	4725	5365	1449	351
建筑业企业在境外完成的营业收入	454340	44615	222371	187355	0
利润总额	1042120	771871	186377	46390	37483
应交所得税	328018	245952	63818	8352	9896
应付职工薪酬（本年贷方累计发生额）	9508262	7447081	1565694	230651	264836
应交增值税	947558	758378	141696	24469	23015
全部从业人员年平均人数（人）	1574596	1221883	270795	34192	47726

8－10 按企业资质等级分建筑业总承包施工企业主要财务指标

（2018年） 单位：万元

项目	总计	#特级	一级	二级	三级以下
年初存货	2623984	1051655	784561	543635	244134
流动资产合计	20631447	3976597	8845960	3241433	4567457
#存货	3001868	927517	1254706	500449	319196
固定资产原价	1712308	210980	736036	407226	358066
累计折旧	671612	84934	278312	180566	127800
#本年折旧	107301	16373	33516	29001	28411
资产合计	24476117	5381931	10220516	3826736	5046934
流动负债合计	14762095	3421126	6115624	2003233	3222113
非流动负债合计	1484089	658465	660711	102367	62546
负债合计	17244588	4079591	7508527	2263649	3392822
所有者权益合计	7231528	1302340	2711990	1563087	1654112
#实收资本	4258380	623089	1448651	1072041	1114600
国家资本	456398	230000	195552	23575	7271
集体资本	73706	3503	17329	34854	18020
法人资本	1115915	307566	444009	162440	201900
个人资本	2586766	82021	783171	834165	887409
港澳台资本	18008	0	5424	12584	0
外商资本	7588	0	3165	4423	0
主营业务收入	31129054	7330768	12622070	6201785	4974431
主营业务成本	28907104	6924949	11858343	5661821	4461992
主营业务税金及附加	351583	30585	127313	112241	81445
其他业务利润	13586	216	8664	4201	505
销售费用	29921	0	5930	10056	13934
管理费用	755686	128963	231477	195060	200186
财务费用	210681	87548	107519	9934	5681
营业利润	914189	157658	306087	246603	203841
营业外收入	15558	3782	7353	2889	1533
营业外支出	8932	1468	4774	1948	742
建筑业企业在境外完成的营业收入	454340	197856	223114	33371	0
利润总额	919912	159972	307734	247544	204662
应交所得税	300274	44005	113444	81243	61582
应付职工薪酬(本年贷方累计发生额)	8841341	2213920	3537044	1718072	1372306
应交增值税	875122	193681	353653	166477	161311
全部从业人员年平均人数(人)	1457289	345901	546612	304505	260271

8－11 按企业资质等级分建筑业专业承包施工企业主要财务指标

（2018 年） 单位：万元

项目	总计	一级	二级	三级以下
年初存货	280192	118053	74034	88105
流动资产合计	2130421	934186	553257	642978
#存　货	263168	150018	73561	39589
固定资产原价	296595	84034	93257	119304
累计折旧	136491	27162	47399	61930
#本年折旧	21775	6108	7211	8456
资产合计	2564720	1091086	678071	795563
流动负债合计	1341904	674688	264385	402831
非流动负债合计	21727	4801	8851	8076
负债合计	1450814	707131	328179	415504
所有者权益合计	1113906	383954	349893	380059
#实收资本	711526	216664	260907	233956
国家资本	50380	35466	1500	13414
集体资本	29676	11258	13841	4577
法人资本	219969	57963	84876	77129
个人资本	404964	106711	159469	138784
港澳台资本	6508	5260	1222	26
外商资本	30	5	0	26
主营业务收入	2514591	1138884	688957	686751
主营业务成本	2188020	1000793	587689	599538
主营业务税金及附加	25049	9467	9056	6525
其他业务利润	3256	1500	504	1252
销售费用	12566	4361	5463	2742
管理费用	158657	52505	62714	43439
财务费用	12568	5052	4524	2992
营业利润	115814	45873	24380	45562
营业外收入	8718	7265	729	724
营业外支出	2958	1890	282	786
建筑业企业在境外完成的营业收入	0	0	0	0
利润总额	122208	51248	25460	45500
应交所得税	27745	11470	6452	9823
应付职工薪酬（本年贷方累计发生额）	666920	293196	179486	194239
应交增值税	72436	35480	17904	19051
全部从业人员年平均人数（人）	117307	51859	34978	30470

8－12 按县(市)区分建筑业总承包、专业承包施工企业主要财务指标

(2018年)

单位:万元

项目	福州市	鼓楼区	台江区	仓山区	晋安区	马尾区	长乐区
年初存货	2904176	762466	111747	131994	227530	951938	70196
流动资产合计	22761868	5954947	712002	896923	1219864	4270020	931185
#存 货	3265036	777341	166829	322552	178501	792322	116610
固定资产原价	2008903	583502	49700	71189	224216	151738	52979
累计折旧	808103	205769	24599	35587	104580	48689	21920
#本年折旧	129076	25434	3170	7521	15668	13930	3765
资产合计	27040837	7893338	794988	997849	1487948	5038571	993784
流动负债合计	16103999	4109902	489789	596060	801468	3777335	423306
非流动负债合计	1505816	759593	15718	123162	72055	460073	0
负债合计	18695403	5324745	538799	746572	883384	4269223	736598
所有者权益合计	8345434	2568593	256189	251276	604564	769348	257186
#实收资本	4969907	1239001	180014	188823	451280	467949	196941
国家资本	506778	252140	10186	46870	21501	160144	0
集体资本	103381	30077	16439	0	1101	17806	6651
法人资本	1335883	491809	48629	50715	157856	49417	21919
个人资本	2991729	456153	100565	91239	269978	236159	168372
港澳台资本	24516	8792	1030	0	845	0	0
外商资本	7619	30	3165	0	0	4423	0
主营业务收入	33643645	6524784	1092574	726886	2382943	3810540	1665188
主营业务成本	31095124	6072560	1034669	657666	2162323	3520301	1541286
主营业务税金及附加	376632	35539	7581	4543	29815	21903	24369
其他业务利润	16842	10254	2291	202	2575	－1616	56
销售费用	42487	7006	1259	1647	8320	6547	4393
管理费用	914343	232778	28312	35343	110744	69301	36768
财务费用	223249	55371	1096	2045	6118	90594	5382
营业利润	1030003	134646	30935	25393	70074	94154	52756
营业外收入	24276	10284	452	321	2715	1695	469
营业外支出	11890	3198	177	250	3222	593	378
建筑业企业在境外完成的营业收入	454340	409726	51	0	0	11244	24283
利润总额	1042120	141628	30378	25465	70205	95256	52847
应交所得税	328018	33120	7949	4271	17697	23323	14247
应付职工薪酬(本年贷方累计发生额)	9508262	2058928	273837	203590	676807	1036603	474377
应交增值税	947558	122551	22587	13807	71378	132196	38647
全部从业人员年平均人数(人)	1574596	303839	51018	34282	106893	157440	72993

8－12 续表 （2018年） 单位:万元

项目	福清市	闽侯县	连江县	罗源县	闽清县	永泰县	平潭县
年初存货	164268	42840	97931	46055	168712	102362	26137
流动资产合计	1092000	554418	605419	158351	2430393	3461814	474532
#存　货	172884	61797	135527	42245	276867	174196	47365
固定资产原价	211567	67488	92641	35287	176668	175122	116808
累计折旧	88674	27046	44302	6512	64544	69646	66236
#本年折旧	10855	4476	5451	1585	15651	13950	7621
资产合计	1298942	658310	740968	217352	2708758	3642306	567723
流动负债合计	655924	328893	312255	82450	1542056	2679462	305099
非流动负债合计	8345	1360	2655	243	415	59142	3055
负债合计	706103	344822	319715	86245	1651777	2769292	318128
所有者权益合计	592839	313488	421253	131108	1056981	873014	249594
#实收资本	373682	244356	265366	81524	686881	450290	143799
国家资本	0	2386	2518	11034	0	0	0
集体资本	1078	120	2710	5672	0	6607	15122
法人资本	34654	37417	47676	30003	271835	67601	26354
个人资本	336685	191850	212461	34815	415047	376081	102324
港澳台资本	1265	12584	0	0	0	0	0
外商资本	0	0	0	0	0	0	0
主营业务收入	3150555	523486	2264162	383198	5155989	4895037	1068304
主营业务成本	2949649	469016	2153808	312777	4695220	4555672	970177
主营业务税金及附加	42734	6719	31158	5692	61980	69317	35283
其他业务利润	6	193	0	0	45	2836	0
销售费用	3918	897	430	480	3760	3006	822
管理费用	37722	18258	28306	16712	161021	117327	21751
财务费用	5043	2364	2445	1046	39615	7919	4212
营业利润	108834	23144	46909	46158	204447	147818	44736
营业外收入	2108	45	186	835	1513	2962	690
营业外支出	464	111	90	59	940	591	1819
建筑业企业在境外完成的营业收入	0	0	0	0	0	666	8371
利润总额	110477	23108	47005	46934	205020	150190	43607
应交所得税	46901	10843	29193	4147	53239	63739	19351
应付职工薪酬(本年贷方累计发生额)	876133	181670	557128	91033	1537404	1203630	337124
应交增值税	101431	16752	64279	7218	139614	169279	47820
全部从业人员年平均人数(人)	144246	27276	101327	19602	261435	214503	79742

主要统计指标解释

签订合同额 指建筑业企业在报告期直接同建设单位签订的各种国内工程合同的总价款和以前年度同建设单位签订的各种国内工程合同的未完工程跨入本年度继续施工工程合同的总价款余额。

建筑业总产值 指以货币表现的建筑业企业在一定时期内生产的建筑业产品和服务的总和。建筑业总产值包括建筑工程产值、安装工程产值和其他产值三部分内容。

劳务分包企业建筑业总产值指劳务分包企业与总承包企业或专业承包企业签定劳务分包合同后,从事建筑安装工程取得的所有劳务收入。

建筑工程产值 指列入建筑工程预算内的各种工程价值,包括:

(1)各种房屋如厂房、仓库、办公室、住宅、商店、学校、医院、俱乐部、食堂、车库、招待所等房屋建筑,按照当前预算制度规定,列入房屋工程预算内的暖气、卫生、通风、照明、煤气等设备价值及其装饰油漆工程,以及列入建筑工程预算内的各种管道(如蒸汽、压缩空气、石油、给排水等管道),电力、电讯电缆导线的敷设等工程。

(2)设备基础、支柱、操作平台、梯子、烟囱、凉水塔、水池、灰塔等建筑工程,炼焦炉、裂解炉、蒸汽炉等各种窑炉的砌筑工程及金属结构工程。

(3)为施工而进行的建筑场地的布置,工程地质勘探,原有建筑物和障碍物的拆除及平整土地,施工临时用水、电、汽、道路工程,以及完工后建筑场地的清理,环境绿化工作等。

(4)矿井的开凿、井巷掘进延伸、露天矿的剥离、石油、天然气钻井工程和铁路、公路、港口、桥梁等工程。

(5)水利工程,如水库、堤坝、灌渠以及河道整治等工程。

(6)防空、地下建筑等特殊工程。

(7)装饰装修工程。

安装工程产值 指设备安装工程价值,包括:

(1)生产、动力、起重、运输、传动和医疗、实验等各种需要安装设备的装配和安装与设备相连的工作台、梯子、栏杆等装设工程,附属于被安装设备的管线敷设工程、被安装设备的绝缘、防腐、保温、油漆等工作。

(2)为测定安装工作质量,对单个设备、系统设备进行单机试运和系统联动无负荷试运工作。

在设备安装产值中,不得包括被安装设备本身价值。

其他产值 建筑业总产值中除建筑工程、安装工程以外的产值。包括房屋构筑物修理产值、非标准设备制造产值、总包企业向分包企业收取的管理费以及不能明确划分的施工活动所完成的产值。

房屋构筑物修理产值 指房屋和构筑物的修理所完成的产值,但不包括被修理房屋、构筑物本身价值和生产设备的修理价值。

非标准设备制造产值 指加工制造没有定型的非标准生产设备的加工费和原材料价值(如化工厂、炼油厂用的各种罐、槽,矿井生产统一使用的各种漏斗、三角槽、阀门等)以及附属加工厂为本企业承建工程制作的非标准设备的价值。

竣工产值 一般是以单位工程为对象,当该工程按照设计所规定的工程内容全部完成,达到了设计规定的交工条件,经有关部门检查验收鉴定合格的单位工程价值,即为竣工产值。

主营业务收入 指企业确认的销售商品、提供劳务等主营业务的收入。根据会计"主营业务收入"科目的期末贷方余额(结转前)填报。执行2006年《企业会计准则》或2011年《小企业会计准则》的企业,如未设置该科目,以"营业收入"代替填报。

主营业务成本 指企业经营主要业务所发生的成本总额。根据会计"主营业务成本"科目的期末借方余额(结转前)填报。执行2006年《企业会计准则》或2011年《小企业会计准则》的企业,如未设置该科目,以

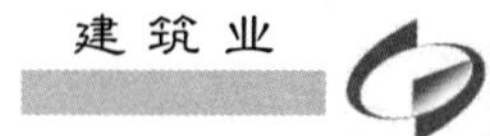

“营业成本”代替填报。

主营业务税金及附加 指企业经营主要业务应负担的营业税、消费税、城市维护建设税、教育费附加等。根据会计“主营业务税金及附加”科目的期末借方余额（结转前）填报。执行2006年《企业会计准则》或2011年《小企业会计准则》的企业，如未设置该科目，以“营业税金及附加”代替填报。

房屋施工面积 指报告期内施工的全部房屋建筑面积。包括本期新开工的房屋建筑面积、上期跨入本期继续施工的房屋建筑面积、上期停缓建在本期恢复施工的房屋建筑面积、本期竣工的房屋建筑面积以及本期施工后又停缓建的房屋建筑面积。多层建筑应填各层建筑面积之和。

房屋竣工面积 指报告期内房屋建筑按照设计要求已全部完工，达到住人和使用条件，经验收鉴定合格或达到竣工验收标准，可正式移交使用的各栋房屋建筑面积的总和。

竣工面积以房屋单位工程（栋）为核算对象，在整栋房屋符合竣工条件后按其全部建筑面积一次性计算，而不是按各栋施工房屋中已完成的部分或层次分割计算。

9 批发零售、住宿餐饮与旅游业

9－1　主要年份社会消费品零售总额

单位:万元

年　　份	社会消费品零售总额	批发和零售业	住宿和餐饮业	其他行业
1952	14728			
1957	28730			
1962	41885			
1965	40392			
1970	41312			
1975	55755			
1978	69385			
1979	81434			
1980	105652			
1981	107486			
1982	119816			
1983	132492			
1984	159722			
1985	203152			
1986	246647			
1987	284971			
1988	377931	291538	13826	45290
1989	440614	330248	16209	58669
1990	452764	331223	20587	62384
1991	506952	370231	20464	79497
1992	606802	464470	27776	78591
1993	777163	593644	43875	90776
1994	1048674	779362	58964	160914
1995	1332693	989155	106433	186642
1996	1873235	1517625	185902	111718
1997	2344414	1885178	255068	144607
1998	2770234	2249704	294374	167361
1999	3152256	2539537	368167	181403
2000	3517653	2833875	418509	196414
2001	3862850	3137011	449542	206858
2002	4306946	3485075	524865	297006
2003	4909778	4043290	608730	257757
2004	5803820	4852169	711629	240022
2005	6645454	5689260	913330	42864
2006	7790321	6716281	1024511	49529
2007	9473711	8154373	1264089	55249
2008	11446381	9862225	1519862	64294
2009	13386447	11464073	1819200	103175
2010	16242808	13917104	2190655	135049
2011	19478102	16791660	2524519	161923
2012	23198231	19669508	2920788	607935
2013	26817155	22910353	3202548	704254
2014	30629431	26506705	3430539	692187
2015	34887426	30961581	3546212	379633
2016	37631418	33513171	3948189	170058
2017	41938675	37423874	4378931	135870
2018	46664607	41669335	4900330	94942

9－2　限额以上批发企业基本情况

（2018 年）　　单位：万元

项　　目	法人企业（个）	年末从业人员（人）	商品购进额	商品销售额	#批发额	商品年末库　存
总　　计	**1474**	**47856**	**52536508**	**62855849**	**55054965**	**2594649**
按登记注册类型分						
内资企业	1437	43863	46144278	56009174	50622831	2413822
#国有企业	9	1531	824534	1236001	1235948	58718
集体企业	5	71	34288	37149	35894	1810
有限责任公司	235	11591	12866928	19362298	18553441	1134262
#其他有限责任公司	205	9538	10461378	11526281	10750460	533019
股份有限公司	15	4142	2936772	3425071	1171920	147223
私营企业	1173	26528	29481755	31948655	29625628	1071809
私营独资企业	1	1	2486	3078	3078	
私营合伙企业						
私营有限责任公司	1165	26174	29345367	31793068	29518009	1066651
私营股份有限公司	7	353	133902	152509	104541	5158
其他企业						
港、澳、台商投资企业	26	932	2291239	2424813	2198650	58276
#港、澳、台商独资经营企业	14	287	1385862	1461700	1419911	22345
外商投资企业	11	3061	4100991	4421862	2233484	122551
#外资企业	7	749	809607	798280	789094	52547

9－2　续表　　（2018年）　　单位：万元

项　　目	法人企业（个）	年末从业人员（人）	商品购进额	商品销售额	#批发额	商品年末库　存
按国民经济行业分						
农、林、牧产品批发	36	943	616717	649797	623552	343903
谷物、豆及薯类批发	11	340	415711	403312	393972	301471
种子批发	3	101	2990	9375	8421	8339
饲料批发	6	107	112657	133085	133085	29456
食品、饮料及烟草制品批发	175	7609	3845904	4582436	4007703	255241
米、面制品及食用油批发	21	946	487117	599837	425831	74601
糕点、糖果及糖批发	4	210	84997	88287	76039	6094
果品、蔬菜批发	21	1090	794119	859493	574526	2725
肉、禽、蛋及水产品批发	64	1953	1092366	1137259	1091126	27052
盐及调味品批发	7	305	52611	65677	64196	6645
营养及保健品批发	1	87	39871	39046	39046	3171
酒、饮料及茶叶批发	24	766	497805	571835	541035	70437
烟草制品批发	1	1326	609311	1012223	1012223	44018
其他食品批发	32	926	187707	208780	183681	20499
纺织、服装及家庭用品批发	256	8326	5214551	5742651	5350245	263310
纺织品、针织品及原料批发	69	860	1920983	1985891	1930689	22948
服装批发	57	1697	1043471	1185602	993091	32592
鞋帽批发	50	2017	819096	968269	954187	20890
化妆品及卫生用品批发	11	467	85675	96563	90670	7575
厨房、卫生间用具及日用杂货批发	11	330	157005	173273	159132	4939
灯具、装饰物品批发	8	225	57727	62966	62251	3102
家用电器批发	8	857	536822	581357	508371	97486
其他家庭用品批发	22	929	180119	245598	220774	33068
文化、体育用品及器材批发	57	1612	510578	657865	592453	20001
文具用品批发	24	442	214023	295182	258661	7536
图书批发	5	566	70500	87424	65614	3411
首饰、工艺品及收藏品批发	22	371	199609	243658	238334	5662
其他文化用品批发	5	205	14435	17681	15924	2020
医药及医疗器材批发	113	5293	2134227	2511410	2340755	200949
西药批发	25	1942	1125080	1248386	1173171	121128
中药批发	22	1379	319736	375265	332919	29438
医疗用品及器材批发	64	1931	685159	881189	828804	49804
矿产品、建材及化工产品批发	531	14893	31278651	38798639	33220038	1005588
煤炭及制品批发	45	777	4154519	4553294	4449460	98586
石油及制品批发	34	6446	9947055	10825004	6025469	403894
非金属矿及制品批发	9	140	574743	609858	609858	9487
金属及金属矿批发	124	1385	6974927	7234071	7044224	79430
建材批发	229	4404	5657995	11400019	11008705	315264
化肥批发	11	256	502568	526637	524589	56093
农药批发	1	72	8871	10714	10714	0
其他化工产品批发	78	1413	3457972	3639042	3547019	42834
机械设备、五金交电及电子产品批发	256	7145	5968141	6408120	5482933	430297
农业机械批发	2	105	9035	12549	7373	5003
汽车批发						
汽车零配件批发	32	923	1971880	2047500	1566425	186222
摩托车及零配件批发	4	72	29240	33673	33673	6239
五金产品批发	42	731	257354	338425	297037	17488
电气设备批发	21	589	138928	147909	141327	31917
计算机、软件及辅助设备批发	33	1003	455105	572832	540425	36783
通讯及广播电视设备批发	28	787	937733	932232	900484	105010
其他机械设备及电子产品批发	88	2863	2083081	2232206	1912677	39282
贸易经纪与代理	6	850	1070608	1257742	1249238	51869
贸易代理	4	420	146159	337045	328541	6582
其他贸易经纪与代理	2	430	924449	920697	920697	45287
其他批发业	44	1185	1897132	2247189	2188048	23491
再生物资回收与批发	22	700	1620594	1881665	1836816	7271
其他未列明的批发	19	411	249416	337653	324114	10040

9－3 限额以上零售企业基本情况

（2018 年） 单位:万元

项目	法人企业（个）	年末从业人员（人）	商品购进额	商品销售额	#批发额	商品年末库存
总计	**1179**	**75363**	**18084399**	**22164260**	**1155369**	**1013818**
按登记注册类型分						
内资企业	1137	56903	15594619	18939776	1042842	868527
#国有企业	10	567	82736	91932		2135
集体企业	22	608	91609	109099	4612	1886
有限责任公司	169	17993	5427497	6222229	475878	261106
#其他有限责任公司	164	17697	5192047	5983370	295290	259240
股份有限公司	9	1289	488538	843788	92402	26122
私营企业	927	36446	9504239	11672728	469951	577278
私营独资企业	63	997	300072	360178	14127	10640
私营合伙企业	4	181	13097	14893	1661	776
私营有限责任公司	850	34518	8791234	10845179	449679	533870
私营股份有限公司	10	750	399837	452478	4484	31992
其他企业						
港、澳、台商投资企业	28	4092	478295	621450		39027
#港、澳、台商独资经营企业	18	3105	253335	386202		25737
外商投资企业	14	14368	2011485	2603035	112527	106264
#外资企业	11	5651	554206	1111074	112527	53832

9－3 续表 (2018年) 单位：万元

项目	法人企业（个）	年末从业人员（人）	商品购进额	商品销售额	#批发额	商品年末库存
按国民经济行业分						
综合零售	164	26011	3451746	3919694	55922	170504
百货零售	43	5198	812002	1111426	51767	27878
超级市场零售	88	19965	2464748	2604879	76	135284
其他综合零售	29	734	162455	189775	652	6229
食品、饮料及烟草制品专门零售	134	8538	1471599	1686786	127402	103401
粮油零售	10	2932	386398	386006	11568	5953
糕点、面包零售	6	1527	18817	38636		403
肉、禽、蛋及水产品零售	29	1146	251336	338146	81568	11260
营养和保健品零售	2	63	7511	10835		145
酒、饮料及茶叶零售	35	1185	581528	615703	26001	70516
烟草制品零售	2	309	73712	78549		8015
其他食品零售	41	1014	116026	173935	8266	5945
纺织、服装及日用品专门零售	104	3803	983938	1469555	119176	34628
纺织品及针织品零售	19	411	79925	100443	2824	3669
服装零售	30	1126	302310	443982		10204
鞋帽零售	9	228	80336	109051	33697	2338
化妆品及卫生用品零售	14	568	202236	381770	72039	9153
钟表、眼镜零售	5	625	65049	82621		2278
厨房用具及日用杂品零售	4	146	62135	100349		1061
自行车零售	4	29	7556	13083	635	817
其他日用品零售	17	488	167489	218796	9183	4596
文化、体育用品及器材专门零售	75	2216	1194569	1691331	225750	85058
文具用品零售	10	300	37567	42687	1364	5378
图书、报刊零售	5	519	400646	411404	212919	49342
珠宝首饰零售	23	627	307295	413831	253	11849
工艺美术品及收藏品零售	16	258	293620	597364	950	9677
乐器零售	6	94	11468	14143	3351	899
照相器材零售	3	38	9311	10634	5474	380
其他文化用品零售	5	76	89894	135012		195
医药及医疗器材专门零售	49	6524	620101	713704	80451	56380
药品零售	39	5588	562336	622636	61338	46744
医疗用品及器材零售	3	84	7940	20824	17326	1266
汽车、摩托车、燃料及零配件专门零售	294	14439	5971167	7634587	416367	403427
汽车零售	216	10374	4621168	5364850	39703	378869
汽车零配件零售	22	1217	365070	398490	28149	15372
摩托车及零配件零售	5	57	6049	7532		841
机动车燃料零售	51	2791	978881	1863714	348515	8345
家用电器及电子产品专门零售	135	4389	1249205	1512843	31205	50485
家用视听设备零售	6	342	95213	107055	934	1444
日用家电设备零售	70	2351	758052	853357	19468	29983
计算机、软件及辅助设备零售	22	596	103373	124222	5467	7077
通信设备零售	18	728	179474	193543	1648	7501
其他电子产品零售	19	372	113092	234666	3688	4480
五金、家具及室内装修材料专门零售	130	2899	2229144	2469236	35299	40547
五金零售	21	339	69319	83016	11770	3327
灯具零售	15	219	161062	174940	154	976
家具零售	33	1221	1311072	1430252	1691	20408
木制装饰材料零售	9	134	163333	167739	3254	1520
陶瓷、石材装饰材料零售	15	216	159383	207081	6017	4081
其他室内装修材料零售	25	559	318263	328421	12414	6767
货摊、无店铺及其他零售业	94	6544	912930	1066525	63798	69389
生活用燃料零售	8	252	17035	24462	771	327
其他未列明的零售	15	238	56447	72959	2014	2541

9－4 限额以上批发零售贸易业商品销售类值

单位：万元

项目	2017年			2018年		
	销售合计	批发额	零售额	销售合计	批发额	零售额
总计	**60396083**	**37040612**	**23355471**	**822244870**	**546072780**	**276172090**
粮油、食品、饮料、烟酒类	5720758	2422610	3298148	74335491	31703333	42632158
服装、鞋帽、针纺织品类	4708623	3047950	1660673	66114341	47766897	18347444
化妆品类	368799	36543	332256	5324009	336534	4987475
金银珠宝类	1350238	199421	1150817	16577638	2770175	13807463
日用品类	1783390	599480	1183910	21405340	7245806	14159534
五金、电料类	455684	233038	222646	8681134	3437026	5244108
体育、娱乐用品类	164663	42340	122323	1887202	500549	1386653
书报杂志类	492842	228513	264329	5749521	2683440	3066081
电子出版物及音像制品类	8973	620	8353	154852	34946	119906
家用电器和音像器材类	2402235	1237526	1164709	25886201	13320248	12565953
中西药品类	2279288	1311301	967987	27349926	18686017	8663909
文化办公用品类	1439131	896587	542544	22477406	15024549	7452857
家具类	1003712	144893	858819	11730437	2246958	9483479
通讯器材类	1309729	479204	830525	16409382	8327993	8081389
煤炭及制品类	3836718	3711601	125117	46109284	45277798	831486
木材及制品类	1073823	1073823		2866222	2866222	
石油及制品类	6068442	4468788	1599654	71410597	51671106	19739491
化工材料及制品类	6075144	6075144		90014191	90014191	
金属材料类	4030613	4030613		86414212	86414212	
建筑及装潢材料类	3149132	1760935	1388197	53144759	33112488	20032271
机电产品及设备类	1147599	909025	238574	13007833	10718401	2289432
汽车类	6183277	760908	5422369	74187813	12270001	61917812
种子饲料类	325794	325794		2555678	2555678	
棉麻类	140362	93321	47041	1383141	1013054	370087
其他类	3361332	2285884	1075448	47922198	37495475	10426723

9－5 限额以上批发零售贸易业商品购进、销售库存数量

(2018 年)

项　　目	单　位	购进量	销售量	期末库存量
大米(稻米)	千克	953440699	961121434	1392690971
面粉(小麦面)	千克	114723445	128125907	64101390
杂　粮	千克	127112088	56833365	89027335
食用植物油	千克	609493887	592864216	37822030
猪　肉	千克	45192454	45263277	141094
牛　肉	千克	1446853	1445459	22962
羊　肉	千克	628270	647800	20327
禽　肉	千克	52824291	52077522	3957512
鲜　蛋	千克	15380982	15362451	99393
彩色电视机	台	651334	646110	30711
家用电冰箱	台	403029	403983	21033
房间空调器	台	3318828	3154749	458375
电脑(微型计算机)	台	499705	537362	497200
汽　车	辆	759882	777550	80042
#轿　车	辆	565001	573058	55548
水　泥	吨	15444512	17444088	239428
化学肥料	吨	1880345	1901647	330211
化学农药	吨	7973	7762	1601

9－6 限额以上批发企业年末资产及负债情况

(2018 年)　　单位:万元

项目	法人企业数(个)	流动资产合计	固定资产原价	资产合计	负债合计	所有者权益合计
总计	**1474**	**19827307**	**1560161**	**25826801**	**19438787**	**6388014**
按登记注册类型分						
内资企业	1437	18909353	1195118	24307009	18476404	5830606
#国有企业	9	453026	78638	508289	135109	373180
集体企业	5	4621	1887	6225	5267	958
有限责任公司	235	5187605	273724	6438323	4793583	1644740
#其他有限责任公司	205	3673599	195521	4634223	3449258	1184965
股份有限公司	15	727931	585647	1793965	522526	1271439
私营企业	1173	12536170	255222	15560208	13019920	2540289
私营独资企业	1	2	1	3		3
私营合伙企业						
私营有限责任公司	1165	12485819	252818	15377123	12917063	2460060
私营股份有限公司	7	50348	2403	183083	102857	80226
其他企业						
港、澳、台商投资企业	26	410746	51373	509466	316075	193391
#港、澳、台商独资经营企业	14	165752	42984	209339	117812	91528
外商投资企业	11	507209	313670	1010326	646308	364017
#外资企业	7	200119	7855	205040	176645	28395

9－6 续表 （2018 年） 单位：万元

项目	法人企业数（个）	流动资产合计	固定资产原价	资产合计	负债合计	所有者权益合计
按国民经济行业分						
农、林、牧产品批发	36	565767	29962	621196	498931	122265
谷物、豆及薯类批发	11	415199	18192	457749	410811	46938
种子批发	3	10354	4331	15110	5405	9705
饲料批发	6	65917	4716	71249	46963	24286
食品、饮料及烟草制品批发	175	1726207	194398	2158468	1308796	849672
米、面制品及食用油批发	21	249078	14652	322567	252226	70341
糕点、糖果及糖批发	4	27143	847	28455	21613	6843
果品、蔬菜批发	21	59187	26875	180370	67844	112526
肉、禽、蛋及水产品批发	64	487393	52483	554071	470218	83853
盐及调味品批发	7	59797	16068	145571	73093	72479
营养及保健品批发	1	11290	134	11334	8100	3234
酒、饮料及茶叶批发	24	354699	17342	407604	283393	124211
烟草制品批发	1	373565	58957	396522	58927	337595
其他食品批发	32	104056	7041	111973	73382	38591
纺织、服装及家庭用品批发	256	1389037	104696	1588505	1158491	430014
纺织品、针织品及原料批发	69	248370	62186	321650	261397	60252
服装批发	57	257135	11825	289401	198843	90559
鞋帽批发	50	462880	14385	534716	294056	240660
化妆品及卫生用品批发	11	36912	1269	40547	33806	6741
厨房、卫生间用具及日用杂货批发	11	35939	1776	41353	26102	15250
灯具、装饰物品批发	8	14004	929	14817	10698	4119
家用电器批发	8	155615	1477	156763	178370	－21606
其他家庭用品批发	22	53612	9858	56858	31088	25769
文化、体育用品及器材批发	57	239123	12024	413268	217848	195420
文具用品批发	24	82946	2828	153579	110653	42926
图书批发	5	110769	2580	190627	75665	114962
首饰、工艺品及收藏品批发	22	29786	5201	49073	17189	31884
其他文化用品批发	5	6351	253	6852	4988	1864
医药及医疗器材批发	113	1579904	51243	1805291	1423377	381914
西药批发	25	1072317	24275	1128534	979562	148971
中药批发	22	209203	14767	355492	213081	142412
医疗用品及器材批发	64	294514	11652	316875	228238	88637
矿产品、建材及化工产品批发	531	10714752	1059245	15243204	11544150	3699054
煤炭及制品批发	45	737336	23461	1073683	936125	137558
石油及制品批发	34	1378119	849841	2931702	1268871	1662832
非金属矿及制品批发	9	378986	4524	433309	296312	136997
金属及金属矿批发	124	3392289	11890	3979662	3787422	192239
建材批发	229	3605981	126198	5463672	4115309	1348363
化肥批发	11	475621	4059	514795	454758	60036
农药批发	1	3898	4	3949	2802	1147
其他化工产品批发	78	742522	39270	842433	682550	159883
机械设备、五金交电及电子产品批发	256	2378745	86642	2589861	2059473	530388
农业机械批发	2	26611	468	29597	27319	2278
汽车批发						
汽车零配件批发	32	832524	9929	849914	782231	67683
摩托车及零配件批发	4	17339	326	18684	17630	1054
五金产品批发	42	91692	8864	99974	71034	28940
电气设备批发	21	77432	3879	81983	61560	20423
计算机、软件及辅助设备批发	33	217735	4010	233803	156662	77141
通讯及广播电视设备批发	28	251297	2530	258728	202573	56155
其他机械设备及电子产品批发	88	831252	55671	983609	711253	272356
贸易经纪与代理	6	341998	12363	500567	369579	130988
贸易代理	4	156210	4801	310498	204031	106467
其他贸易经纪与代理	2	185788	7563	190069	165548	24521
其他批发业	44	891775	9586	906442	858143	48299
再生物资回收与批发	22	119885	6134	130898	84990	45908
其他未列明的批发	19	755025	2400	758458	761354	－2896

9－7 限额以上批发企业财务状况

（2018年） 单位：万元

项目	主营业务收入	主营业务成本	主营业务税金及附加	营业利润
总计	**55220645**	**52402238**	**211171**	**956059**
按登记注册类型分				
内资企业	48827306	46365566	200241	806043
#国有企业	1084560	820387	121886	103958
集体企业	34351	32703	126	576
有限责任公司	17133324	16568564	17905	123917
#其他有限责任公司	10172717	9717386	13192	83189
股份有限公司	3000910	2762837	2862	104996
私营企业	27574161	26181076	57463	472595
私营独资企业	2646	2512	43	90
私营合伙企业				
私营有限责任公司	27441386	26057618	54529	471028
私营股份有限公司	130129	120946	2891	1477
其他企业				
港、澳、台商投资企业	2160003	2115563	1701	11957
#港、澳、台商独资经营企业	1279339	1260305	1411	4989
外商投资企业	4233336	3921110	9228	138059
#外资企业	651139	626307	1298	21322

9－7 续表 (2018年) 单位:万元

项　　目	主营业务收入	主营业务成本	主营业务税金及附加	营业利润
按国民经济行业分				
农、林、牧产品批发	616273	610663	391	6748
谷物、豆及薯类批发	386079	395409	248	3555
种子批发	9375	6569	17	892
饲料批发	129431	123887	15	589
食品、饮料及烟草制品批发	3976862	3530901	126302	161630
米、面制品及食用油批发	467326	447812	419	1446
糕点、糖果及糖批发	77491	69776	101	3718
果品、蔬菜批发	707352	677884	766	8688
肉、禽、蛋及水产品批发	1055546	1011563	931	4219
盐及调味品批发	59103	48562	139	2401
营养及保健品批发	33660	31878	91	71
酒、饮料及茶叶批发	521935	468155	1771	32467
烟草制品批发	869537	609064	121709	102944
其他食品批发	184913	166206	377	5677
纺织、服装及家庭用品批发	5071591	4756654	8078	45979
纺织品、针织品及原料批发	1716912	1688658	760	5017
服装批发	1023057	902921	3630	19338
鞋帽批发	937915	870772	651	6464
化妆品及卫生用品批发	82091	74296	230	1141
厨房、卫生间用具及日用杂货批发	151610	131690	274	6699
灯具、装饰物品批发	57711	51008	114	1410
家用电器批发	495065	472130	972	－2170
其他家庭用品批发	224666	199247	709	6540
文化、体育用品及器材批发	576374	519959	2181	17117
文具用品批发	247440	233790	1648	5046
图书批发	85409	66002	130	4570
首饰、工艺品及收藏品批发	213670	193458	309	6197
其他文化用品批发	15942	13984	82	1112
医药及医疗器材批发	2116774	1936801	6160	46376
西药批发	1082299	1011313	3362	26035
中药批发	282205	262326	574	733
医疗用品及器材批发	746647	659102	2190	19465
矿产品、建材及化工产品批发	34177010	32773212	35259	523962
煤炭及制品批发	3920565	3693064	3252	49041
石油及制品批发	9865537	9286999	12783	254266
非金属矿及制品批发	588279	562341	762	2228
金属及金属矿批发	6274570	6176998	3910	－10026
建材批发	9789109	9447444	10258	162801
化肥批发	493903	473865	1131	2590
农药批发	10699	8909	16	410
其他化工产品批发	3234349	3123592	3147	62651
机械设备、五金交电及电子产品批发	5626799	5376432	9051	85151
农业机械批发	10820	9234	29	－142
汽车批发				
汽车零配件批发	1768484	1689226	1247	23879
摩托车及零配件批发	31631	29962	11	292
五金产品批发	279392	254267	603	9553
电气设备批发	131239	117779	240	2429
计算机、软件及辅助设备批发	488674	465739	839	6242
通讯及广播电视设备批发	785748	751065	908	24780
其他机械设备及电子产品批发	2052818	1984414	5055	17335
贸易经纪与代理	1073839	1035780	1413	29957
贸易代理	318428	308189	198	1354
其他贸易经纪与代理	755411	727591	1215	28603
其他批发业	1985123	1861836	22335	39141
再生物资回收与批发	1648188	1545145	21921	33604
其他未列明的批发	310933	293654	387	5032

9－8 限额以上零售企业年末资产及负债情况

（2018 年） 单位：万元

项目	法人企业数（个）	流动资产合计	固定资产原价	资产合计	负债合计	所有者权益合计
总计	**1179**	**5142756**	**1293016**	**7611903**	**3770388**	**3841516**
按登记注册类型分						
内资企业	1137	3691782	1119656	5194014	3376884	1817131
#国有企业	10	4781	4444	8118	4046	4071
集体企业	22	9348	3946	12181	8700	3481
有限责任公司	169	1132502	402321	1674472	944133	730339
#其他有限责任公司	164	1089780	393881	1622346	913248	709098
股份有限公司	9	631189	136574	904321	603489	300832
私营企业	927	1913963	572371	2594923	1816515	778408
私营独资企业	63	28034	9101	36858	15509	21349
私营合伙企业	4	3943	1152	4943	2381	2562
私营有限责任公司	850	1717309	552168	2370860	1708858	662003
私营股份有限公司	10	164677	9950	182262	89768	92494
其他企业						
港、澳、台商投资企业	28	122923	57185	168802	120379	48422
#港、澳、台商独资经营企业	18	76197	36575	104870	84697	20173
外商投资企业	14	1328051	116174	2249088	273125	1975962
#外资企业	11	273780	36730	305570	212140	93430

9－8　续表　　(2018年)　　单位:万元

项　　目	法人企业数(个)	流动资产合　计	固定资产原　价	资产合计	负债合计	所 有 者权益合计
按国民经济行业分						
综合零售	164	1963344	380395	3289360	1010433	2278927
百货零售	43	546968	220683	873969	631758	242211
超级市场零售	88	1380624	152078	2357491	360076	1997415
其他综合零售	29	25076	6927	35550	17488	18062
食品、饮料及烟草制品专门零售	134	161810	59718	239430	108398	131032
粮油零售	10	21351	25272	43836	31103	12733
糕点、面包零售	6	12202	4467	16968	5286	11683
肉、禽、蛋及水产品零售	29	24873	6548	40690	20331	20359
营养和保健品零售	2	1348	428	1429	796	633
酒、饮料及茶叶零售	35	41703	7002	51409	19195	32214
烟草制品零售	2	20222	7277	33365	3513	29853
其他食品零售	41	31894	8127	42710	25402	17309
纺织、服装及日用品专门零售	104	181530	21964	216068	138974	77095
纺织品及针织品零售	19	18750	590	22871	14905	7966
服装零售	30	79310	3267	85247	59143	26105
鞋帽零售	9	22071	3904	26112	23328	2784
化妆品及卫生用品零售	14	27808	8604	41389	20002	21387
厨房用具及日用杂品零售	4	9259	832	10608	7773	2836
钟表、眼镜零售	5	4791	1669	7462	1078	6384
自行车零售	4	873	57	926	566	360
其他日用品零售	17	17323	2527	19778	11263	8515
文化、体育用品及器材专门零售	75	440805	342532	820295	470846	349449
文具用品零售	10	18502	608	19716	10349	9367
图书、报刊零售	5	294406	110276	435536	165857	269680
珠宝首饰零售	23	62992	3476	73426	39874	33553
工艺美术品及收藏品零售	16	34595	223874	256710	237786	18924
乐器零售	6	9750	863	10721	6498	4223
照相器材零售	3	3681	126	4210	3699	511
其他文化用品零售	5	3269	1144	3626	3074	551
医药及医疗器材专门零售	49	192310	38658	263182	162923	100259
西药零售	39	164938	35863	225129	131420	93710
中药零售	6	15257	1952	20442	21797	－1354
医疗用品及器材零售	3	11594	697	16952	9338	7613
汽车、摩托车、燃料及零配件专门零售	294	1349155	311819	1723474	1213252	510222
汽车零售	216	1047538	203316	1335758	988335	347423
汽车零配件零售	22	61234	57101	72715	43491	29224
摩托车及零配件零售	5	4355	63	4406	487	3919
机动车燃料零售	51	236028	51339	310595	180939	129656
家用电器及电子产品专门零售	135	295538	40043	384819	244402	140417
家用视听设备零售	6	6536	785	8097	3959	4139
日用家电设备零售	70	187838	30211	265031	159359	105672
计算机、软件及辅助设备零售	22	30211	3254	32653	24199	8454
通信设备零售	18	27438	4078	33023	29609	3414
其他电子产品零售	19	43516	1715	46015	27275	18740
五金、家具及室内装修材料专门零售	130	262260	73179	343368	182551	160817
五金零售	21	15875	4196	19409	7512	11897
灯具零售	15	5120	507	5864	2879	2985
家具零售	33	128401	51534	191047	90454	100593
木制装饰材料零售	9	8159	6458	14619	5853	8766
陶瓷、石材装饰材料零售	15	75043	6547	78826	60292	18534
其他室内装修材料零售	25	21084	3220	24484	12645	11839
货摊、无店铺及其他零售业	94	296004	24708	331908	238608	93300
生活用燃料零售	8	17155	10989	32424	14350	18074
其他未列明的零售	15	31772	4358	36338	20450	15887

9－9 限额以上零售企业财务状况

（2018 年）

单位：万元

项　　目	主营业务收入	主营业务成本	主营业务税金及附加	营业利润
总　　计	**18244020**	**16288048**	**83734**	**465701**
按登记注册类型分				
内资企业	15954248	14285388	77640	445458
＃国有企业	80876	73654	288	1134
集体企业	103564	82236	1499	2348
有限责任公司	4991360	4529746	14283	71912
＃其他有限责任公司	4782438	4325526	14079	71072
股份有限公司	716988	665867	2983	16654
私营企业	10061460	8933885	58587	353410
私营独资企业	309798	263809	2736	26986
私营合伙企业	12753	11342	51	240
私营有限责任公司	9356097	8316899	54830	312688
私营股份有限公司	382812	341836	970	13495
其他企业				
港、澳、台商投资企业	534822	440020	1402	14154
＃港、澳、台商独资经营企业	331550	263407	1023	5921
外商投资企业	1754951	1562640	4692	6089
＃外资企业	503079	431774	1056	13055

9－9 续表 （2018年） 单位:万元

项目	主营业务收入	主营业务成本	主营业务税金及附加	营业利润
按国民经济行业分				
综合零售	3346217	2943827	17724	23830
百货零售	950748	834820	8119	15513
超级市场零售	2213149	1955334	7741	－123
其他综合零售	174398	147233	1811	5914
食品、饮料及烟草制品专门零售	1393124	1194751	7449	46898
粮油零售	333963	287777	1043	4501
糕点、面包零售	31898	14299	80	2274
肉、禽、蛋及水产品零售	310837	277179	318	10720
营养和保健品零售	9320	8109	49	955
酒、饮料及茶叶零售	466603	398638	5001	20545
烟草制品零售	67485	61410	115	2172
其他食品零售	130881	112610	748	4141
纺织、服装及日用品专门零售	1262978	1097849	3409	60243
纺织品及针织品零售	88292	78357	173	3604
服装零售	372701	326054	1013	19369
鞋帽零售	104025	96327	80	1845
化妆品及卫生用品零售	340673	279736	820	24326
厨房用具及日用杂品零售	86476	77837	163	2339
钟表、眼镜零售	63004	49404	516	956
自行车零售	10141	8287	41	1204
其他日用品零售	180945	167082	507	5965
文化、体育用品及器材专门零售	1445793	1207992	9717	96421
文具用品零售	36080	30148	147	1746
图书、报刊零售	346048	284033	11	21052
珠宝首饰零售	347210	302758	1648	28617
工艺美术品及收藏品零售	514215	432771	1298	40729
乐器零售	12815	10376	52	918
照相器材零售	9950	9323	39	19
其他文化用品零售	133406	101295	5999	3570
医药及医疗器材专门零售	627697	532923	2090	27193
西药零售	547540	471132	1775	26260
中药零售	35936	24950	194	－1437
医疗用品及器材零售	19108	12877	97	1493
汽车、摩托车、燃料及零配件专门零售	5718428	5348017	11332	60451
汽车零售	4684852	4386486	9167	48971
汽车零配件零售	313515	285452	571	3868
摩托车及零配件零售	7325	6517	9	192
机动车燃料零售	712736	669562	1585	7421
家用电器及电子产品专门零售	1322082	1206188	5853	31369
家用视听设备零售	98475	84322	118	11927
日用家电设备零售	747768	681521	2207	9243
计算机、软件及辅助设备零售	108943	100335	419	2523
通信设备零售	167910	158498	196	807
其他电子产品零售	198986	181512	2912	6869
五金、家具及室内装修材料专门零售	2200700	1960199	24125	74456
五金零售	65280	53753	246	3691
灯具零售	147850	137003	519	2814
家具零售	1293478	1126468	21443	47568
木制装饰材料零售	149398	142668	458	2257
陶瓷、石材装饰材料零售	169441	152730	256	7393
其他室内装修材料零售	309180	290075	997	7573
货摊、无店铺及其他零售业	927003	796303	2037	44841
生活用燃料零售	22586	15717	54	2076
其他未列明的零售	53514	42676	533	5686

9－10 限额以上住宿业基本情况

（2018年）

项　　目	法人企业（个）	年末从业人员（个）	床位数（张）	餐位数（个）
总　计	**201**	**19900**	**43784**	**68708**
按住宿行业小类分				
旅游饭店	150	18061	36474	59352
一般旅馆	49	1787	7083	9176
其他住宿服务	1	17	130	
按登记注册类型分				
内资企业	183	17105	38736	60610
#国有企业	7	682	1575	2225
集体企业	1	122	196	446
有限责任公司	44	6744	13445	18671
#其他有限责任公司	42	6282	12125	18071
股份有限公司	3	437	619	787
私营企业	128	9120	22901	38481
私营独资企业	26	947	2428	3694
私营合伙企业	7	571	949	4526
私营有限责任公司	95	7602	19524	30261
私营股份有限公司				
其他企业				
港澳台商投资企业	9	2100	3154	5884
#港澳台独资企业	5	1408	1809	4866
外商投资企业	9	695	1894	2214
#外资企业	6	403	1287	1254

9－11 限额以上餐饮业企业基本情况

（2018 年）

项目	法人企业（个）	年末从业人员（个）	营业面积（平方米）	餐位数（个）
总计	**260**	**27066**	**202624**	**505201**
按餐饮行业小类分				
正餐服务	238	12294	150731	369335
快餐服务	13	14206	41131	121142
其他餐饮业	3	103	10292	10732
按登记注册类型分				
内资企业	246	13312	171979	388434
#国有企业				
集体企业	1	12	20	500
有限责任公司	17	1098	6259	32516
#其他有限责任公司	17	1098	6259	32516
股份有限公司				
私营企业	228	12202	165700	355418
私营独资企业	88	3189	46591	116515
私营合伙企业	16	734	6487	33392
私营有限责任公司	121	8044	103019	189574
私营股份有限公司	3	235	9603	15937
其他企业				
港澳台商投资企业	8	4346	13585	58413
#港澳台独资企业	6	4194	12285	50593
外商投资企业	6	9408	17060	58354
#外资企业	3	711	3550	9922

9-12 限额以上住宿业经营情况

（2018年） 单位：万元

项目	营业额	客房收入	餐费收入	商品销售收入	其他收入
总计	**783970**	**248483**	**492374**	**15264**	**27849**
按住宿行业小类分					
旅游饭店	700048	205120	455391	14006	25531
一般旅馆	83354	42833	36981	1256	2285
其他住宿服务	307	307			
按登记注册类型分					
内资企业	668587	208688	422972	11984	24943
#国有企业	16692	9549	4084		3058
集体企业	4526	1443	3014		69
有限责任公司	282346	75266	184786	7064	15231
#其他有限责任公司	271860	70494	179435	7064	14867
股份有限公司	7102	3895	2467	3	737
私营企业	357922	118534	228621	4918	5849
私营独资企业	35094	26181	7704	1181	29
私营合伙企业	18900	3119	15744	38	
私营有限责任公司	303927	89235	205174	3699	5820
私营股份有限公司					
其他企业					
港澳台商投资企业	60535	19191	39282	22	2040
#港澳台独资企业	38440	12788	24228	22	1401
外商投资企业	54848	20605	30119	3258	867
#外资企业	19257	9583	6194	3258	223

9－13 限额以上餐饮业企业经营情况

（2018 年）

单位:万元

项目	营业额	客房收入	餐费收入	商品销售收入	其他收入
总计	**958906**	**5412**	**940791**	**6528**	**6175**
按餐饮行业小类分					
正餐服务	565850	5412	555320	3698	1420
快餐服务	377530		373133		4398
其他餐饮业	1071		1071		
按登记注册类型分					
内资企业	743446	4705	730560	6470	1711
#国有企业					
集体企业	384		384		
有限责任公司	25921	1625	22853	1086	357
#其他有限责任公司	25921	1625	22853	1086	357
股份有限公司					
私营企业	717141	3080	707324	5384	1354
私营独资企业	269261	1035	266955	775	497
私营合伙企业	42732	360	42241	66	65
私营有限责任公司	255810	1685	248790	4543	792
私营股份有限公司	149338		149338		
其他企业					
港澳台商投资企业	78121	707	77121	58	234
#港澳台独资企业	73024		72859		165
外商投资企业	137340		133110		4230
#外资企业	30774		26544		4230

9－14 限额以上住宿企业年末资产及负债情况

（2018 年）

单位：万元

项 目	法人企业数（个）	流动资产合计	固定资产合计	资产总计	负债合计	所有者权益合计
总 计	**201**	**596591**	**504209**	**1540552**	**972642**	**567910**
按住宿行业小类分						
旅游饭店	150	506684	489976	1416121	937607	478515
一般旅馆	49	18410	13853	47818	30142	17676
其他住宿服务	1		186	190	2	188
按登记注册类型分						
内资企业	183	519409	452573	1315746	846732	469014
#国有企业	7	15127	32392	58451	7965	50486
集体企业	1	3999	3927	9399	4973	4427
有限责任公司	44	144174	239365	559413	423401	136012
#其他有限责任公司	42	135141	237046	546515	421621	124894
股份有限公司	3	85111	9659	107520	7836	99684
私营企业	128	270998	167229	580963	402558	178405
私营独资企业	26	7867	5111	20138	8418	11720
私营合伙企业	7	2329	3859	8844	2940	5904
私营有限责任公司	95	260802	158259	551981	391200	160781
私营股份有限公司						
其他企业						
港澳台商投资企业	9	71180	39513	196216	111249	84966
#港澳台独资企业	5	67980	35730	137877	62515	75362
外商投资企业	9	6003	12123	28591	14661	13930
#外资企业	6	3453	9404	19296	10975	8321

9-15 限额以上餐饮企业年末资产及负债情况

(2018 年)　　单位:万元

项　　目	法人企业数(个)	流动资产合计	固定资产合计	资产总计	负债合计	所有者权益合计
总　　计	**260**	**116481**	**62995**	**248179**	**150152**	**98026**
按餐饮行业小类分						
正餐服务	238	68047	32183	123418	55760	67658
快餐服务	13	43851	30688	117827	85769	32058
其他餐饮业	3	155	19	698	179	519
按登记注册类型分						
内资企业	246	89961	33639	150658	65845	84813
#国有企业						
集体企业	1	100	2	125	3	122
有限责任公司	17	10695	1374	14938	9727	5210
#其他有限责任公司	17	10695	1374	14938	9727	5210
股份有限公司						
私营企业	228	79166	32264	135595	56115	79480
私营独资企业	88	14185	11613	31912	5575	26338
私营合伙企业	16	5574	2365	8681	3467	5214
私营有限责任公司	121	36341	17806	66834	37342	29492
私营股份有限公司	3	23067	479	28168	9731	18437
其他企业						
港澳台商投资企业	8	12656	14968	44612	32910	11702
#港澳台独资企业	6	11213	14611	41007	30826	10182
外商投资企业	6	13863	14389	52909	51397	1512
#外资企业	3	4996	2556	10015	21603	-11588

9－16 限额以上住宿企业财务状况

（2018年） 单位：万元

项目	主营业务收入	主营业务成本	主营业务税金及附加	营业利润
总计	**732047**	**372666**	**14245**	**46774**
按住宿行业小类分				
旅游饭店	652250	326637	12968	34780
一般旅馆	79228	45674	1252	12318
其他住宿服务	307	212	21	2
按登记注册类型分				
内资企业	625299	318461	13366	39665
#国有企业	15822	4236	191	－290
集体企业	4167	2871	41	440
有限责任公司	262317	134081	7751	17279
#其他有限责任公司	253049	127906	7717	16024
股份有限公司	5754	1437	230	－372
私营企业	337238	175836	5153	22607
私营独资企业	33116	19976	397	8578
私营合伙企业	18194	10306	293	3049
私营有限责任公司	285928	145554	4463	10980
私营股份有限公司				
其他企业				
港澳台商投资企业	57325	27108	413	778
#港澳台独资企业	36630	14588	310	4086
外商投资企业	49423	27096	467	6332
#外资企业	16185	6238	328	1694

9－17 限额以上餐饮企业财务状况

（2018 年）

单位：万元

项　　　目	主营业务收入	主营业务成本	主营业务税金及附加	营业利润
总　　计	**887135**	**589584**	**8455**	**93574**
按餐饮行业小类分				
正餐服务	524772	352465	7736	49851
快餐服务	347168	223704	671	45949
其他餐饮业	1052	764	8	115
按登记注册类型分				
内资企业	688862	498331	7958	57094
#国有企业				
集体企业	384	190	11	101
有限责任公司	25463	16639	309	－1372
#其他有限责任公司	25463	16639	309	－1372
股份有限公司				
私营企业	663015	481503	7638	58365
私营独资企业	242876	172113	2710	29459
私营合伙企业	41200	30223	464	3977
私营有限责任公司	242676	154796	4185	16663
私营股份有限公司	136264	124370	279	8267
其他企业				
港澳台商投资企业	73808	26558	133	35686
#港澳台商独资企业	70231	24176	90	35474
外商投资企业	124465	64695	363	794
#外资企业	26184	11941	173	－1078

9－18 主要年份按县(市)区分社会消费品零售总额

单位:万元

年份	福州市	市区	福清市	闽侯县	连江县	罗源县	闽清县	永泰县	平潭县
1952	14728	8328	1608	1248	831	226	455	300	619
1957	28730	15037	2909	2747	2147	775	895	755	1251
1962	41885	22684	3497	2810	2915	1095	1231	891	1195
1965	40392	20820	4122	3373	3011	1060	1185	950	1442
1970	41312	19044	4384	3346	3314	1203	1390	1186	1939
1975	55755	27905	5552	3727	4126	1561	2014	1834	2115
1978	69385	36033	7906	4923	5684	2145	2398	2331	2669
1979	81434	43828	9386	5521	6033	2593	2995	2636	3127
1980	105652	60368	11239	6721	6874	2983	3246	3032	3720
1985	203152	117103	18988	14953	12107	4557	6533	5783	5888
1990	452764	289302	37995	26646	25325	7676	12663	9283	15646
1995	1332693	818728	166820	78137	69438	26033	28074	23046	38350
2000	3517653	1902024	536112	226143	249540	72005	85088	76103	115368
2001	3862850	2097221	570959	247980	276537	80014	93290	86835	124747
2002	4306946	2360004	630288	273539	304837	89032	100394	96615	135991
2003	4909778	2926436	657047	268213	291500	90185	106719	103576	136366
2004	5803820	3704895	722751	264630	290244	99743	115412	105541	144199
2005	6645454	4639941	758526	233060	179772	109617	109380	101990	133971
2006	7790321	5524748	833096	278937	213930	125354	121935	120400	158605
2007	9473711	6832866	949737	329373	253604	146227	138375	139842	189986
2008	11446381	8265791	1142602	398241	301335	169958	164993	167466	225929
2009	13386447	9712233	1335169	516240	364159	202292	194697	195068	262738
2010	16242808	11801298	1556831	709187	442266	241189	225344	228239	314770
2011	19478102	14141775	1836430	869358	541525	275922	266098	278180	381370
2012	23198231	16822038	2160747	1071037	668280	321373	309451	330000	432855
2013	26817155	19232713	2513462	1415753	789665	369578	355976	383275	465319
2014	30629431	21724226	2927484	1747533	926790	427259	411655	442705	505347
2015	34887426	24567338	3316737	1964508	1146123	452234	437346	484242	557281
2016	37631418	26302829	3741673	2301073	1305959	491690	457993	525623	592980
2017	41938675	30989907	4274129	2767415	1565511	583209	512390	601511	644603
2018	46664607	34447228	4695317	3173058	1784850	651724	560479	666504	685447

9－19 接待境外旅游人数

（1980－2018年）

单位：人次

年　份	合　计	外国人	华　侨	港澳同胞	台湾同胞
1980	26881	8234	6258	12290	99
1981	27584	9032	3442	14368	742
1982	20335	8592	1767	8957	1019
1983	42131	15706	3713	20928	1784
1984	55474	20903	3207	27822	3542
1985	53693	20836	1669	28177	3011
1986	67586	27256	2754	34388	3188
1987	73789	31118	1669	36223	4779
1988	105195	27028	2537	35849	39781
1989	110016	19563	1494	24131	64828
1990	178984	27823	2549	28883	119729
1991	148135	34656	3366	29958	80155
1992	174414	46273	4547	32654	90940
1993	162741	48717	3601	29330	81093
1994	129680	52800	3030	25664	48186
1995	127669	50381	4549	25566	47173
1996	120563	50154	3804	22870	43735
1997	129148	51315	3638	22724	51471
1998	132098	45719	4846	27059	54474
1999	249601	74603	20808	53636	100554
2000	300269	100745	36705	59496	103323
2001	288763	124814		55625	108324
2002	298003	146135		56963	94905
2003	281762	144792		59067	77903
2004	310779	177842		55147	77790
2005	308883	187642		49876	71365
2006	559602	340571		81232	137799
2007	572273	344548		83812	143913
2008	630457	361155		83525	185777
2009	605973	357898		85095	162980
2010	670206	389198		94562	186446
2011	741826	428371		98526	214929
2012	832696	477274		108172	247250
2013	905000	510274		126046	268680
2014	906886	511337		126309	269240
2015	966198	556129		128927	281142
2016	1086765	626629		149789	310347
2017	1314816	811405		159888	343523
2018	1619542	929548		261154	428840

9－20 按国别(地区)分接待外国者旅游人数

单位:人次

国别(地区)	2000年	2001年	2002年	2003年	2004年	2005年	2006年	2007年	2008年
合计	**100745**	**124814**	**146135**	**144792**	**177842**	**187642**	**340571**	**344548**	**361155**
亚洲小计	47302	47854	56290	55826	64763	64552	93867	92406	99827
#日本	17794	19851	21251	20708	27780	29233	40267	36027	38676
菲律宾	3592	2715	4063	2181	2412	2291	5904	5993	5924
新加坡	9201	8610	9477	13816	12818	10447	13345	13655	15763
泰国	684	866	780	347	486	776	1028	1146	1251
印度尼西亚	3365	3192	3565	2226	3039	2912	7151	7022	8046
马来西亚	8237	5391	8343	6750	7900	6334	7641	8277	10712
美洲小计	42869	64934	76603	75966	91550	100414	214932	218164	224152
#美国	40024	59810	72198	72907	86881	96152	192426	195815	201080
加拿大	2203	3746	3516	2629	4322	3947	17580	18067	18583
欧洲小计	8770	9454	10576	10236	16949	18848	23417	24790	27150
#英国	1042	1684	1991	1901	2798	2456	6152	6434	6913
法国	650	639	890	687	1099	1055	1657	1595	1326
德国	2531	2633	2588	3632	6209	6718	3185	3795	5053
意大利	551	518	655	515	948	1293	2759	2763	2835
俄罗斯	1037	1266	981	878	1254	1204	794	555	686
大洋洲小计	1378	2015	2282	2357	3199	2736	5829	6161	6386
#澳大利亚	1172	1686	1973	2023	2866	2339	4319	4431	4630
新西兰	163	171	258	284	295	326	1139	946	1048
非洲小计	426	557	384	407	1381	1092	2526	3027	3640

9－20 续表 单位：人次

国别(地区)	2009 年	2010 年	2011 年	2012 年	2013 年	2014 年	2015 年	2016 年	2017 年	2018 年
合　计	**357898**	**389198**	**428371**	**477274**	**510274**	**511337**	**556129**	**626629**	**811405**	**929548**
亚洲小计	95158	112202	120640	132410	292957	293567	298557	337851	493106	495162
#日　本	35036	39878	41020	41192	97492	97695	114777	126288	210375	157411
菲律宾	6509	6737	7285	4240	6210	6223	3865	4564	6324	9813
新加坡	17669	18961	21678	29443	47618	47717	41028	43306	45017	54941
泰　国	1264	1302	1813	2829	5737	5749	5062	6111	5931	9864
印度尼西亚	7762	9283	10073	1962	24706	24757	20422	23233	23248	29463
马来西亚	9313	13791	14698	16536	47735	47834	45034	51998	54187	76381
美洲小计	224080	237081	256477	273467	96622	96823	95432	112140	124059	153382
#美　国	201249	214064	232463	252671	73177	73329	70092	78486	88042	111160
加拿大	18610	19603	18304	15742	14943	14974	17926	22093	23516	25107
欧洲小计	28892	29731	35403	44528	80086	80253	113615	109092	110599	158309
#英　国	6789	7200	7147	5627	16300	16334	26028	22492	19862	28241
法　国	1444	1636	1787	2952	7933	7950	7509	6702	7703	11634
德　国	7965	6520	8080	7987	19632	19673	22212	20069	18703	25389
意大利	2654	2908	3368	3973	6879	6893	13237	10504	8503	9492
俄罗斯	652	839	3289	6248	3682	3690	3113	7504	7006	14928
大洋洲小计	6215	6420	10699	19523	27979	28037	37449	51149	58777	83795
#澳大利亚	4367	4794	7984	14090	16735	16770	27233	29647	36278	51587
新西兰	974	1100	2100	4685	8981	9000	8445	14429	13506	18706
非洲小计	3553	3764	5152	7346	12631	12657	11076	16397	24864	38900

主要统计指标解释

社会消费品零售总额 指企业(单位、个体户)通过交易直接售给个人、社会集团非生产、非经营用的实物商品金额,以及提供餐饮服务所取得的收入金额。个人包括城乡居民和入境人员,社会集团包括机关、社会团体、部队、学校、企事业单位、居委会或村委会等。

批发额 指售给国民经济各行业用于生产、经营用的商品金额。

零售额 指售给城乡居民用于生活消费和社会集团用于公共消费的商品金额。

商品购进额 指从本企业以外的单位和个人购进(包括从国外直接进口)作为转卖或加工后转卖的商品金额(含增值税)。本指标反映批发和零售业从国内外市场上购进商品的总价。

商品销售额 指对本单位以外的单位和个人出售的商品金额(包括售给本单位消费用的商品,含增值税),在批发和零售业中,本指标反映在国内市场上销售商品以及出口商品的总价。

商品库存额 对于批发和零售业法人单位和个体经营户,是指报告期末取得所有权的全部商品金额(含增值税);对于批发和零售业产业活动单位,是指报告期末实际在库且归属法人具有所有权的全部商品金额(含增值税)。这个指标反映批发和零售业的商品库存情况,以及对市场商品供应的保证程度。

营业额 指住宿和餐饮业单位在经营活动中因提供服务或销售商品等取得的全部收入(含增值税),收入主要来源于提供客房、餐费服务、商品销售和其他服务,如商务服务。不包括多产业法人企业附营的其他行业产业活动单位的餐费收入、商品销售收入等各项收入。

客房收入 指住宿和餐饮业单位在经营活动中因提供住宿服务取得的收入(含增值税)。不包括多产业法人企业附营的其他行业产业活动单位的客房收入。

餐费收入 指本单位为顾客提供就餐服务取得的收入(含增值税)。包括:经烹饪、调制加工后出售的各种食品,如主食、炒菜、凉拌菜等的收入。不包括多产业法人企业附营的其他行业产业活动单位的餐费收入。

商品销售额收入 指对本单位以外的单位和个人出售的商品金额(包括售给本单位消费用的商品,含增值税)。在住宿和餐饮业中,本指标反映住宿和餐饮业单位出售商品的销售总额(含增值税),不包括法人企业附营的其他行业产业活动单位的商品销售额。

其他收入 指提供客房、餐饮服务、商品销售以外的其他服务获得的收入(含增值税),如商务服务、健身娱乐等。

客房数 指本单位提供住宿服务的房间数,该指标按报告期内正常情况下的实有数统计。

床位数 指本单位供应旅客使用的床位数,不包括临时加床和门店内部工作人员使用的床位。该指标按报告期内正常情况下的实有数统计。

餐位数 指本单位为顾客提供就餐服务时,正常可同时容纳就餐人员的餐位数量,不包括临时加的餐位。该指标按报告期内正常情况下的实有数统计。

10 对外经济

10－1 进出口总额

（1981－2018年）

年份	进出口总额（万美元）	出口总额	进口总额	进出口总额（万元）	出口总额	进口总额
1981	394	394		701	701	
1982	682	682		1316	1316	
1983	888	888		1740	1740	
1984	2215	2215		6180	6180	
1985	1384	1384		4055	4055	
1986	1323	1323		4922	4922	
1987	3961	3961		14735	14735	
1988	16840	9290	7550	62645	34559	28086
1989	19906	14124	5782	93757	66524	27233
1990	32278	23360	8918	168491	121939	46552
1991	42568	30034	12534	231144	163085	68060
1992	65562	46969	18593	376982	270072	106910
1993	150893	93987	56906	873670	544185	329486
1994	211193	129448	81745	1801476	1104191	697285
1995	234961	156732	78229	1968973	1313414	655559
1996	303581	168315	135266	2519722	1397015	1122708
1997	375183	192861	182322	3105765	1596503	1509262
1998	379794	196157	183637	3143935	1623788	1520147
1999	371050	203578	167472	3071552	1685219	1386333
2000	511835	272947	238888	4232875	2257272	1975604
2001	537892	299856	238036	4448367	2479809	1968558
2002	638804	353425	285379	5282909	2922825	2360084
2003	829631	464279	365352	6861048	3839587	3021461
2004	1252722	744391	508331	10360011	6156114	4203897
2005	1368910	867200	501710	11053948	7002640	4051308
2006	1575456	1016452	559004	12414593	8009642	4404952
2007	1864105	1231004	633101	13878262	9164825	4713437
2008	2032422	1358759	673663	13890791	9286574	4604217
2009	1786004	1201245	584759	12195193	8202341	3992851
2010	2459967	1631423	828544	16291623	10804425	5487198
2011	3472476	2413056	1059420	21879724	15204425	6675299
2012	3105985	2113124	992861	19522669	13282041	6240628
2013	3142949	1933708	1209241	19162246	11789624	7372621
2014	3466317	2123845	1342472	21295896	13047784	8248112
2015	3334237	2111956	1222281	20654803	13122755	7532048
2016	3164780	2141984	1022796	20821731	14067886	6753845
2017	3444558	2183739	1260819	23360306	14823723	8536583
2018	3742202	2527130	1215072	24592630	16600742	7991889

注：从1996年起为海关统计口径数据。

10-2 按主要国别(地区)分出口商品贸易额

单位:万美元

国别(地区)	2000年	2001年	2002年	2003年	2004年	2005年	2006年	2007年	2008年
总　计	**272947**	**298483**	**349140**	**464279**	**744391**	**867200**	**1016452**	**1231004**	**1358759**
亚　洲	107504	115788	136346	173379	270549	306633	321216	416836	456892
#中国香港	23882	30974	39170	53461	84719	76932	65083	63725	66605
中国澳门	615	356	94		592	222	344	429	240
日　本	42091	48061	54609	55487	81891	94095	91517	117239	124542
菲律宾	1916	2640	2795		6272	10394	9859	12285	11084
泰　国	989	1002	1454		3823	4559	5050	7956	8016
马来西亚	4145	1503	2472		12069	9827	19691	27655	37824
新加坡	5386	6658	6465		12528	16376	11306	16307	21171
阿拉伯联合酋长国	1884	2319	4424		11279	12941	12948		
欧　洲	56880	69740	78622	111319	166501	206784	256257	335613	373479
#德　国	15412	22245	24621	22445	36411	29231	34993	53696	72969
法　国	3715	2701	3866	3572	4882	11873	13750	17593	16972
意大利	4623	4986	5800	8447	7670	13192	15048	22585	27301
芬　兰	332	534	594	40814	2415	4010	3262	9135	12652
英　国	7151	7843	8589	10407	16226	20946	31156	30638	30020
丹　麦	540	531	725		1129	2765	6236	5513	6549
瑞　典	549	640	651		1219	1989	2835	4751	4475
瑞　士	842	1533	1260	1524	2489	4666	7187	9677	5244
西班牙	3351	3381	3356	4144	4837	8341	10350	22000	14853
北美洲	88011	91870	111316	147468	245699	259031	331638	330818	364212
#加拿大	6533	7984	6723	8007	12023	15942	22236	27449	28350
美　国	81478	83886	104594	139460	233676	243089	309401	303364	335862
大洋洲	4511	4255	5840	9720	19830	16907	21047	27467	26727
#澳大利亚	4040	3760	5101	8534	14148	14716	16012	22249	22799
非　洲	4961	7747	8455	10525	17879	23938	33652	41177	47262
拉丁美洲	11080	9082	8561	11862	23933	30183	51826	79750	90187
俄罗斯				1443	2749	4584	4664	7440	11696

10-2 续表

单位:万美元

国别(地区)	2009年	2010年	2011年	2012年	2013年	2014年	2015年	2016年	2017年	2018年
总 计	**1201138**	**1631423**	**2413056**	**2113124**	**1933708**	**2123845**	**2111956**	**2141984**	**2183739**	**2527130**
亚 洲	442614	640321	841802	840147	827281	916214	860327	921755	888603	1051765
#中国香港	61604	89947	103217	129926	141054	132695	142037	130200	107757	138460
中国澳门	214	373	1637	425	1243	1228	659	400	812	2184
日 本	106124	147136	156625	155158	152402	148842	131280	125258	126178	137916
菲律宾	11929	19092	25127	31867	39758	36216	50455	67363	72610	83239
泰 国	11071	15428	21884	21159	23019	32275	36183	52958	43735	49247
马来西亚	52759	60905	73582	73930	77097	67615	43496	50877	46600	60850
新加坡	21993	35637	54745	71573	55848	89148	43542	38090	43351	50781
阿拉伯联合酋长国		23243	47047	42615	33527	38764	38189	39871	18434	25565
欧 洲	296145	384037	622708	483501	414748	453049	421711	426085	450856	524301
#德 国	53306	70346	126184	79560	56686	67834	70698	67368	69244	82139
法 国	15613	19179	33943	23010	18813	21289	19150	21100	20284	26212
意大利	23694	30833	43455	31192	26871	30097	24692	24418	23843	25499
芬 兰	4340	6660	8950	9006	6077	4622	3279	2365	2925	2602
英 国	29109	41880	89642	62502	50758	71618	69986	67161	61954	66599
丹 麦	4846	6027	8210	7153	6697	9437	6773	5874	5967	6385
瑞 典	4036	5864	8886	7036	7705	9058	8808	7885	8148	11403
瑞 士	2329	2699	3239	4006	2614	1436	1239	1585	1429	1264
西班牙	12932	18843	33645	21893	19188	18684	19759	22360	21853	26515
北美洲	319300	374739	622898	481678	440615	481621	601666	521091	539819	620437
#加拿大	22315	28949	44383	36635	31222	32932	33103	31323	35840	42167
美 国	296985	345777	578514	445043	409391	448685	568562	489767	503973	578258
大洋洲	28148	30961	48854	44078	42088	53859	49550	49049	51339	58555
#澳大利亚	21343	24923	40730	37626	34297	34739	39693	39740	42237	49148
非 洲	45496	70994	99549	113122	90072	96403	98565	105433	97740	121700
拉丁美洲	69435	130370	177245	151955	118846	122694	124452	118530	155302	150333
俄罗斯	9925	17729	25095	33274	36533	30434	23555	20213	28562	35343

10－3 按主要国别(地区)分进口商品贸易额

单位:万美元

国别(地区)	2000 年	2001 年	2002 年	2003 年	2004 年	2005 年	2006 年	2007 年	2008 年
总 计	**238889**	**238287**	**285379**	**365351**	**498331**	**501710**	**559004**	**633101**	**673663**
亚 洲	200716	196287	240536	307189	419006	419188	472449	512025	532102
#中国香港	2542	2135	2218	2442	2914	1948	1753	1947	1990
中国澳门	24	23	19		2	3	10	14	5
日 本	38931	36952	42635	62874	81783	72427	66490	74794	91945
菲律宾	671	1237	599		1134	1373	1664	2071	3204
泰 国	4379	4670	5839		4690	4088	7504	8613	11490
马来西亚	11737	11201	13551		16683	10787	7993	13197	17369
新加坡	3361	2230	2648		4015	2495	2568	3926	4312
阿拉伯联合酋长国	7	115	7		11	82	91		
欧 洲	17931	21785	22290	26693	33023	32175	38368	55937	65210
#德 国	1628	1443	2107	6606	8499	8617	12773	22150	28017
法 国	421	471	598	719	1039	749	821	1961	5093
意大利	1266	1696	2203	1626	2551	1620	1533	1790	3126
芬 兰	597	329	282	350	5183	669	507	1448	1335
英 国	2978	2598	1337	1940	3079	3060	2122	2421	2882
丹 麦	72	73	81		256	264	246	498	876
瑞 典	234	151	201		212	598	1093	1988	2374
瑞 士	4331	8538	8469	8534	9807	9818	10018	9283	1425
西班牙	260	91	35	76	319	500	271	394	2057
北美洲	12671	12636	10836	16585	24238	19517	24173	35953	30227
#加拿大	412	707	274	493	476	919	608	1364	1754
美 国	12252	11928	10562	16091	23762	18597	23565	34588	28466
大洋洲	1137	915	1112	2003	1877	1806	2513	2396	2832
#澳大利亚	497	226	454	935	734	1056	1330	1144	1167
非 洲	832	926	958	1075	1989	2365	4028	4809	5918
拉丁美洲	5561	5738	9646	11804	18199	19307	17212	22279	37374

10－3 续表

单位:万美元

国别(地区)	2009 年	2010 年	2011 年	2012 年	2013 年	2014 年	2015 年	2016 年	2017 年	2018 年
总　计	**583940**	**828544**	**1059420**	**992861**	**1209241**	**1342472**	**1222281**	**1022796**	**1260819**	**1215072**
亚　洲	411439	559626	570067	557633	530142	515915	460137	507802	641809	657835
#中国香港	2034	5927	20213	26182	5472	1857	17036	3559	1166	1046
中国澳门			53							0
日　本	69773	95468	87933	87103	74505	68977	67318	100089	145186	88636
菲律宾	6306	10382	9584	19312	16262	23788	13731	13231	18953	17888
泰　国	10885	18975	13475	24417	27026	23091	17350	15966	22876	40841
马来西亚	12952	16262	14937	10915	13933	10419	13947	14474	20044	23906
新加坡	4646	7617	9180	6989	7891	8379	7243	5335	7597	6816
阿拉伯联合酋长国		243	265	2075	3770	860	732	2630	2606	3677
欧　洲	67672	109646	206316	196280	378682	299859	335100	215623	238174	220716
#德　国	22092	41003	53748	45382	51009	53172	39802	37705	46748	49943
法　国	4875	5848	11057	8629	6772	5478	3550	4362	5883	3608
意大利	2960	5269	6004	5815	4523	5263	5321	3618	5117	3720
芬　兰	2150	2361	3061	4169	2002	3536	2477	1441	704	1362
英　国	4628	6250	4745	6077	6656	7035	6548	14020	17130	9245
丹　麦	331	177	371	844	1582	947	699	647	950	419
瑞　典	1230	814	2648	828	1686	2418	1507	1080	699	554
瑞　士	959	1644	54238	65160	243581	162372	235267	111175	103852	107616
西班牙	2720	11292	10894	5194	6468	7099	4598	7245	11811	15215
北美洲	37282	71197	99504	112092	166714	223980	212364	105335	140798	77735
#加拿大	2603	9747	13385	19488	27345	47298	48145	20461	17906	6672
美　国	34666	61425	86113	92604	139331	176617	164220	84823	122868	70350
大洋洲	7801	9488	51695	23611	24860	123859	71277	65823	75761	86405
#澳大利亚	5214	5797	47086	19709	19836	119984	69322	64301	70362	77195
非　洲	13224	24147	65024	32116	18121	81743	49511	39798	51214	11689
拉丁美洲	46521	54434	66812	76994	90711	97083	93843	88371	112902	160519

10－4 外商直接投资合同数

（1979－2018年）

单位：项

年份	外商直接投资	合资企业	合作企业	独资企业
1979	5			
1980	5			
1981	3			
1982	2			
1983	4			
1984	64			
1985	73			
1986	29	19	10	
1987	56	46	9	1
1988	168	123	26	19
1989	214	131	16	67
1990	233	103	9	121
1991	286	99	16	171
1992	676	259	35	382
1993	1134	372	56	706
1994	722	216	31	475
1995	678	179	25	474
1996	412	107	10	295
1997	437	83	18	336
1998	481	109	13	359
1999	338	80	8	250
2000	295	80	6	209
2001	319	73	3	243
2002	386	52	41	293
2003	360	88	2	268
2004	414	90	5	319
2005	326	81	11	234
2006	327	83	2	242
2007	234	78		155
2008	155	31	1	123
2009	144	29	1	114
2010	186	44	1	140
2011	170	51	1	118
2012	148	47		100
2013	135	44	1	89
2014	126	41		85
2015	339	105		234
2016	483	104		379
2017	362	121		241
2018	524	238	1	285

10－5 外商直接投资合同金额

（1979－2018年）

单位:万美元

年 份	外商直接投资	合资企业	合作企业	独资企业
1979	105			
1980	387			
1981	104			
1982	15			
1983	106			
1984	5603			
1985	4367			
1986	909	794	115	
1987	3052	2115	767	170
1988	11781	8489	1432	1860
1989	15156	9262	656	5238
1990	27370	7693	1452	18225
1991	29601	6632	1057	21912
1992	117538	27587	7565	82386
1993	330705	64417	13476	252812
1994	220592	56769	16279	147544
1995	322706	36978	24674	261053
1996	111121	23919	2113	85088
1997	92022	16395	9497	65831
1998	111031	32927	19577	58527
1999	93426	13434	5030	74962
2000	95479	15652	1171	78656
2001	103264	20122	1944	81198
2002	150867	10236	16854	117596
2003	161412	20650	3236	135597
2004	135003	10651	－376	122331
2005	116672	12603	6581	96779
2006	142956	22989	4497	115470
2007	132371	22323		100379
2008	148883	9619	2834	130805
2009	122969	5880	2660	112371
2010	167297	22793	151	113360
2011	176966	18091	2980	147998
2012	205643	37432	18	158848
2013	205700	31244	5	146811
2014	146368	44145		102373
2015	317473	74033		243440
2016	163078	61784		101294
2017	586287	204129		382158
2018	400124	149784	1467	248873

10－6 按行业分外商直接投资合同数

（1987－2018年）

单位：项

年份	农业	制造业	建筑业	交通运输仓储及邮政通信业信息传输计算机服务和软件业	批发零售住宿餐饮业	房地产公用事业服务业
1987	6	48	1			
1988	6	153	4	2		3
1989	8	179	1			23
1990	6	190	1		2	33
1991	8	248		3		25
1992	22	481	11		3	153
1993	56	675	46		55	134
1994	37	379	39		26	75
1995	46	414	36		39	36
1996	37	209	15		50	20
1997	29	247	13		76	16
1998	23	291	6	4	78	31
1999	26	219	6		17	39
2000	14	210		1	10	35
2001	10	228	3	1	9	23
2002	13	237	9	5	13	53
2003	12	256	8	5	11	67
2004	12	307	5	9	18	63
2005	5	240		7	26	10
2006	8	234	5	4	36	42
2007	10	131	1	3	42	57
2008	8	63	4	1	33	46
2009	4	38		2	54	46
2010	9	46	1	4	82	44
2011	8	37	1	5	74	41
2012	12	32	2	1	64	36
2013	3	14	4	9	74	31
2014	6	11	1	10	56	42
2015	9	31	3	16	207	5
2016	7	22	2	33	246	3
2017	8	40	12	27	94	7
2018	24	41	10	37	113	6

10－7 按行业分外商直接投资合同金额

（1987－2018 年）

单位:万美元

年份	农业	制造业	建筑业	交通运输仓储及邮政通信业信息传输计算机服务和软件业	批发零售住宿餐饮业	房地产公用事业服务业
1987	197	2608	215			
1988	1103	9906	119	64		589
1989	256	11095	51			3474
1990	233	20243	22		115	6752
1991	959	21744				6623
1992	1003	50540	432		3480	58127
1993	5148	134920	2280		5592	149058
1994	2637	92714	1562		1642	105230
1995	7501	251052	2036		2857	25104
1996	2983	54310	1051		3758	15021
1997	3823	50486	6692		6854	9409
1998	6588	47296	17819	375	6211	20661
1999	8560	49682	3970		4178	22143
2000	703	52199	169	10	3004	33314
2001	4727	69326	885	1454	501	17967
2002	4400	101619	8132	3463	944	22600
2003	3294	128747	3873	208	358	24932
2004	3887	93171	－1815	8458	2959	28343
2005	8141	87428	－13	5710	3893	7045
2006	6922	113480	2695	1395	3704	14760
2007	5408	73864	－71	1128	13896	38146
2008	6157	62739	1649	56	7557	70725
2009	3522	32980	761	8400	13552	63720
2010	9022	87209	－119	4406	30304	36475
2011	7411	61022	119	2618	33497	56839
2012	19238	31366	11798	2030	45849	86017
2013	1102	44503	10749	15403	61858	40512
2014	3253	31223	8248	12936	33813	56895
2015	537	65662	－3408	15111	198485	11252
2016	2051	21102	－183	24926	63773	41
2017	8633	123595	33355	15953	41975	1191
2018	14219	30415	8926	18588	69018	25604

10－8 按国别(地区)分外商直接投资合同数

单位:项

国别(地区)	2000 年	2001 年	2002 年	2003 年	2004 年	2005 年	2006 年	2007 年	2008 年
合　计	**295**	**319**	**386**	**360**	**414**	**326**	**327**	**234**	**155**
#中国香港	119	95	140	137	158	125	142	78	63
中国澳门	7		1	3	3	4	4	1	1
日　本	27	24	33	17	24	27	25	16	13
菲律宾	2	2	3	7	3	2			
泰　国		2	1	3	1			1	
马来西亚	1	2	3	2	4	2		2	2
新加坡	7	6	10	15	13	6	12	6	4
印度尼西亚	2	4	1	2	7	4	11		1
德　国	1					2		2	2
维尔京群岛	10	22	27	25	34	22	17	19	15
英　国		1			1		2	1	1
开曼群岛	2	3	3	4	2	2	2	1	
加拿大	5	7	11	12	10	11	12	6	3
美　国	24	33	35	37	43	33	19	32	11
澳大利亚	8	12	7	9	16	16	5	14	4

10－8　续表　　　　　　　　　　　　　　　　　　　　　　　　单位:项

国别(地区)	2009 年	2010 年	2011 年	2012 年	2013 年	2014 年	2015 年	2016 年	2017 年	2018 年
合　计	**144**	**186**	**170**	**148**	**135**	**126**	**339**	**483**	**362**	**524**
#中国香港	56	72	74	50	48	57	89	80	150	249
中国澳门	2		1	4	1		1	2	1	8
日　本	7	9	9	3	5	2	17	2	9	9
菲律宾										
泰　国								1		1
马来西亚	1	5	4	4	1		3	2	5	5
新加坡	5	4	5	5	6	5	6	8	14	7
印度尼西亚	2		1		1		2	2		3
德　国			2	1		1	5	1	2	
维尔京群岛	6	9	4	7	6	1	4	1	1	3
英　国			1			1	6	5	1	2
开曼群岛	1	2				1				
加拿大	3	6	5	3	2	4	4	4	3	7
美　国	23	10	9	7	7	6	24	19	15	19
澳大利亚	2	6	2	6	1	2	12	9	4	10

10-9 按国别(地区)分外商直接投资合同金额

单位:万美元

国别(地区)	2000年	2001年	2002年	2003年	2004年	2005年	2006年	2007年	2008年
合　计	**95479**	**103264**	**150867**	**161412**	**135003**	**116672**	**142956**	**132371**	**148883**
#中国香港	63312	43296	70300	75503	82905	51832	70580	58978	100517
中国澳门	763		711	443	89	994	381	525	-479
日　本	4080	1653	18927	2591	3886	5122	12842	3216	1034
菲律宾	98	731	473	1735	-99	151	-191	74	38
泰　国		190	150	2011	25				889
马来西亚	1045	1004	3270	207	646	412	1	2810	2601
新加坡	585	579	37	-1797	2946	2068	5076	395	5946
印度尼西亚	494	3141	1198	81	932	763	8857	-1308	2930
德　国	10	179	-7		33	86	6	-20	573
维尔京群岛	7666	12138	18907	12814	14590	22617	18211	26466	2876
英　国		-8	-95	552	-289		1291	993	-1883
开曼群岛	96	6115	4372	286	1121	2379	1651	4059	1210
加拿大	437	159	2994	1294	1495	645	3843	729	-267
美　国	7516	7666	7889	6915	10448	7375	1932	8894	2742
澳大利亚	325	562	-1	3151	1754	2997	661	1293	-15

10－9　续表　　　　单位:万美元

国别(地区)	2009 年	2010 年	2011 年	2012 年	2013 年	2014 年	2015 年	2016 年	2017 年	2018 年
合　计	**122969**	**167297**	**176966**	**205643**	**205700**	**146368**	**317473**	**163078**	**586287**	**400124**
#中国香港	119015	104403	118214	137328	82593	100040	192927	96289	459309	310599
中国澳门	390		9	2507			8	5192	6	399
日　本	1914	2570	4101	－1856	1635	378	498	74	4571	2536
菲律宾	－1592	－230	－66							
泰　国		2	－1000		－2		163	163		440
马来西亚	－305	3325	217	－1507	－1717		230	249	7648	301
新加坡	384	1695	4426	4546	11503	3161	－709	4014	8750	7064
印度尼西亚	348	223	－1989	188	777		10	156		110
德　国			510	793	－500	332	732	290	4789	92
维尔京群岛	－8122	9659	8084	12519	18922	－63	53954	－869	162	7943
英　国		－89	39		210	325	1544	1867	518	16
开曼群岛	735	6197	1419	1542	2007	1221			－1370	
加拿大	520	4792	3639	951	199	483	1517	2423	9913	3446
美　国	1104	395	1510	10948	－402	810	10038	4811	4840	9334
澳大利亚	88	909	2807	816	2910	218	1541	2340	2148	2451

10－10　实际利用外商直接投资

（1979－2018年）　　单位：万美元

年份	合计	合资企业	合作企业	独资企业
1979	78			
1980	167			
1981	61			
1982	154			
1983	679			
1984	1630			
1985	1539			
1986	1495	588	886	
1987	1462	498	794	170
1988	2355	2004	351	
1989	5035	2815	890	1330
1990	10193	6242	703	3248
1991	13813	5412	330	8071
1992	28452	7870	1175	19407
1993	63385	24762	2938	35685
1994	81838	42263	3004	46571
1995	105035	26106	5289	73640
1996	97590	27902	5330	64358
1997	97848	30830	5973	60746
1998	90348	27883	6177	56288
1999	90036	25183	6675	58178
2000	80087	8471	3565	66843
2001	100198	27953	3095	67754
2002	120246	28404	3162	76635
2003	130198	12332	3236	114630
2004	136042	19336	5407	99029
2005	160000			
2006	162100			
2007	170225			
2008	213034			
2009	229596			
2010	248193			
2011	268592			
2005(验资口径)	64017	9986	341	51383
2006(验资口径)	66069	8913	430	56726
2007(验资口径)	70011	11634	55	57859
2008(验资口径)	100150	24311	189	68177
2009(验资口径)	103227	16842		71491
2010(验资口径)	118524	23232		80795
2011(验资口径)	127745	10169	17	67927
2012(验资口径)	133877	23075	18	83210
2013(验资口径)	143063	20199	153	58901
2014(验资口径)	154651	30976		120600
2015(验资口径)	167852	22654		145198
2016(验资口径)	181372	97533		83839
2017(验资口径)	198527	22959		158413
2018(验资口径)	78281	29868		48326

10－11 按国别(地区)分实际利用外商直接投资

单位:万美元

国别(地区)	2000年	2001年	2002年	2003年	2004年	2005年	2006年	2007年	2008年
中国香港	39861	47263	51503	51940	57923	26819	26569	31728	43567
中国澳门	474	500	2358	207	1213	227	52	1525	217
日本	1679	6072	3258	23600	4818	3624	10020	1614	3344
菲律宾	258	125	1169	228	1184	508	58	209	124
泰国	174	151	769	941	500	295		56	907
马来西亚	2075	1480	2883	491	1448	630	20	353	853
新加坡	1209	1638	1299	1601	2819	2070	1119	2971	2487
印度尼西亚	509	1990	796	415	946	336	424	629	361
德国		10					61		10
法国						52	3	42	
英国	7850	1810	3558	450	267	300	400	667	179
加拿大	50	221	823	695	1398	223	401	377	452
美国	7031	13452	4791	6642	8220	2138	3613	2195	2160
澳大利亚	178	242	784	186	801	378	267	776	488
维尔京群岛	7794	11121	13351	15145	18906	12042	13579	16795	25682
开曼群岛		61	4523	3116	1269	3630	2016	2914	992
百幕大	1001	100	10852	2708	4885	1800			2123

10－11 续表 单位:万美元

国别(地区)	2009 年	2010 年	2011 年	2012 年	2013 年	2014 年	2015 年	2016 年	2017 年	2018 年
中国香港	73079	82044	45842	72914	53236	92626	122368	110555	108569	52385
中国澳门	105	101	128		148					
日本	2044	1657	4636	3232	979	1511	672	1577	1511	621
菲律宾		38		18	289					
泰国							153	10		
马来西亚	20	50	1968	223	1414	203		11	316	23
新加坡	2486	128	3212	4346	10336	12419	2598	4476	3757	7248
印度尼西亚	1458	406	19	284	722	156		18	41	18
德国	500			488	178	160		170	264	91
法国										
英国	1			8					3	45
加拿大	359	36	400	411	265	116		20	4086	
美国	1788	1442	986	1916	1029	1272	1148	3	604	1078
澳大利亚	204	341	290	161	287	186			10	
维尔京群岛	12172	6765	13191	8391	8186	12247	12065	19007	9313	2467
开曼群岛	1546	3799	2020	2396	2062	3009	842	64		2835
百幕大	490		31926	561		786			5845	

10－12　按县(市)区分外商直接投资合同数

单位:项

地　　区	2000 年	2001 年	2002 年	2003 年	2004 年	2005 年	2006 年	2007 年	2008 年
福州市	**295**	**319**	**387**	**360**	**414**	**326**	**327**	**234**	**155**
#鼓楼区	48	48	64	61	71	54	51	53	43
台江区	25	31	27	26	35	23	22	19	10
仓山区	27	47	48	46	47	38	42	29	18
晋安区	31	31	40	35	42	30	29	17	10
马尾区	31	34	53	49	30	27	28	19	12
长乐区	8	14	23	19	26	16	16	14	7
福清市	32	33	44	40	57	54	60	45	24
闽侯县	29	34	35	24	40	24	19	17	16
连江县	8	8	8	33	17	14	9	4	9
罗源县	6	4	13	10	12	13	9	12	4
闽清县	10	3	1	9	5	5	7	2	1
永泰县	5	6	2	1	3	5	2	1	
平潭县	4	1	2	2	5	3		1	

10－12　续表　　　　单位:项

地　　区	2009 年	2010 年	2011 年	2012 年	2013 年	2014 年	2015 年	2016 年	2017 年	2018 年
福州市	**144**	**186**	**170**	**148**	**135**	**126**	**339**	**483**	**362**	**524**
#鼓楼区	36	49	40	33	27	37	34	31	34	83
台江区	17	21	18	18	22	21	19	18	17	28
仓山区	12	19	19	16	14	11	33	16	36	85
晋安区	18	10	13	4	6	12	12	37	12	30
马尾区	5	10	16	17	16	12	189	218	121	175
长乐区	10	4	8	6	2	6	8	6	7	16
福清市	19	18	23	19	12	9	26	38	23	44
闽侯县	13	33	17	24	24	14	7	19	30	13
连江县	5	4	9	6	7	3	2	5	14	17
罗源县	5	3	4	2	2		1	2	9	6
闽清县		3	2	1	1		3	3	2	3
永泰县	2	2		2	1	1	2		1	1
平潭县	2	10								

10－13　按县(市)区分外商直接投资合同金额

单位:万美元

地　　区	2000年	2001年	2002年	2003年	2004年	2005年	2006年	2007年	2008年
福州市	**95479**	**103264**	**150867**	**161412**	**135003**	**116672**	**142956**	**132371**	**148883**
#鼓楼区	8907	9380	13173	12422	16356	14074	15291	15750	17168
台江区	7078	8462	12610	11802	12375	7941	10112	15960	16337
仓山区	7782	10156	23500	12343	15032	15050	8688	11757	31315
晋安区	1607	12024	15341	14818	18001	16362	17701	4691	5941
马尾区	4149	14544	31494	29026	11051	12911	22512	21037	21476
长乐区	4618	11724	15062	15536	18191	11613	1078	7906	5697
福清市	12056	13008	19475	53982	20225	15784	40162	17870	23790
闽侯县	12911	10950	12154	10516	9181	6654	16288	9970	10783
连江县	737	1709	2012	5141	5071	5301	4912	6899	7899
罗源县	797	1139	5052	4651	4005	4504	5153	3950	5006
闽清县	354	54	－372	823	704	463	231	74	2119
永泰县	203	2406	1352	4	774	286	285	780	854
平潭县	657	12	353	110	321	761	339	1136	

10－13 续表 单位:万美元

地　　区	2009年	2010年	2011年	2012年	2013年	2014年	2015年	2016年	2017年	2018年
福州市	**122969**	**167297**	**176966**	**205643**	**205700**	**146368**	**317473**	**163078**	**586287**	**400124**
#鼓楼区	19331	19755	22197	22260	23752	17056	16300	25464	18489	37330
台江区	18438	21246	22977	23017	24257	18188	15566	14330	14274	10711
仓山区	6609	7161	11255	18804	19750	4020	8798	13079	158195	70833
晋安区	7630	12310	16027	5016	5267	7904	1553	2598	97588	12266
马尾区	4829	22371	23740	25046	29314	34202	99325	65144	148816	210040
长乐区	9353	6498	8474	9775	10300	11173	11400	11080	23631	8917
福清市	23876	19253	23290	26877	28700	28784	28865	11680	17536	20576
闽侯县	18419	25530	35122	56583	33492	22409	12028	11172	4782	8349
连江县	5439	4050	4794	6029	17862	2488	2208	4671	65095	8213
罗源县	5048	5200	5621	5660	5946	133	347	423	21248	4294
闽清县	281	157	167	2000	4990		1128	2537	2053	537
永泰县	1000	1199	1500	1705	2070	11	2795	900	1500	1151
平潭县	607	1579								

10－14 按县(市)区分实际利用外资

单位:万美元

地　　区	2000 年	2001 年	2002 年	2003 年	2004 年	2005 年	2006 年	2007 年	2008 年
福州市	**80087**	**100198**	**120246**	**130198**	**136042**	**64017**	**66069**	**70011**	**100150**
#鼓楼区	4503	5646	9240	12318	15404	8123	10133	14002	17827
台江区	3010	3762	7078	9745	11895	4750	4723	6200	9113
仓山区	5048	7575	18600	15926	12418	6567	9310	12586	16403
晋安区	2509	10184	15246	17332	15850	6311	6640	4050	2732
马尾区	15080	18753	21639	21729	21050	7087	13357	13551	13746
长乐区	7191	10272	14799	15316	15523	3757	3815	4747	5824
福清市	11032	13770	20009	17069	20289	12301	12630	12867	13256
闽侯县	5727	8505	12208	13076	16015	5514	6212	9621	11291
连江县	1351	1600	1930	3115	2445	2289	2958	3876	3912
罗源县	1353	1420	996	2850	3532	1733	1821	2115	2459
闽清县	570	510	201	356	604	206	63	131	155
永泰县	361	636	1270	75	100	207	345	577	621
平潭县	576	638	465	513	304	95	450	500	556

10－14 续表

单位:万美元

地　　区	2009 年	2010 年	2011 年	2012 年	2013 年	2014 年	2015 年	2016 年	2017 年	2018 年
福州市	**103227**	**118524**	**127745**	**133877**	**143063**	**154651**	**167852**	**181372**	**198527**	**78281**
#鼓楼区	18162	18180	19710	22687	24100	25788	28018	31670	39248	23117
台江区	9788	11163	11910	9700	9789	12929	14222	16010	17931	1100
仓山区	15371	15400	16180	18634	5613	14000	15066	16430	22650	20342
晋安区	2735	10000	10510	10655	8839	9755	10544	10554	11379	11438
马尾区	15706	25539	27999	10188	15076	21539	26157	29346	31423	3120
长乐区	7960	7965	3615	3768	8771	11620	13889	15160	3563	2922
福清市	13336	13810	15976	19714	21210	24180	30016	33238	40116	7640
闽侯县	13202	13512	15040	17902	19012	20200	13667	11939	12831	3269
连江县	3260	2027	3785	6823	8575	9094	9877	11315	13074	844
罗源县	2380	2381	2525	2907	3127	3138	3391	3397	3635	1968
闽清县	160	222	279	401	425	450	487	473	561	847
永泰县	625	875	1113	1371	1724	1958	2116	1840	2116	500
平潭县	542	650								

主要统计指标解释

进出口总额 海关进出口总额指实际进出我国国境的货物总金额。包括对外贸易实际进出口货物,来料加工装配进出口货物,国家间、联合国及国际组织无偿援助物资和赠送品,华侨、港澳台同胞和外籍华人捐赠品,租赁期满归承租人所有的租赁货物,进料加工进出口货物,边境地方贸易及边境地区小额贸易进出口货物(边民互市贸易除外),中外合资经营企业、中外合作经营企业、外商独资经营企业进出口货物和公用物品,到离岸价格在规定限额以上的进出口货样和广告品(无商业价值、无使用价值和免费提供出口的除外),从保税仓库提取在中国境内销售的进口货物,以及其他进出口货物。我国规定出口货物按离岸价格统计,进口货物按到岸价格统计。

利用外资 指我国各级政府、部门、企业和其他经济组织通过对外借款、吸收外商直接投资以及用其他方式筹措的境外现汇、设备、技术等。

外商投资 指国外及港澳台地区的法人和自然人在中国大陆地区以现金、实物、无形资产、股权等方式进行投资。其中,外商直接投资是指外国投资者在非上市公司中的全部投资及在单个外国投资者所占股权比例不低于10%的上市公司中的投资。

3624.45
3225.14
3225.89
2956.21
223.14
1235.41
6625.14
6725.89
8956.21

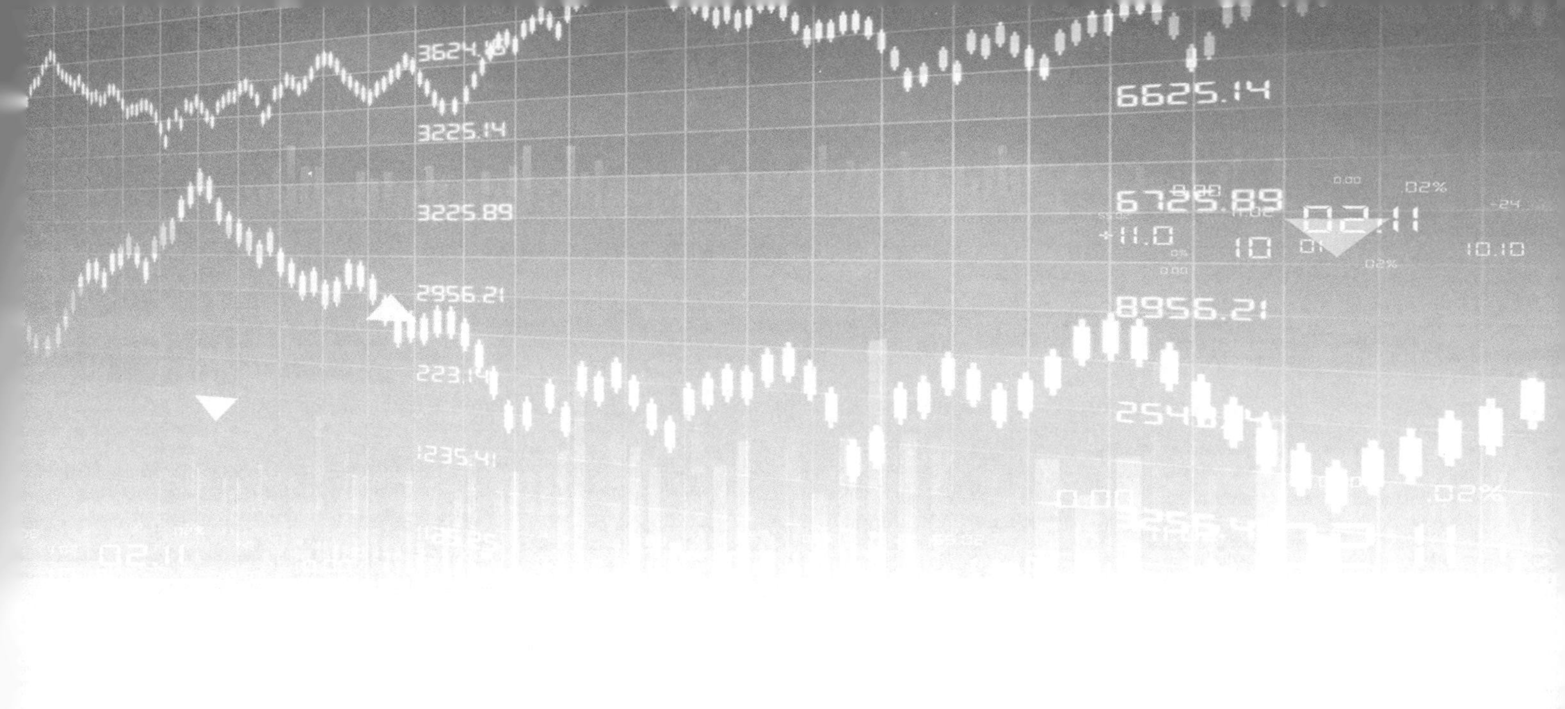

11 价格指数

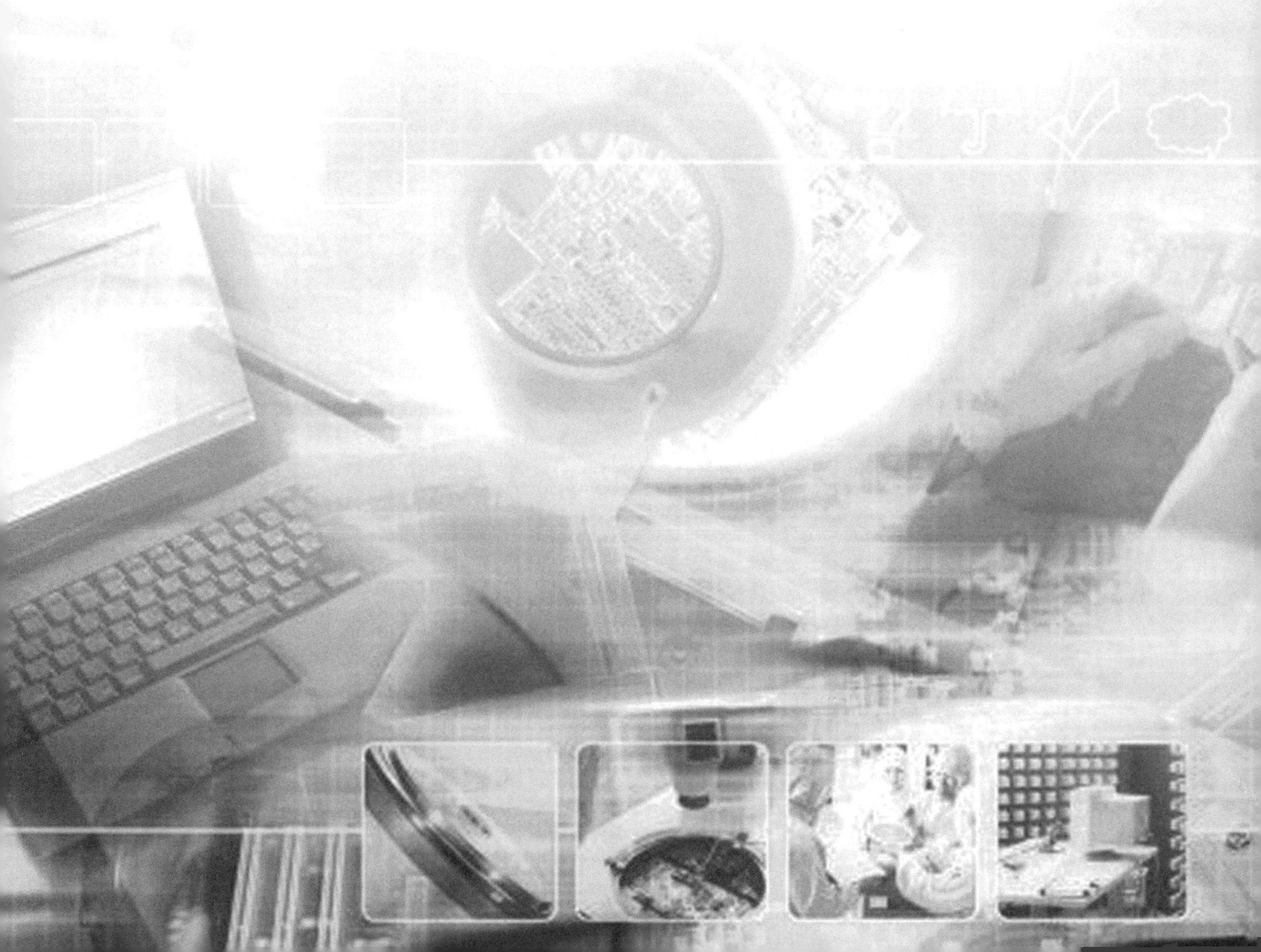

11-1 主要物价总指数

(1978年=100)

年 份	城市居民消费价格指数	商品零售价格指数
1979		101.2
1980		108.2
1981		109.5
1982		113.8
1983		116.4
1984		120.6
1985		141.3
1986		154.2
1987		171.8
1988		221.6
1989		263.5
1990	102.4	262.2
1991	110.3	276.1
1992	120.2	296.3
1993	143.9	350.2
1994	181.7	435.3
1995	214.8	500.6
1996	233.3	524.1
1997	241.9	528.3
1998	242.6	521.4
1999	240.9	505.8
2000	247.9	498.7
2001	245.2	486.2
2002	245.0	475.5
2003	246.0	464.1
2004	257.2	475.2
2005	265.4	480.4
2006	267.5	479.9
2007	278.7	494.8
2008	290.7	516.6
2009	288.1	508.9
2010	297.3	523.7
2011	311.6	544.6
2012	318.5	550.6
2013	327.1	556.1
2014	333.0	559.4
2015	338.3	556.0
2016	346.8	559.9
2017	351.7	561.6
2018	357.0	570.1

注:1. 本表中商品零售价格指数1990~2000年为全市数据,其他年份为市区数据。
2. 上述年份不全的指数均以开编年份的上一年价格为100。

11－2 主要物价总指数

（上年＝100）

年　份	城市居民消费价格指数	商品零售价格指数
1951		108.4
1952		97.2
1957		100.6
1962		101.0
1965		95.6
1970		99.2
1975		100.1
1978		100.3
1979		101.2
1980		106.9
1985		117.2
1990	102.4	99.5
1995	118.2	115.0
2000	102.9	98.6
2001	98.9	97.5
2002	99.9	97.8
2003	100.4	97.6
2004	104.6	102.4
2005	103.2	101.1
2006	100.8	99.9
2007	104.2	103.1
2008	104.3	104.4
2009	99.1	99.1
2010	103.2	102.9
2011	104.8	104.0
2012	102.2	101.1
2013	102.7	101.0
2014	101.8	100.6
2015	101.6	99.4
2016	102.5	100.7
2017	101.4	100.3
2018	101.5	101.5

注:1. 本表中1990年以前零售、消费总指数数据均为市区数据。
2. 2001年起商品零售价格总指数为市区数据。

11-3 市区商品零售价格分类指数

(1978年=100)

项目	1980年	1985年	1990年	1995年	2000年	2001年	2002年	2003年	2004年	2005年	2006年
商品零售价格总指数	**108.2**	**141.3**	**267.9**	**529.3**	**528.9**	**515.7**	**504.4**	**492.3**	**504.1**	**509.6**	**509.1**
食品类	114.0	162.5	426.5	1024.9	1018.1	985.6	962.9	961.9	1061.0	1121.5	1135.0
#粮　食		102.2	201.7	927.2	736.8	744.1	740.4	764.8	893.3	884.4	911.8
鲜　菜		161.5	375.6	1198.9	1594.0	1579.7	1684.0	1547.6	1894.3	2237.2	2299.8
肉禽蛋		116.1	246.9	446.6	378.8	368.6	365.3	363.1	419.4	435.8	418.8
水产品		236.3	569.4	1388.8	1700.4	1549.1	1440.7	1453.7	1559.8	1729.8	1757.5
饮料烟酒类		128.0	169.8	222.0	230.8	230.1	233.1	742.6	734.4	724.9	728.5
服装鞋帽类	99.1	91.6	158.9	357.8	423.5	393.5	400.2	381.8	377.6	360.2	331.0
纺织品类		113.3	239.5	412.0	429.8	434.1	425.9	397.4	397.0	385.9	374.7
中西药品类	99.8	114.5	171.6	304.0	363.6	358.2	340.6	327.3	308.3	298.1	305.3
文化体育用品类	101.0	101.8	150.3	149.3	142.5	139.4	136.9	138.0	136.5	133.8	131.7
日用品类	100.9	96.4	144.8	196.5	195.5	189.4	187.1	184.7	181.0	180.5	178.3
家用电器类		89.2	127.6	110.3	85.9	82.0	76.6	72.2	69.7	68.5	67.9
燃料类	100.0	101.7	139.1	602.8	732.8	726.2	704.4	734.0	792.0	905.3	1042.0

注:1. 2016年“文化体育用品类”改成“体育娱乐用品”。
2. 2016年“家用电器类”改成“家用电器及音像器材”。

11－3 续表 （1978年＝100）

项目	2007年	2008年	2009年	2010年	2011年	2012年	2013年	2014年	2015年	2016年	2017年	2018年
商品零售价格总指数	**524.9**	**548.0**	**539.8**	**555.5**	**577.7**	**584.1**	**589.9**	**593.4**	**589.8**	**593.9**	**595.7**	**604.7**
食品类	1237.2	1416.6	1401.0	1503.3	1673.2	1756.9	1837.7	1885.5	1879.8	1953.1	1923.8	1974.0
#粮　食	962.9	1026.5	1091.2	1248.3	1470.5	1513.1	1526.7	1564.9	1602.5	1620.1	1650.9	1673.1
鲜　菜	2562.0	2848.9	2988.5	3592.2	3689.2	4526.6	4608.7	4581.0	4791.7	5572.7	4697.8	5047.9
肉禽蛋	531.0	601.1	574.1	603.4	694.8	678.1	728.6	762.1	749.5	786.9	784.5	810.5
水产品	1696.0	1889.3	1951.6	2119.4	2348.3	2569.0	2658.9	2717.4	2576.1	2632.8	2751.3	2777.9
饮料烟酒类	742.3	777.9	798.9	810.9	840.1	855.2	854.3	839.8	866.7	885.8	889.3	897.5
服装鞋帽类	314.5	277.4	290.2	292.8	291.0	292.2	293.4	302.5	317.0	318.3	322.8	321.2
纺织品类	354.8	354.4	366.4	349.9	361.4	390.0	392.0	377.5	368.1	368.5	351.2	353.8
中西药品类	327.9	332.2	338.2	359.5	379.6	390.6	395.3	399.3	406.9	432.9	455.8	479.2
文化体育用品类	130.4	125.1	118.2	114.5	114.2	114.1	113.1	110.4	108.9	108.1	109.0	110.3
日用品类	177.2	183.4	187.4	187.4	186.7	181.8	179.6	182.8	182.1	181.7	182.1	185.6
家用电器类	65.7	57.8	55.2	54.0	51.9	49.6	47.6	45.5	43.9	41.9	41.4	40.5
燃料类	1121.2	1234.4	1122.7	1256.3	1381.9	1417.8	1437.6	1427.5	1249.1	1189.1	1284.2	1447.7

11－4　市区居民消费价格分类指数

（上年＝100）

项　　　　目	1995 年	2000 年	2005 年	2010 年	2011 年	2012 年	2013 年	2014 年	2015 年
居民消费价格总指数	**118.2**	**102.9**	**102.5**	**103.5**	**104.9**	**102.0**	**102.6**	**101.7**	**101.4**
食品类	123.6	99.2	105.6	107.4	111.6	104.6	104.6	102.5	100.4
粮　食	139.9	94.6	99.0	114.4	117.4	104.0	101.5	102.3	102.0
淀粉及薯类	123.7	95.7	104.7	112.0	111.7	105.4	105.4	106.4	99.8
干豆类及豆制品类	107.2	94.0	102.9	115.3	99.3	100.1	104.7	106.2	103.9
油脂类	102.8	95.0	95.9	95.2	111.9	105.8	98.7	88.9	93.7
肉禽及其制品类	118.5	95.9	104.2	101.6	119.1	98.1	105.6	99.8	106.4
蛋　类	116.2	84.0	102.7	108.6	113.1	95.7	109.6	108.7	91.0
水产品	115.6	103.0	110.9	109.0	110.8	109.1	103.4	103.0	96.0
菜　类	141.7	107.7	115.5	119.3	103.8	117.8	102.7	100.1	104.6
调味品类	130.6	94.8	100.9	103.8	103.8	102.2	105.0	104.6	103.4
糖　类	120.8	110.2	99.5	102.4	108.6	103.6	101.9	104.9	100.4
烟草类	96.9	96.2	99.1	100.0	100.0	100.0	99.8	99.9	107.0
酒和饮料	106.2	95.8	98.5	100.8	104.8	103.4	100.6	97.4	101.6
干鲜瓜果类	135.3	100.0	109.2	113.2	114.6	99.2	108.4	115.3	91.6
糕点类	121.6	106.6	96.1	96.0	103.6	104.3	100.9	100.1	100.9
奶及奶制品	127.5	100.0	94.3	100.8	101.8	104.8	106.8	106.1	101.2
其他食品	112.6	100.0	100.3	102.4	105.7	103.4	105.3	102.8	102.6
饮食业	125.7	100.0	104.2	104.8	109.1	105.7	106.8	100.9	100.1
衣着类	125.5	96.6	95.5	101.0	100.5	101.9	100.7	102.0	103.0
服　装	140.0	96.2	94.5	101.4	97.2	100.0	98.9	101.1	103.0
衣着材料	111.7	98.4	100.0	100.0	107.2	105.5	100.7	100.4	101.1
鞋袜帽及其他衣着	103.1	97.8	98.2	99.5	112.2	107.6	105.5	104.3	102.9
家庭设备及用品	103.3	99.2	99.6	98.3	102.1	104.0	101.3	99.9	101.2
#耐用消费品	102.1	99.6	98.8	98.1	99.7	99.5	99.5	99.1	97.9
家庭日用杂品	107.4	94.7	100.0	98.3	96.4	103.5	100.7	101.4	99.5
医疗保健	114.7	102.0	98.5	104.3	102.0	101.2	100.7	101.1	106.1
交通和通讯工具	101.1	102.6	97.5	98.6	101.3	99.8	100.1	99.9	97.4
娱乐、教育文化用品	102.7	93.0	103.5	101.5	98.9	96.0	103.7	100.6	100.9
居　住	108.5	106.1	104.8	103.4	105.0	102.6	103.1	103.3	103.9
#水电、燃料	111.1	105.0	109.4	105.8	104.1	106.2	106.0	101.0	97.9
服务项目价格指数	126.6	130.9	103.0	101.5	103.7	100.4	103.0	103.0	105.2
#学杂保育费	145.2	106.0	110.8	100.5	98.6	105.1	107.6	104.0	104.2

注：本表中2010年“淀粉及薯类”不含“薯类”，“薯类”含在“菜类”中。

11-4 续表 (上年=100)

项目(新分类)	2016年	2017年	2018年	项目(新分类)	2016年	2017年	2018年
居民消费价格总指数	**102.5**	**101.4**	**101.5**	其他衣着及配件	96.2	102.6	105.8
服务价格指数	**104.3**	**102.9**	**101.1**	衣着加工服务费	107.3	100.0	103.4
工业品价格指数	**99.6**	**101.4**	**101.1**	鞋 类	105.6	103.6	95.5
非食品价格指数	**102.0**	**102.3**	**101.4**	**三、居 住**	**102.8**	**102.5**	**101.9**
一、食品烟酒	**103.3**	**99.3**	**102.5**	租赁房房租	104.3	102.1	100.7
食 品	104.8	97.6	102.0	住房保养维修及管理	102.2	100.2	105.6
粮 食	101.2	102.3	101.9	水电燃料	97.0	104.5	102.8
薯 类	116.7	74.3	108.5	自有住房	105.2	102.2	100.8
豆 类	100.8	99.7	101.7	**四、生活用品及服务**	**98.9**	**98.9**	**99.9**
食用油	99.7	100.8	101.1	家具及室内装饰品	98.9	97.3	99.8
菜	115.4	85.7	106.6	家用器具	95.3	97.5	99.3
畜肉类	112.6	94.1	95.0	家用纺织品	99.8	94.2	100.2
禽肉类	100.6	100.5	112.6	家庭日用杂品	101.1	98.8	98.9
水产品	102.2	104.4	100.9	个人护理用品	100.2	102.6	99.6
蛋 类	101.8	104.4	102.4	家庭服务	99.8	104.1	104.4
奶 类	97.7	102.7	102.2	**五、交通和通信**	**99.0**	**100.7**	**100.9**
干鲜瓜果类	93.7	101.0	105.7	交 通	99.0	102.0	102.5
糖果糕点类	100.5	100.8	102.2	通 信	98.9	98.6	98.1
调味品	99.3	100.7	103.0	**六、教育文化和娱乐**	**101.6**	**104.7**	**101.5**
其他食品类	101.3	100.5	102.2	教 育	101.4	103.6	102.0
茶及饮料	100.3	101.9	100.7	文化娱乐	101.7	106.0	100.8
烟 酒	102.9	99.8	101.0	**七、医疗保健**	**111.4**	**101.7**	**101.6**
烟 草	103.6	98.3	101.0	药品及医疗器具	106.4	105.1	104.8
酒 类	101.8	102.2	101.0	医疗服务	114.0	100.0	100.0
在外餐饮	99.9	103.7	104.7	**八、其他用品和服务**	**102.8**	**106.8**	**99.6**
二、衣 着	**100.6**	**101.3**	**99.6**	其他用品类	105.2	100.8	97.6
服 装	99.1	100.7	100.5	其他服务类	100.8	112.0	101.2
服装材料	102.4	100.2	103.2				

11－5　城市居民消费价格分类指数

（上年＝100）

项　　目	1995 年	2000 年	2005 年	2010 年	2011 年	2012 年	2013 年	2014 年	2015 年
居民消费价格总指数	**118.2**	**102.9**	**103.2**	**103.2**	**104.8**	**102.2**	**102.7**	**101.8**	**101.6**
食品类	123.6	99.2	105.4	106.6	111.2	105.0	105.0	102.6	100.9
粮　食	139.9	94.6	99.1	114.7	117.6	103.8	101.8	102.2	101.7
淀粉及薯类	123.7	95.7	112.5	106.1	108.4	103.5	104.3	104.9	99.8
干豆类及豆制品类	107.2	94.0	103.7	113.0	100.7	99.7	104.7	106.4	103.4
油脂类	102.8	95.0	98.2	97.9	113.6	106.1	99.6	90.8	94.7
肉禽及其制品类	118.5	95.9	102.5	103.5	119.2	100.2	104.8	100.0	106.0
蛋　类	116.2	84.0	102.5	108.2	112.9	96.1	110.3	108.4	91.2
水产品	115.6	103.0	110.3	106.1	109.3	108.7	106.2	102.7	97.9
菜　类	141.7	107.7	119.0	118.2	102.8	118.2	103.7	100.5	104.7
调味品类	130.6	94.8	101.6	98.8	104.1	101.8	106.4	105.1	102.8
糖　类	120.8	110.0	99.1	107.2	108.5	102.8	101.1	103.2	99.8
烟草类	96.9	96.2	99.1	102.5	100.3	99.9	99.6	99.9	106.7
干鲜瓜果类	135.3	100.0	107.5	109.1	118.0	99.9	105.5	114.0	95.6
糕点类	121.6	106.6	97.2	95.4	103.9	103.6	101.5	100.8	101.5
奶及奶制品	127.5	100.0	94.7	100.5	102.2	103.6	105.4	105.4	100.7
其他食品	112.6	100.0	101.1	104.5	106.3	104.4	103.7	100.8	103.0
饮食业	125.7	100.0	102.5	103.3	107.1	106.1	107.3	101.8	100.4
衣着类	125.5	96.6	96.7	98.7	100.3	102.6	100.1	103.9	103.7
服　装	140.0	96.2	96.3	99.2	98.1	101.1	99.5	103.6	103.2
衣着材料	111.7	98.4	101.0	104.8	112.2	104.3	100.7	100.3	100.8
鞋袜帽及其他衣着	103.1	97.8	97.2	96.5	107.6	106.9	101.9	104.8	104.8
家庭设备及用品	103.3	99.2	99.3	98.4	102.2	103.9	101.1	100.4	100.8
#耐用消费品	102.1	99.6	97.2	98.0	99.5	100.2	99.3	99.2	97.9
家庭日用杂品	107.4	94.7	101.2	97.9	98.9	103.0	100.6	101.3	99.9
医疗保健	114.7	102.0	100.3	103.1	103.2	102.2	102.3	102.1	109.1
交通和通讯工具	101.1	102.6	98.1	99.2	100.9	99.5	99.7	100.0	97.6
娱乐、教育文化用品	102.7	93.0	104.6	100.7	98.6	96.1	103.3	100.2	101.0
居　住	108.5	106.1	107.1	104.4	105.2	102.4	102.9	102.7	102.6
#水电、燃料	111.1	105.0	110.3	106.4	104.0	104.4	104.2	100.7	98.2
服务项目价格指数	126.6	130.7	103.9	101.4	103.1	100.3	103.1	102.7	104.8
#学杂保育费	145.2	206.0	112.4	100.3	97.0	105.1	106.7	106.8	106.0

注：本表中2010年“淀粉及薯类”不含“薯类”，“薯类”含在“菜类”中。

11－5 续表 （上年＝100）

项目(新分类)	2016年	2017年	2018年	项目(新分类)	2016年	2017年	2018年
居民消费价格总指数	**102.5**	**101.4**	**101.5**	其他衣着及配件	96.2	102.6	105.8
服务价格指数	**104.3**	**102.9**	**101.1**	衣着加工服务费	107.3	100.0	103.4
工业品价格指数	**99.6**	**101.4**	**101.1**	鞋　类	105.6	103.6	95.5
非食品价格指数	**102.0**	**102.3**	**101.4**	**三、居　住**	**102.8**	**102.5**	**101.9**
一、食品烟酒	**103.3**	**99.3**	**102.5**	租赁房房租	104.3	102.1	100.7
食　品	104.8	97.6	102.0	住房保养维修及管理	102.2	100.2	105.6
粮　食	101.2	102.3	101.9	水电燃料	97.0	104.5	102.8
薯　类	116.7	74.3	108.5	自有住房	105.2	102.2	100.8
豆　类	100.8	99.7	101.7	**四、生活用品及服务**	**98.9**	**98.9**	**99.9**
食用油	99.7	100.8	101.1	家具及室内装饰品	98.9	97.3	99.8
菜	115.4	85.7	106.6	家用器具	95.3	97.5	99.3
畜肉类	112.6	94.1	95.0	家用纺织品	99.8	94.2	100.2
禽肉类	100.6	100.5	112.6	家庭日用杂品	101.1	98.8	98.9
水产品	102.2	104.4	100.9	个人护理用品	100.2	102.6	99.6
蛋　类	101.8	104.4	102.4	家庭服务	99.8	104.1	104.4
奶　类	97.7	102.7	102.2	**五、交通和通信**	**99.0**	**100.7**	**100.9**
干鲜瓜果类	93.7	101.0	105.7	交　通	99.0	102.0	102.5
糖果糕点类	100.5	100.8	102.2	通　信	98.9	98.6	98.1
调味品	99.3	100.7	103.0	**六、教育文化和娱乐**	**101.6**	**104.7**	**101.5**
其他食品类	101.3	100.5	102.2	教　育	101.4	103.6	102.0
茶及饮料	100.3	101.9	100.7	文化娱乐	101.7	106.0	100.8
烟　酒	102.9	99.8	101.0	**七、医疗保健**	**111.4**	**101.7**	**101.6**
烟　草	103.6	98.3	101.0	药品及医疗器具	106.4	105.1	104.8
酒　类	101.8	102.2	101.0	医疗服务	114.0	100.0	100.0
在外餐饮	99.9	103.7	104.7	**八、其他用品和服务**	**102.8**	**106.8**	**99.6**
二、衣　着	**100.6**	**101.3**	**99.6**	其他用品类	105.2	100.8	97.6
服　装	99.1	100.7	100.5	其他服务类	100.8	112.0	101.2
服装材料	102.4	100.2	103.2				

11－6　市区商品零售价格分类指数

（上年＝100）

项　　　目	1995 年	2000 年	2005 年	2010 年	2011 年	2012 年	2013 年	2014 年	2015 年
商品零售价格总指数	**114.4**	**98.8**	**101.1**	**102.9**	**104.0**	**101.1**	**101.0**	**100.6**	**99.4**
食品类	125.2	98.8	105.7	107.3	111.3	105.0	104.6	102.6	99.7
粮　食	139.1	94.8	99.0	114.4	117.8	102.9	100.9	102.5	102.4
油脂类	102.8	95.1	95.9	94.7	111.7	106.2	98.7	88.8	93.8
肉禽蛋	119.2	93.8	103.9	105.1	117.2	97.6	107.5	104.6	98.4
水产品	116.2	102.6	110.9	108.6	110.8	109.4	103.5	102.2	94.8
鲜　菜	146.3	109.1	118.1	120.2	102.7	122.7	101.8	99.4	106.1
干　菜	110.3	92.4	98.2	109.9	107.5	101.1	105.5	105.5	97.7
鲜　果	135.9	100.5	110.8	116.1	117.2	98.6	111.9	120.5	90.2
干　果	125.6	91.5	99.4	107.1	105.7	101.4	95.4	92.8	99.2
其他食品类	125.1	101.3	100.3	102.4	105.7	103.4	105.3	102.8	102.6
饮食业	125.7	100.0	104.2	103.7	109.1	105.7	106.9	100.9	100.1
饮料烟酒类	102.6	94.7	98.7	101.5	103.6	101.8	99.9	98.3	103.2
饮　料	104.5	89.7	96.3	98.3	102.8	103.2	101.1	98.7	102.6
烟　酒	101.7	97.1	99.0	101.6	103.6	101.8	99.6	98.0	103.9
服装、鞋帽类	125.1	96.5	95.4	100.9	99.4	100.4	100.4	103.1	104.8
服装	140.5	95.4	94.5	101.1	97.6	98.2	99.5	100.0	103.4
鞋	103.9	97.5	98.1	98.9	106.9	108.4	102.7	110.0	109.8
其他衣着	116.6	99.7	97.2	109.3	101.7	96.0	101.8	125.2	101.6
纺织品类	110.7	98.1	97.2	95.5	103.3	107.9	100.5	96.3	97.5
中西药品类	115.2	101.7	96.7	106.3	105.6	102.9	101.2	101.0	101.9
#中　药	120.8	104.9	91.4	113.3	113.3	106.0	102.6	100.7	103.1
西　药	108.9	100.0	100.4	102.6	100.7	101.0	99.4	100.1	101.0
化妆品类	104.7	97.6	99.4	102.0	96.7	102.0	101.5	100.9	100.3
书报杂志类	108.5	107.1	100.3	100.6	99.9	103.8	109.9	100.6	105.7
文化体育用品类	100.8	99.4	98.0	97.8	99.7	99.9	99.1	97.7	98.7
日用品类	109.7	99.1	99.7	100.0	99.6	97.4	98.8	101.8	99.6
家用电器类	99.5	92.3	98.3	97.9	96.2	95.5	95.9	95.5	96.5
首饰类	97.0	101.5	103.0	101.8	107.4	97.3	94.5	97.8	97.5
燃料类	106.1	114.4	114.3	111.9	110.0	102.6	101.4	99.3	87.5
建筑装璜材料类	94.4	101.4	97.1	101.1	100.7	98.0	99.1	98.7	98.8

11－6 续表 （上年＝100）

项目(新分类)	2016年	2017年	2018年	项目(新分类)	2016年	2017年	2018年
商品零售价格指数	**100.7**	**100.3**	**101.5**	烟　草	103.6	98.3	101.0
一、食　品	**103.9**	**98.5**	**102.6**	酒　类	101.8	102.2	101.0
粮　食	101.1	101.9	101.3	**三、服装、鞋帽**	**100.4**	**101.4**	**99.5**
薯　类	116.7	74.3	108.5	服　装	99.1	100.6	100.5
豆　类	100.8	99.7	101.7	鞋帽袜	104.5	103.6	96.8
食用油	99.7	100.7	101.1	其他衣着配件	100.3	100.6	97.8
菜	115.3	85.7	106.6	**四、纺织品**	**100.1**	**95.3**	**100.7**
畜肉类	112.6	94.1	94.9	**五、家用电器及音像器材**	**95.5**	**98.9**	**97.7**
禽肉类	100.6	100.5	112.6	**六、文化办公用品**	**99.3**	**101.7**	**99.8**
水产品	102.2	104.5	101.0	**七、日用品**	**99.8**	**100.2**	**101.9**
蛋　类	101.8	104.4	102.4	**八、体育娱乐用品**	**99.2**	**99.9**	**101.2**
奶　类	97.7	102.7	102.1	**九、交通、通信用品**	**98.6**	**97.4**	**96.9**
干鲜瓜果类	93.8	101.0	105.7	**十、家具**	**99.3**	**96.9**	**99.4**
糖果糕点类	100.5	100.8	102.2	**十一、化妆品**	**100.1**	**103.1**	**99.3**
调味品	99.3	100.7	103.0	**十二、金银饰品**	**111.5**	**102.9**	**96.1**
其他食品类	101.3	100.5	102.2	**十三、中西药品及医疗保健用品**	**106.4**	**105.3**	**105.1**
在外餐饮	99.9	103.7	104.7	**十四、书报杂志及电子出版物**	**101.4**	**102.4**	**102.6**
二、饮料、烟酒	**102.2**	**100.4**	**100.9**	**十五、燃料**	**95.2**	**108.0**	**112.7**
茶及饮料	100.3	101.9	100.7	**十六、建筑材料及五金电料**	**100.2**	**98.2**	**101.4**

主要统计指标解释

居民消费价格指数 是度量一组代表性消费商品及服务项目价格水平随着时间而变动的相对数,是反映居民家庭购买并用于消费的商品及服务项目价格水平变动趋势和变动幅度的统计指标。它是分析和制定货币政策、价格政策、居民消费政策、工资政策以及进行国民经济核算的重要依据,其按年度计算的变动率通常被用来作为反映通货膨胀(紧缩)程度的指标。

工业生产者出厂价格指数 反映一定时期内全部工业产品出厂价格总水平的变动趋势和程度的相对数,包括工业企业售给本企业以外所有单位的各种产品和直接售给居民用于生活消费的产品。该指数可以观察出厂价格变动对工业总产值及增加值的影响。

住宅销售价格指数 综合反映住宅商品价格水平总体变化趋势和变化幅度的相对数。全国住宅销售价格指数由 70 个大中城市的新建住宅销售价格指数和二手住宅销售价格指数组成。新建住宅含保障性住房;新建商品住宅不含保障性住房。

12 财政金融

12－1　主要年份财政收入及支出总额

单位:万元

年　　份	一般公共预算收入		一般公共预算支出	
	全　　市	市　　区	全　　市	市　　区
1952	2911	1900	1501	
1957	5654	3957	2823	
1962	9553	6071	2997	
1965	10039	6991	4233	
1970	13052	10544	6832	
1975	16454	13465	8834	
1978	24042	19395	12848	
1979	22754	18179	15139	
1980	26401	21191	14464	
1981	27007	21660	15996	
1982	27902	21258	19163	
1983	30441	21916	20214	
1984	33027	25211	23504	
1985	51403	42215	39153	
1986	59296	47000	47064	
1987	68027	52651	52766	
1988	83294	62608	67545	38900
1989	100509	73624	78579	46590
1990	109448	77937	82816	46874
1991	119982	83846	95044	53929
1992	140189	98883	116521	67717
1993	213876	154241	166165	100726
1994	209931	148598	218231	136688
1995	258210	177692	274524	173813
1996	301576	205303	351845	229028
1997	350492	240490	356722	232799
1998	425350	299683	422864	266142
1999	500927	342630	485320	298161
2000	553534	379777	540439	339490
2001	685594	486041	633398	398452
2002	704395	473016	684145	416347
2003	836582	553535	822748	486663
2004	1071070	734463	951458	563094
2005	1276777	871658	1189934	712767
2006	1525163	1036616	1423025	834788
2007	1465641	1020567	1430922	839360
2008	1688559	1132545	1781952	993916
2009	1952612	1264771	2050925	1067934
2010	2478206	1612563	2624208	1261659
2011	3200356	2023382	3633008	1664033
2012	3820151	2301127	4107344	1769500
2013	4539690	2689062	5338424	2525064
2014	5108707	2992262	5748081	2468387
2015	5604635	3378849	7259345	3260059
2016	5989113	3572049	8299274	3806942
2017	6341633	4080478	9388572	5039172
2018	6803797	4072558	9247552	4767964

12－2 财政收入主要指标

单位:万元

项目	2010年	2011年	2012年	2013年	2014年	2015年	2016年	2017年	2018年
一般公共预算收入	**2478206**	**3200356**	**3820151**	**4539690**	**5108707**	**5604635**	**5989113**	**6341633**	**6803797**
增值税	251099	291191	347978	463077	570635	584399	1105992	1525483	1809165
营业税	736861	895716	1102551	1259860	1189725	1247305	565742	5044	2451
企业所得税	313955	404238	507810	589336	740013	821341	905241	898991	976535
个人所得税	154288	190076	191075	231932	260233	299815	353531	441560	465384
资源税	2792	2496	2473	2300	8180	3213	2682	8882	11779
城市维护建设税	94267	153560	183040	207478	218760	248228	271715	245486	287731
房产税	81276	97719	97558	149351	150617	156979	182295	209708	232515
印花税	45120	58747	59901	75513	78077	80880	89637	101420	110451
城镇土地使用税	53605	55958	45605	83698	67844	65691	75329	97515	88754
土地增值税	186659	323493	386526	549507	622072	508975	632291	933349	682507
车船税	13766	16544	25129	30730	35171	39791	43215	46441	52234
耕地占用税	24159	46949	59925	46409	70210	45159	25790	31638	41372
契　税	194050	238768	138792	232269	262428	308341	255090	292524	274243
环境保护税									2252
其他税收收入								14	0
专项收入	46526	74418	85920	98573	100945	288954	464530	503726	620811
行政事业性收费收入	102509	127125	151573	190788	212801	142317	154695	96079	176373
罚没收入	47170	57369	72141	67609	85194	72130	125816	134351	155340
国有资本经营收入	55549	69730	131625	71573	124402	278060	228250	190860	175174
国有(资源)资产有偿使用收入	69791	82562	204899	167233	264992	366196	396953	452383	488989
捐赠收入							4381	5702	4814
政府住房基金收入							39970	24118	39981
其他收入	4764	13697	25630	22454	46408	46861	65968	96359	104942
政府性基金收入	**4195406**	**5314329**	**3113915**	**5095310**	**5252341**	**4020743**	**6151368**	**6740074**	**10454592**

12－3 财政支出主要指标

单位:万元

项　　目	2010 年	2011 年	2012 年	2013 年	2014 年	2015 年	2016 年	2017 年	2018 年
一般公共预算支出	**2624208**	**3633008**	**4107344**	**5338424**	**5748081**	**7259345**	**8299274**	**9388572**	**9247552**
一般公共服务支出	304557	374367	453581	517438	463311	484233	575353	684847	780911
外交支出						3500			0
国防支出	6673	9416	13412	19647	12050	16385	17373	10901	12972
公共安全支出	193636	252845	275611	324067	327400	382917	471047	511113	534700
教育支出	559878	713825	957850	1081133	1206466	1351744	1530806	1557755	1659184
科学技术支出	41759	49275	64780	86258	93278	100554	112461	196765	290765
文化体育与传媒支出	39185	59263	76458	100835	122186	146966	173803	187333	137363
社会保障和就业支出	262489	362696	384223	439851	509560	651435	717424	796883	878383
医疗卫生与计划生育支出	181654	276710	310077	379715	530736	580040	620287	755334	839612
节能环保支出	42909	62266	65834	74732	133331	123638	197500	257897	182796
城乡社区支出	245784	362925	458111	920065	807993	1328111	1860149	2102376	1686401
农林水支出	147086	291350	298982	379070	361467	602675	621048	914002	749954
交通运输支出	65554	279739	216383	185829	302428	360100	233497	279713	278721
资源勘探信息等支出	69998	97377	121486	229206	177695	192130	238274	294509	315810
商业服务业等支出	66295	89169	87113	100611	111129	110367	120723	150631	111134
金融支出	60	2542	719	3806	7080	12460	32594	78725	10322
援助其他地区支出				2368	5421	4827	9641	16412	4151
国土海洋气象等支出	26861	33870	30263	46971	137185	76055	91264	90839	115526
住房保障支出	51628	92261	77993	104905	231316	156744	186989	131474	269117
粮油物资储备支出	13291	13847	16533	24250	26093	36994	33252	26697	26697
其他支出	297362	204426	177484	255947	147365	475942	339260	225738	170237
债务付息支出				61720	34591	60395	115319	116738	192130
债务发行费用支出						1133	1210	1890	666
政府性基金支出	**3183141**	**5579487**	**3476974**	**5149274**	**4949219**	**4546590**	**5010573**	**6924753**	**10901879**

12－4　按县(市)区分财政收入主要指标

(2018 年)　　　　单位:万元

项　　目	福州市	市　区	市本级	鼓楼区	台江区	仓山区	晋安区	马尾区	长乐区
一般公共预算总收入	**9850373**	**5920151**	**3362191**	**535639**	**209756**	**390366**	**400514**	**322696**	**698990**
一般公共预算收入	6803797	4072558	2272538	345736	152600	283230	304565	240286	473603
税收收入	5037373	3105799	1735612	276449	130128	229940	218058	154263	361349
增值税	1809165	1005350	493764	94286	48259	83623	71744	63738	149936
营业税	2451	1486	720	138	98	29	62	－5	444
企业所得税	976535	624214	342189	89903	23342	41313	39146	34297	54024
个人所得税	465384	296676	256215	0	0	0	0	1852	38609
资源税	11779	386	0	94	4	0	8	18	262
城市维护建设税	287731	187264	105258	15043	7537	13315	15293	11541	19277
房产税	232515	164442	26434	38698	22479	23670	21807	12401	18953
印花税	110451	77114	19339	15390	5626	7347	8403	11488	9521
城镇土地使用税	88754	52140	4229	6415	3143	11209	10798	7836	8510
土地增值税	682507	468370	285096	16407	19614	49221	50720	10929	36383
车船税	52234	39023	36307	0	0	0	0	32	2684
耕地占用税	41372	9879	5087	0	0	0	0	0	4792
契税	274243	178688	160951	0	0	0	0	121	17616
环境保护税	2252	767	23	75	26	213	77	15	338
其他税收收入	0	0	0	0	0	0	0	0	0
非税收入	1766424	966759	536926	69287	22472	53290	86507	86023	112254
专项收入	620811	405973	252337	5919	2810	5359	6988	52156	80404
行政事业性收费收入	176373	146792	132092	2152	289	2907	－899	5712	4539
罚没收入	155340	90569	69195	988	946	1199	1152	3444	13645
国有资本经营收入	175174	35691	180	28227	0	3059	25	3936	264
国有资源(资产)有偿使用收入	488989	156235	41863	31143	17661	29119	12810	11119	12520
捐赠收入	4814	4660	4655	0	0	0	2	3	0
政府住房基金收入	39981	35453	34405	0	0	0	0	360	688
其他收入	104942	91386	2199	858	766	11647	66429	9293	194
上划中央收入	3046576	1847593	1089653	189903	57156	107136	95949	82410	225387
政府性基金收入	**10454592**	**6868336**	**5854992**	**0**	**0**	**0**	**0**	**491858**	**521486**

注:马尾区统计口径包含琅岐经济区及保税区,上划中央消费税包含成品油消费税。

12－4 续表 （2018年） 单位:万元

项目	福清市	闽侯县	连江县	罗源县	闽清县	永泰县	平潭县
一般公共预算总收入	**1139313**	**1125670**	**420930**	**236341**	**296008**	**167424**	**544538**
一般公共预算收入	780093	800712	319304	149474	186888	110338	384430
税收收入	589805	511065	212163	122105	165103	88460	242873
增值税	224099	194964	90087	65330	117943	35667	75725
营业税	284	486	5	－65	－2	259	－2
企业所得税	106336	100238	29290	23613	14852	20501	57491
个人所得税	82173	17738	19153	4384	7021	5885	32354
资源税	1248	497	7896	83	1453	164	52
城市维护建设税	35639	23646	7915	6651	10863	3410	12343
房产税	25941	23104	7326	5265	1998	1446	2993
印花税	12265	6686	3595	2601	1666	1240	5284
城镇土地使用税	11943	8116	4256	1306	1743	365	8885
土地增值税	52232	92059	20542	－3716	3601	14010	35409
车船税	6160	2160	1194	480	778	401	2038
耕地占用税	10833	5347	4695	9095	472	1051	0
契税	20343	35974	16061	6515	2327	4040	10295
环境保护税	309	50	148	563	388	21	6
其他税收收入	0	0	0	0	0	0	0
非税收入	190288	289647	107141	27369	21785	21878	141557
专项收入	35125	58903	12650	15227	12941	12378	67614
行政事业性收费收入	5601	8008	4443	1978	1311	2206	6034
罚没收入	15460	4307	7120	2276	1886	2116	31606
国有资本经营收入	9238	128895	105	151	1094	0	0
国有资源(资产)有偿使用收入	116004	89296	80411	3069	4379	4478	35117
捐赠收入	3	0	0	151	0	0	0
政府住房基金收入	1236	223	69	2535	103	38	324
其他收入	7621	15	2343	1982	71	662	862
上划中央收入	359220	324958	101626	86867	109120	57086	160108
政府性基金收入	**1403300**	**833175**	**480236**	**72677**	**93073**	**194411**	**509384**

12－5 按县(市)区分财政支出主要指标

(2018年)　　　　单位:万元

项　　目	福州市	市　区	市本级	鼓楼区	台江区	仓山区	晋安区	马尾区	长乐区
一般公共预算支出	**9247552**	**4767964**	**2378412**	**387929**	**180487**	**376957**	**368916**	**458225**	**617038**
一般公共服务支出	780911	403997	174765	39124	25796	44030	32551	43240	44491
外交支出	0	0	0	0	0	0	0	0	0
国防支出	12972	7455	2868	535	728	725	526	505	1568
公共安全支出	534700	331101	233186	8297	5914	10505	11301	20970	40928
教育支出	1659184	884629	371069	101163	50620	99986	61431	63668	136692
科学技术支出	290765	143073	75287	16928	4131	16615	7092	16917	6103
文化体育与传媒支出	137363	89771	37838	7325	2489	4400	6390	21869	9460
社会保障和就业支出	878383	468484	218078	57348	26789	45192	35836	21260	63981
医疗卫生与计划生育支出	839612	510314	288921	27098	18069	30833	39595	20619	85179
节能环保支出	182796	88964	56171	3313	1298	3554	4433	3195	17000
城乡社区支出	1686401	755438	335480	82807	32800	87371	95103	62850	59027
农林水支出	749954	302876	206524	4478	120	7806	14991	15947	53010
交通运输支出	278721	159600	125724	94	324	196	8714	3649	20899
资源勘探信息等支出	315810	129239	21077	19407	1887	7892	16898	21137	40941
商业服务业等支出	111134	59599	19595	16203	2572	4477	7118	6436	3198
金融支出	10322	7855	7535	0	0	0	0	230	90
援助其他地区支出	4151	3256	936	0	0	0	0	2076	244
国土海洋气象等支出	115526	39409	16428	141	28	115	1565	4376	16756
住房保障支出	269117	197116	82977	300	857	8061	11583	90998	2340
粮油物资储备支出	26697	11545	8544	0	0	0	0	742	2259
其他支出(类)	170237	93547	34622	826	5816	2218	12125	31043	6897
债务付息支出	192130	80573	60736	2534	245	2981	1652	6488	5937
债务发行费用支出	666	123	51	8	4	0	12	10	38
政府性基金支出	**10901879**	**7951191**	**6628416**	**176885**	**2375**	**32114**	**40150**	**560348**	**510903**

注:马尾区统计口径包含琅岐经济区及保税区。

12－5 续表 （2018年） 单位：万元

项目	福清市	闽侯县	连江县	罗源县	闽清县	永泰县	平潭县
一般公共预算支出	**1003476**	**996962**	**706392**	**303730**	**264849**	**305629**	**898550**
一般公共服务支出	88379	71143	62613	32664	23358	31282	67475
外交支出	0	0	0	0	0	0	0
国防支出	808	1316	1182	368	526	566	751
公共安全支出	47967	37996	33738	15499	13029	11307	44063
教育支出	213970	144857	155150	45011	55975	63756	95836
科学技术支出	19086	28913	5428	2153	2597	883	88632
文化体育与传媒支出	11382	6989	7970	3806	2992	3643	10810
社会保障和就业支出	101549	87195	68148	37592	39919	36992	38504
医疗卫生与计划生育支出	96512	66362	49015	15325	17366	19453	65265
节能环保支出	12485	12751	17991	11359	10676	8454	20116
城乡社区支出	94781	399536	92175	27762	26882	42495	247332
农林水支出	81725	63199	94329	63736	41668	51293	51128
交通运输支出	19220	12267	30171	15847	10439	6212	24965
资源勘探信息等支出	92206	6883	52496	11134	3140	3993	16719
商业服务业等支出	14259	7788	4366	1975	1122	8575	13450
金融支出	0	0	0	15	0	0	2452
援助其他地区支出	254	0	641	0	0	0	0
国土海洋气象等支出	15666	7225	15144	8443	5733	8748	15158
住房保障支出	30858	8728	2868	4995	366	681	23505
粮油物资储备支出	4180	2635	3165	1812	890	623	1847
其他支出（类）	41168	24870	714	1499	1878	1187	5374
债务付息支出	16751	6308	8991	2720	6274	5454	65059
债务发行费用支出	270	1	97	15	19	32	109
政府性基金支出	**1002399**	**609727**	**440602**	**95253**	**153028**	**201027**	**448652**

12－6 主要年份金融机构存贷款与现金收支

（1978－2018 年）

单位：万元

年份	存款余额	#居民储蓄	贷款余额	现金收入	现金支出	现金投放（＋）回笼（－）
1978	77601	18146	91467			
1979	87455	21716	110420			
1980	151201	29903	138097			
1981	192536	41758	162162			
1982	235293	54044	187095			
1983	265148	70007	204568			
1984	440563	92956	291742	144450	137737	－6713
1985	289820	123555	302934	383319	375659	－7660
1986	378241	166508	366741	462191	456342	－5849
1987	452925	215917	418577	646827	633915	－12912
1988	484704	235407	469953	978225	971666	－6559
1989	618937	350188	559900	1247421	1159087	－88334
1990	854105	518540	677153	1465438	1334921	－130517
1991	1133491	688703	788927	1800124	1684068	－116056
1992	1568301	906030	995055	2605957	2493969	－111988
1993	1817095	1055894	1346071	4282713	4232547	－50166
1994	2566545	1593746	1562959	6604709	6357429	－247280
1995	3971395	2319383	2360780	9698914	9474265	－224649
1996	5184852	3195935	2956459	14524717	14421509	－103208
1997	6078105	3783654	3777974	26480153	26556120	75967
1998	6875763	4355716	4196271	32797002	33003793	206791
1999	9906340	5030220	7970215	37992443	38200333	207890
2000	10338457	4844713	8830450	48839192	48872901	33709
2001	12510171	5590916	11571483	65356687	65345969	－10718
2002	13905993	7106162	11577911	52134542	52131880	－2662
2003	16964051	8762245	13672072	56542003	56509394	－32609
2004	20188730	9962729	15559772	67938302	67730873	－207428
2005	23757542	11550362	17727789	64996351	64815137	－181213
2006	28962492	13113823	21795935	70321239	70074039	－247199
2007	32901090	13753667	26404521	76664702	76248330	－416372
2008	38587590	17098954	30782212	63226947	62801264	－425683
2009	47405776	20475958	40543634	59722733	59318140	－404594
2010	59094203	23269619	49539105	62866429	62558717	－307712
2011	67069357	25422699	58354307			－406530
2012	76357112	29299210	66445336			－233064
2013	87202642	32123554	77387392			61399
2014	94132422	33910117	92877646			－18621
2015	108314943	35200244	105837116			132162
2016	120243795	38699364	120637956			321895
2017	130558969	40639581	132527287			130218
2018	137518581	43851887	148437980			238778

注：1. 本表为中资金融机构的人民币数据，下同。2. 2011 年起取消现金收支情况表。

12-7 金融机构信贷资金来源与资金运用

单位:万元

项　　　目	2015 年	2016 年	2017 年	2018 年
资金来源总计	**126255365**	**140187965**	**149680481**	**161964056**
一、各项存款	108314943	120243795	130558969	137518581
境内存款	107099650	118924430	129136796	136031375
住户存款	36832649	40850393	43828108	50511385
非金融企业存款	40310099	45673794	46839972	45292259
广义政府存款	20876460	23700509	27226921	28687944
非银行业金融机构存款	9080442	8699735	11241795	11539788
境外存款	1215293	1319365	1422174	1487206
二、金融债券	540738	440549	461155	630834
三、卖出回购资产	80000	49130	20000	121404
四、借款及非银行业金融机构拆入	5749		2004	89300
五、联行往来(净)	10645818	7718880	8581113	13341800
六、应付及暂收款	2471486	2287838	2260829	2277924
七、各项准备	2675884	3123257	3527434	3766747
八、所有者权益	1945779	2424481	3512659	4826811
#实收资本	1389807	1474541	1931888	2007627
九、其　他	-425032	3900037	756318	-609345

注:本表机构包括中国人民银行、银行业存款类金融机构、银行业非存款类金融机构。

12－7 续表 单位:万元

项 目	2015 年	2016 年	2017 年	2018 年
资金运用总计	**126255365**	**140187965**	**149680481**	**161964056**
一、各项贷款	105837116	120637956	132527287	148437980
境内贷款	105698304	120464413	132188626	148089349
住户贷款	37772883	43962293	49402117	55174910
非金融企业及机关团体贷款	67823498	76499635	82780497	92853318
非银行业金融机构贷款	101923	2485	6012	61120
境外贷款	138811	173543	338661	348631
二、债券投资	7503645	6775036	5737314	5572782
三、股权及其他投资	9700377	10317986	8690179	5178231
四、买入返售资产	826117	163594	134496	593807
五、存放非银行业金融机构款项	50330	1790	1141	4529
六、联行往来(净)				
七、金银占款				
八、外汇买卖	62496			
九、应收及预付款	1196036	1133458	1420595	1004685
十、投资性房地产			1240	8690
十一、固定资产	1079249	1158144	1168230	1163353

12－8 按县(市)区分金融机构信贷资金主要指标

(2018年)

单位:万元

项目	福州市	市区	福清市	闽侯县	连江县
金融机构各项存款余额	**137518581**	**106663925**	**12015152**	**5833989**	**4155119**
境内存款	136031375	105602237	11776700	5801425	4030976
住户存款	50511385	32674174	7732789	3007112	2766471
非金融企业存款	45292259	39120571	2307550	1018518	457908
广义政府存款	28687944	22568453	1636192	1575786	806589
非银行业金融机构存款	11539788	11239040	100169	200009	9
境外存款	1487206	1061687	238452	32564	124143
金融机构各项贷款余额	**148437980**	**123641284**	**8872124**	**3798890**	**4054938**
境内贷款	148089349	123331402	8847110	3796796	4050776
住户贷款	55174910	37991571	5020128	2856797	3014728
非金融企业及机关团体贷款	92853318	85278711	3826982	939999	1036049
非银行业金融机构贷款	61120	61120			
境外贷款	348631	309881	25013	2093	4161

注:2017年起市区含长乐。

12－8 续表 （2018年） 单位:万元

项目	罗源县	闽清县	永泰县	平潭县
金融机构各项存款余额	**1330540**	**1540495**	**1542733**	**4436629**
境内存款	1327632	1534653	1541139	4416612
住户存款	773192	1121221	938554	1497872
非金融企业存款	212099	147032	191717	1836864
广义政府存款	342341	266400	410868	1081315
非银行业金融机构存款				561
境外存款	2907	5841	1593	20018
金融机构各项贷款余额	**1916243**	**851544**	**1220443**	**4082515**
境内贷款	1915999	851498	1220401	4075366
住户贷款	1511503	715778	1038771	3025636
非金融企业及机关团体贷款	404496	135720	181630	1049730
非银行业金融机构贷款				
境外贷款	243	47	42	7150

主要统计指标解释

一般公共预算收入 属于地方财政的收入包括营业税，地方企业所得税，个人所得税，城镇土地使用税，固定资产投资方向调节税，城镇维护建设税，房产税，车船使用税，印花税，屠宰税，牧业税，耕地占用税，契税，增值税 25%部分，证券交易税（印花税）50%部分和除海洋石油资源税以外的其他资源税。

一般公共预算支出 包括地方行政管理和各项事业费，地方统筹的基本建设、技术改造支出，支援农村生产支出，城市维护和建设经费，价格补贴支出等。

存款 指机构和个人在保留资金或货币所有权条件下，以不可流通的存款凭证为依据，暂时让渡或接受资金使用权所形成的债权或债务。

贷款 指机构或个人在保留资金或或货币所有权的条件，以不可流通的贷款凭证或类似凭证为依据，暂时让渡或接受资金使用权所形成的债权或债务。

13 人民生活

13－1　人民生活基本情况

项　　目	单　位	2005 年	2010 年	2011 年	2012 年	2013 年
就　业						
城镇居民家庭每户平均人口	人	3.11	3.08	3.11	3.15	2.90
城镇居民家庭每户平均就业人口	人	1.58	1.69	1.62	1.69	1.45
城镇居民家庭每户平均就业面	%	50.80	54.87	52.09	53.65	50.00
城镇居民家庭每一就业者平均负担人数	人	1.97	1.82	1.92	1.86	2.00
农村居民家庭每户平均常住人口	人	3.80	3.80	3.80	3.80	3.70
农村居民家庭每户整半劳动力	人	2.61	2.71	2.67	2.64	2.39
农村居民家庭每一劳动力平均负担人数	人	1.92	1.40	1.43	1.44	1.55
城镇登记失业率	%	3.35	3.14	2.36	2.37	2.42
收入与支出						
城镇居民人均可支配收入	元	12661	22723	26050	29399	32265
城镇居民人均消费支出	元	8382	15778	17847	20040	21695
农村居民人均可支配(纯)收入	元	5197	8543	10107	11492	12910
农村居民人均消费支出	元	3503	6071	7353	8336	9311
生活质量						
居住条件						
城镇居民人均现住房建筑面积	平方米	25.74	31.22	33.18	32.36	37.03
农村居民人均现住房建筑面积	平方米	41.52	45.41	47.89	48.40	49.58
城市公用设施						
人均公园绿地面积	平方米	9.60	11.15	11.20	11.30	12.80

注:根据国家统计局制定的城乡住户调查一体化改革方案,福州市从2014年起发布住户收支与生活状况调查新口径数据。此调查方案,在调查范围、指标口径、指标名称上与原城乡住户调查制度有所不同。其中,农民收入2013年及以前为纯收入,2014年起为可支配收入,后同。

13－1 续表

项 目	单 位	2014年	2015年	2016年	2017年	2018年
就 业						
城镇居民家庭每户平均人口	人	2.97	3.07	3.18	3.16	3.18
城镇居民家庭每户平均就业人口	人	1.45	1.47	1.50	1.47	1.33
城镇居民家庭每户平均就业面	%	48.82	47.88	47.17	46.5	41.8
城镇居民家庭每一就业者平均负担人数	人	2.05	2.09	2.12	2.15	2.39
农村居民家庭每户平均常住人口	人	2.96	2.99	3.23	3.23	2.98
农村居民家庭每户整半劳动力	人	1.00	2.17	2.32	2.33	2.07
农村居民家庭每一劳动力平均负担人数	人	1.47	1.38	1.39	1.39	1.44
城镇登记失业率	%	2.42	2.44	2.43	2.40	
收入与支出						
城镇居民人均可支配收入	元	32451	34982	37833	40973	44457
城镇居民人均消费支出	元	23330	24825	26392	27427	29849
农村居民人均可支配(纯)收入	元	14012	15203	16346	17865	19419
农村居民人均消费支出	元	12166	13152	14033	15283	16250
生活质量						
居住条件						
城镇居民人均现住房建筑面积	平方米	41.36	42.54	41.68	42.28	51.56
农村居民人均现住房建筑面积	平方米	65.56	67.30	65.73	66.51	91.07
城市公用设施						
人均公园绿地面积	平方米	12.90	13.50	14.10	14.74	15.05

13－2　城乡居民家庭人均收入

（1978－2018年）

年份	城镇居民人均可支配收入		农村居民人均可支配（纯）收入	
	数值（元）	比上年增长（%）	数值（元）	比上年增长（%）
1978	295	3.15	129	21.70
1979	304	3.05	131	1.55
1980	314	3.29	135	3.05
1981	346	10.19	187	38.52
1982	415	19.94	221	18.18
1983	450	8.43	287	29.86
1984	506	12.44	349	21.60
1985	678	33.99	423	21.20
1986	829	22.27	463	9.46
1987	888	7.12	535	15.55
1988	1079	21.51	689	28.79
1989	1332	23.45	795	15.38
1990	1537	15.39	864	8.68
1991	1639	6.64	969	12.15
1992	2273	38.67	1109	14.45
1993	2769	21.85	1387	25.07
1994	4108	48.34	1801	29.85
1995	4896	19.18	2303	27.87
1996	5545	13.25	2847	23.62
1997	6417	15.73	3223	13.21
1998	6857	6.85	3490	8.28
1999	7098	3.52	3677	5.36
2000	7944	11.92	3860	4.98
2001	8675	9.20	4020	4.15
2002	9147	5.44	4192	4.28
2003	10123	10.66	4402	5.01
2004	11436	12.98	4815	9.38
2005	12661	10.71	5197	7.93
2006	14206	12.21	5592	7.60
2007	16642	17.14	6286	12.41
2008	19009	16.00	7142	13.62
2009	20289	9.10	7669	7.38
2010	22723	11.99	8543	11.40
2011	26050	14.64	10107	18.30
2012	29399	12.85	11492	13.70
2013	32265	9.75	12910	12.34
2014	32451	9.41	14012	11.20
2015	34982	7.80	15203	8.50
2016	37833	8.20	16346	7.50
2017	40973	8.30	17865	9.30
2018	44457	8.50	19419	8.70

13－3 主要年份城镇居民家庭基本情况

年　份	户　均 家庭人口 （人）	户　均 就业人数 （人）	户　均 就业面 （%）	平均每一就业 者负担人数 （人）	人　均 可支配收入 （元）	人　均 消费支出 （元）	人均现住房 建筑面积 （平方米）
1952	5.62	1.87	33.3	3.01	104	98	5.7
1957	5.37	2.22	41.3	2.42	152	141	6.1
1959	5.29	2.22	42.0	2.38	177	164	6.5
1962	4.94	2.26	45.7	2.19	168	158	6.8
1963	4.94	2.27	46.0	2.18	199	155	6.8
1964	4.93	2.28	46.2	2.16	177	167	6.9
1965	4.91	2.29	46.6	2.14	197	185	7.0
1966	4.89	2.29	46.8	2.14	203	191	7.2
1975	4.01	2.02	50.4	1.99	268	260	8.0
1978	3.90	2.02	51.8	1.93	295	288	8.2
1980	3.81	2.00	52.5	1.91	314	308	8.5
1981	3.75	2.00	53.3	1.88	346	316	8.6
1982	3.72	2.01	54.0	1.85	415	379	8.7
1983	3.68	2.00	54.3	1.84	450	402	8.7
1984	3.65	2.01	55.1	1.82	506	453	8.8
1985	3.62	2.00	55.2	1.81	678	638	8.8
1986	3.60	2.00	55.6	1.80	829	771	8.9
1987	3.56	2.02	56.7	1.76	888	845	9.0
1988	3.52	2.02	57.4	1.74	1079	1023	9.0
1989	3.50	2.01	57.4	1.74	1332	1242	9.2
1990	3.44	2.02	58.7	1.70	1537	1381	9.3
1991	3.47	2.00	57.6	1.74	1639	1522	9.3
1992	3.45	2.02	58.6	1.71	2273	1820	9.4
1993	3.39	2.00	59.0	1.70	2769	2281	11.6
1994	3.19	1.90	59.6	1.68	4108	3338	11.6
1995	3.17	1.84	58.0	1.72	4896	4021	11.6
1996	3.21	1.88	58.6	1.71	5545	4307	12.1
1997	3.21	1.88	58.6	1.71	6417	5150	12.4
1998	3.19	1.88	58.9	1.70	6857	5459	12.4
1999	3.23	1.86	57.6	1.74	7098	5364	12.5
2000	3.20	1.80	56.3	1.78	7944	6009	12.6
2001	3.23	1.82	56.3	1.77	8675	6213	14.9
2002	3.11	1.66	53.4	1.87	9147	6635	23.1
2003	3.12	1.69	54.2	1.85	10123	7347	24.8
2004	3.11	1.55	49.8	2.01	11436	8042	25.5
2005	3.11	1.58	50.8	1.97	12661	8382	25.7
2006	3.14	1.68	53.5	1.87	14206	9595	25.9
2007	3.10	1.68	54.2	1.85	16642	11790	26.8
2008	3.10	1.63	52.6	1.90	19009	13541	28.1
2009	3.14	1.66	52.9	1.89	20289	14105	30.4
2010	3.08	1.69	54.9	1.82	22723	15778	31.2
2011	3.11	1.62	52.1	1.92	26050	17847	33.2
2012	3.15	1.69	53.7	1.86	29399	20040	32.4
2013	2.90	1.45	50.0	2.00	32265	21695	37.0
2014	2.97	1.45	48.8	2.05	32451	23330	41.4
2015	3.07	1.47	47.9	2.09	34982	24825	42.5
2016	3.18	1.50	47.2	2.12	37833	26392	41.7
2017	3.16	1.47	46.5	2.15	40973	27427	42.3
2018	3.18	1.33	41.8	2.39	44457	29849	51.6

13－4　城镇居民人均收支情况

单位:元

项　　目	2006 年	2007 年	2008 年	2009 年	2010 年	2011 年
一、可支配收入	**14206**	**16642**	**19009**	**20289**	**22723**	**26050**
工资性收入	9909	11580	13477	14846	16646	18848
经营净收入	1113	1214	1497	1175	1290	1925
财产净收入	365	851	662	940	1134	1395
转移净收入	3997	4416	5205	5470	6037	6434
二、消费支出	**9595**	**11790**	**13541**	**14105**	**15778**	**17847**
食品烟酒	4040	4670	5769	5675	6145	6722
衣　着	683	836	1209	1320	1468	1875
居　住	1258	1328	1252	1230	1536	1591
生活用品及服务	478	658	798	907	1034	1420
交通与通信	1006	1722	1702	2014	2308	2509
教育文化娱乐	1141	1482	1546	1606	2077	2034
医疗保健	677	737	646	678	646	838
其他用品及服务	311	357	618	675	565	859

13－4 续表 单位:元

项　　目	2012 年	2013 年	2014 年	2015 年	2016 年	2017 年	2018 年
一、可支配收入	**29399**	**32265**	**32451**	**34982**	**37833**	**40973**	**44457**
工资性收入	21334	22479	20516	21956	23619	25356	28054
经营净收入	2273	2533	2861	3128	3408	3654	3912
财产净收入	1532	1727	4015	4355	4738	5468	5769
转移净收入	7146	8086	5059	5543	6067	6495	6722
二、消费支出	**20040**	**21695**	**23330**	**24825**	**26392**	**27427**	**29849**
食品烟酒	7755	8016	7595	8081	8704	9017	9530
衣　着	2054	2107	1791	1812	1474	1430	1535
居　住	1410	1686	5944	6320	7360	8031	9129
生活用品及服务	1516	1700	1504	1647	1363	1333	1398
交通与通信	3056	3435	2699	2891	3022	3264	3660
教育文化娱乐	2448	2748	2403	2570	2866	2806	3026
医疗保健	853	974	848	936	1084	962	1110
其他用品及服务	947	1028	545	568	518	584	461

13－5　按县(市)区分城镇居民人均收支情况

(2018 年)

县(市)区	人均可支配收入(元)	比上年增长(%)	人均消费支出(元)	比上年增长(%)
福州市	**44457**	**8.5**	**29849**	**8.8**
鼓楼区	52410	9.0	35615	9.0
台江区	48518	9.3	32646	9.3
仓山区	41237	9.1	28141	9.3
晋安区	44914	8.6	30144	8.8
马尾区	49048	8.6	33424	8.8
长乐区	45749	8.1	29687	8.3
福清市	44920	8.0	30364	8.0
闽侯县	41523	8.0	26449	8.3
连江县	36442	8.5	23626	8.8
罗源县	32925	8.7	21264	8.9
闽清县	31491	8.8	20815	9.0
永泰县	30938	8.3	20199	8.6
平潭县	38632	8.1	25520	8.4

13－6 农村居民家庭基本情况

（1989－2018年）

年份	户均常住人口（人）	户均整半劳动力（人）	平均每个劳力负担人口（人）	人均可支配（纯）收入（元）	人均消费支出（元）	人均现住房建筑面积（平方米）
1989	5.26	2.65	1.99	795	699	
1990	5.13	2.54	2.02	864	765	
1991	5.10	2.53	2.01	969	808	
1992	5.04	2.57	1.96	1109	891	
1993	4.88	2.98	1.63	1387	1141	
1994	4.83	3.02	1.59	1801	1434	21.3
1995	4.77	2.97	1.60	2303	1818	23.2
1996	4.72	3.01	1.57	2847	2063	24.6
1997	4.57	2.99	1.53	3223	2329	25.5
1998	4.51	3.02	1.49	3490	2247	26.3
1999	4.46	2.94	1.52	3677	2420	28.3
2000	4.01	2.70	1.48	3860	2921	34.3
2001	3.98	2.42	1.65	4020	2746	34.3
2002	3.90	2.61	1.49	4192	2811	38.0
2003	3.90	2.60	1.95	4402	2968	40.4
2004	3.90	2.60	1.90	4815	3217	41.8
2005	3.80	2.61	1.92	5197	3503	41.5
2006	3.81	2.67	1.53	5592	3904	45.5
2007	3.79	2.67	1.42	6286	4388	46.1
2008	3.78	2.66	1.42	7142	5080	46.9
2009	3.80	2.66	1.43	7669	5502	47.0
2010	3.80	2.71	1.40	8543	6071	45.4
2011	3.80	2.67	1.43	10107	7353	47.9
2012	3.80	2.64	1.44	11492	8336	48.4
2013	3.70	2.39	1.55	12910	9311	49.6
2014	2.96	2.02	1.47	14012	12166	65.6
2015	2.99	2.17	1.38	15203	13152	67.3
2016	3.23	2.32	1.39	16346	14033	65.7
2017	3.23	2.33	1.39	17865	15283	66.5
2018	2.98	2.07	1.44	19419	16250	91.1

13－7　农村居民人均收支情况

项　　目	2017年		2018年	
	数　值（元）	比上年增长（%）	数　值（元）	比上年增长（%）
可支配收入	**17865**	**9.3**	**19419**	**8.7**
工资性收入	9555	10.3	10305	7.8
经营净收入	4656	7.6	4931	5.9
财产净收入	855	9.8	985	15.1
转移净收入	2799	8.6	3199	14.3
消费支出	**15283**	**8.9**	**16250**	**6.3**
食品烟酒	5755	7.7	6080	5.6
衣　着	951	10.9	985	3.5
居　住	3764	4.1	3864	2.6
生活用品及服务	1022	26.4	1279	25.2
交通通信	1345	1.3	1499	11.4
教育文化娱乐	1118	－3.8	1282	14.7
医疗保健	814	26.3	832	2.2
其他用品及服务	514	88.7	430	－16.4

注：比上年增长使用同口径对比。

13－8 按县(市)区分农村居民人均收支情况

(2018年)

县(市)	人均可支配收入 (元)	比上年增长 (%)	人均消费支出 (元)	比上年增长 (%)
福州市	**19419**	**8.7**	**16250**	**6.3**
晋安区	19781	9.6	13654	7.2
马尾区	25169	8.7	21398	6.1
长乐区	22198	9.3	18461	6.7
福清市	22920	8.7	18603	6.1
闽侯县	18492	8.9	15842	6.3
连江县	17826	8.9	15114	6.3
罗源县	14872	8.3	12751	5.9
闽清县	14714	9.1	12762	6.5
永泰县	14320	8.4	11936	6.0
平潭县	16009	9.3	13767	6.7

主要统计指标解释

可支配收入 指调查户在调查期内获得的、可用于最终消费支出和储蓄的总和，即调查户可以用来自由支配的收入。可支配收入既包括现金收入，也包括实物收入。按照收入的来源，可支配收入包含四项，分别为：工资性收入、经营净收入、财产净收入和转移净收入。

工资性收入 指就业人员通过各种途径得到的全部劳动报酬和各种福利，包括受雇于单位或个人、从事各种自由职业、兼职和零星劳动得到的全部劳动报酬和福利。

经营净收入 指住户或住户成员从事生产经营活动所获得的净收入，是全部经营收入中扣除经营费用、生产性固定资产折旧和生产税之后得到的净收入。计算方法：

经营净收入 = 经营收入 - 经营费用 - 生产性固定资产折旧 - 生产税

财产净收入 指住户或住户成员将其所拥有的金融资产、住房等非金融资产和自然资源交由其他机构单位、住户或个人支配而获得的回报并扣除相关的费用之后得到的净收入。财产净收入包括利息净收入、红利收入、储蓄性保险净收益、转让承包土地经营权租金净收入、出租房屋净收入、出租其他资产净收入和自有住房折算净租金等。计算方法：

财产净收入 = 财产性收入 - 财产性支出

转移净收入计算方法：

转移净收入 = 转移性收入 - 转移性支出

转移性收入 指国家、单位、社会团体对住户的各种经常性转移支付和住户之间的经常性收入转移。包括政府、非行政事业单位、社会团体对居民转移的养老金或退休金、社会救济和补助、惠农补贴、政策性生活补贴、救灾款、经常性捐赠和赔偿以及报销医疗费等；住户之间的赡养收入、经常性捐赠和赔偿以及农村地区（村委会）在外（含国外）工作的本住户非常住成员寄回带回的收入等。

转移性支出 指调查户对国家、单位、住户或个人的经常性或义务性转移支付。包括缴纳的税款、各项社会保障支出、赡养支出、经常性捐赠和赔偿支出以及其他经常转移支出等。

消费支出 指住户用于满足家庭日常生活消费需要的全部支出，既包括现金消费支出，也包括实物消费支出（含自产自用、来自单位、来自政府和其他社会组织）。根据用途不同，消费支出可划分为食品烟酒、衣着、居住、生活用品及服务、交通通信、教育文化娱乐、医疗保健、其他用品及服务八大类。

恩格尔系数 指食物支出占生活消费总支出的比重。计算公式为：恩格尔系数 = 食物支出/生活消费总支出 ×100%。恩格尔系数越大，表示生活越贫困；反之，表示生活越富裕。根据国际经验，恩格尔系数 60%以上为贫困，50% -60%为温饱，40% -50%为小康，30% -40%为富裕，30%以下为最富裕。

14 科技、教育与文化

14－1　地方国有企事业单位专业技术人员

（1988－2018年）　　单位：人

年　份	合　计	#工程技术人员	农业技术人员	卫生技术人员	科学研究人员	教学人员
1988	69257	13649	1935	6336	189	33106
1989	74889	14112	1799	6597	186	37403
1990	76161	13057	1760	6788	182	40065
1991	74915	11725	1536	7185	180	41862
1992	78382	12433	1496	7349	176	42855
1993	75214	11905	1376	7108	175	43574
1994	73403	11941	1241	6740	176	43046
1995	75137	12215	1377	6712	202	44256
1996	81731	12322	1682	8899	220	47899
1997	82992	12378	1987	9664	225	48041
1998	82802	11720	1504	8691	192	50619
1999	86069	11227	1624	9373	198	53388
2000	86722	10401	1560	8533	177	54970
2001	85130	10289	1821	8538	189	55040
2002	84521	9194	1645	9048	217	55646
2003	81703	8052	1588	8765	203	55440
2004	85046	8292	1890	10577	157	56632
2005	83275	7207	1854	10402	272	56481
2006	81323	6069	2010	9622	163	57264
2007	81378	6168	1743	8881	169	56276
2008	79901	5387	1656	11102	179	55714
2009	80755	5912	1515	11068	196	56593
2010	73827	5107	1406	10558	106	51872
2011	76688	5304	1312	11354	157	53229
2012	78406	5143	1327	12161	429	53475
2013	80297	5266	1359	12452	439	54758
2014	82884	6145	1503	13911	468	55508
2015	79409	6548	1483	14546	505	56327
2016	79979	6883	1459	14740	507	56390
2017	80835	7172	1509	14904	525	56725
2018	79586	7221	1462	15248	433	55222

注：本表为不含省属的市属国有企事业单位专业技术人员数；2010年起数据不含平潭县。

14－2 按行业分地方国有企事业单位各行业技术人员

行业	单位	2004年	2005年	2006年	2007年	2008年	2009年	2010年
合计	人	**85046**	**83275**	**81323**	**81378**	**79901**	**80755**	**73827**
农、林、牧、渔业	人	3007	2809	2650	2427	2114	2062	1911
采矿业	人	3	3	18	12	10		
制造业	人	1515	1017	584	490	303	402	294
电力、煤气及水的生产和供应业	人	1044	1030	553	617	580	518	497
建筑业	人	3552	3102	2590	2239	893	1219	1038
交通运输、仓储及邮政业	人	905	811	786	788	780	841	788
信息传输、计算机服务和软件业	人	54	39	86	57	69	41	29
批发和零售业	人	957	717	658	590	390	444	482
住宿和餐饮业	人	133	89	81	82	69	60	66
金融业	人	71	123	349	409	195	245	217
房地产业	人	622	630	544	602	214	173	200
租赁和商务服务业	人	201	272	279	232	113	110	127
科学研究、技术服务和地质勘查业	人	727	639	598	599	688	654	599
水利、环境和公共设施管理业	人	1054	1095	1125	1287	1225	1325	1135
居民服务和其他服务业	人	257	240	213	221	197	158	90
教育	人	57021	57200	57785	56970	56456	56911	52385
卫生、社会保障和社会福利业	人	10620	10539	9914	11037	11515	11748	10920
文化、体育和娱乐业	人	1788	1528	1289	1365	1403	1483	1254
公共管理和社会组织	人	1515	1392	1221	1354	2687	2361	1795

注：本表2010年起数据不含平潭县。

14－2　续表

行　业	单　位	2011 年	2012 年	2013 年	2014 年	2015 年	2016 年	2017 年	2018 年
合　计	人	**76688**	**78406**	**80297**	**82884**	**90075**	**91827**	**93724**	**86531**
农、林、牧、渔业	人	1707	1557	1594	1936	1942	1978	1865	1817
采矿业	人								0
制造业	人	229	189	193	171	160	107	86	283
电力、煤气及水的生产和供应业	人	595	624	638	703	689	712	871	803
建筑业	人	1830	1787	1829	1806	1939	1786	1861	1747
交通运输、仓储及邮政业	人	624	681	697	921	989	1177	1270	1496
信息传输、计算机服务和软件业	人	21	79	81	55	48	59	70	93
批发和零售业	人	422	423	433	378	346	341	276	2
住宿和餐饮业	人	59	96	98	77	88	69	74	73
金融业	人	445	472	483	500	480	475	472	465
房地产业	人	421	472	483	501	586	619	656	669
租赁和商务服务业	人	82	122	125	159	158	138	93	144
科学研究、技术服务和地质勘查业	人	619	944	967	1003	1298	1331	1128	1006
水利、环境和公共设施管理业	人	1105	1151	1178	1444	1250	1433	1651	1634
居民服务和其他服务业	人	166	108	110	50	69	99	104	95
教　育	人	53907	54010	55306	56132	57506	58004	59107	56306
卫生、社会保障和社会福利业	人	11823	12334	12630	16322	18674	19612	20362	15464
文化、体育和娱乐业	人	1311	2027	2075	1423	1802	1797	1654	1357
公共管理和社会组织	人	1322	1330	1362	1734	2051	2090	2124	3077

14－3 各类型专利申请公告情况

(1985－2018年)

单位:项

年 份	专利申请公告量	发 明	实用新型	外观设计
1985	76	39	37	
1986	76	32	43	1
1987	121	30	83	8
1988	131	31	99	1
1989	150	32	100	18
1990	142	38	94	10
1991	180	36	101	43
1992	243	35	182	26
1993	211	56	125	30
1994	300	76	175	49
1995	379	61	163	155
1996	423	66	174	183
1997	451	65	177	199
1998	682	78	271	333
1999	737	59	308	370
2000	823	95	331	397
2001	791	96	315	380
2002	946	102	423	421
2003	1294	203	464	627
2004	1241	205	464	572
2005	1354	365	432	557
2006	2468	560	857	1051
2007	3255	994	973	1288
2008	3794	1138	1291	1365
2009	4708	1530	1954	1224
2010	6134	2216	2781	1137
2011	7402	2673	3576	1153
2012	8998	3091	4097	1810
2013	9262	3258	4227	1777
2014	10844	4021	4849	1974
2015	15443	5433	7850	2160
2016	23455	9335	11453	2667
2017	25580	10038	13034	2508
2018	34558	12532	18127	3899

注:2007年前的数字为专利申请公告量,2009年以后的数字为专利申请量。

14－4　主要年份技术市场基本情况

（1991－2018 年）

年　份	合同数（项）	合同金额（万元）	年　份	合同数（项）	合同金额（万元）
1991	1212	2034.24	2005	3725	43932.42
1992	4124	5448.40	2006	2790	67424.95
1993	2851	9171.42	2007	3457	96082.04
1994	1936	12387.89	2008	3303	84513.00
1995	2021	15106.43	2009	2511	111411.36
1996	1782	18184.87	2010	2267	105183.66
1997	1976	23788.15	2011	1967	143780.77
1998	2310	28656.56	2012	2123	126516.02
1999	2625	31550.87	2013	2522	153378.62
2000	2859	39528.03	2014	1876	189881.19
2001	3159	43240.92	2015	1483	185266.79
2002	3229	37707.33	2016	1354	127198.95
2003	3158	47075.32	2017	1465	267140.79
2004	3892	40905.92	2018	2926	366200.00

14－5 技术市场基本情况

项目	2013年		2014年		2015年	
	合同数（项）	合同金额（万元）	合同数（项）	合同金额（万元）	合同数（项）	合同金额（万元）
合计	**2522**	**153378.82**	**1876**	**189881.19**	**1483**	**185266.79**
按合同类别分						
技术开发合同	992	89627.66	875	93257.06	836	100458.50
技术转让合同	115	33415.47	136	75078.85	167	72291.21
技术咨询合同	1122	10784.83	692	8142.25	318	2431.13
技术服务合同	293	19550.64	173	13403.03	162	10085.94
按服务目标分						
环境保护、生态建设及污染防治	303	4668.82	251	4261.46	245	12638.09
能源生产、分配和合理利用	34	2444.13	15	1635.74	14	3844.88
卫生事业发展	91	1597.71	83	2230.72	60	2819.77
教育事业发展	17	1126.51	29	1080.98	23	575.86
基础设施以及城市和农村规划	198	4832.57	166	6849.13	106	4174.67
社会发展和社会服务	1212	89896.59	781	75597.33	491	56764.75
地球和大气层的探索与利用	1	35.30	2	78.68	3	16.30
民用空间探测及开发	6	52.68				
农林牧渔业发展	344	7849.24	212	4542.89	110	5610.34
工商业发展	104	25125.79	202	47352.85	359	91817.23
非定向研究	1	12.00	7	82.16		
其他民用目标	209	15555.27	124	45921.25	72	7004.91
国　防	2	182.00	4	248.00		

14－5　续表

项　　目	2016年		2017年		2018年	
	合同数（项）	合同金额（万元）	合同数（项）	合同金额（万元）	合同数（项）	合同金额（万元）
合　　计	**1354**	**127198.25**	**1465**	**267140.79**	**2926**	**366163.3**
按合同类别分						
技术开发合同	806	91608.72	999	161810.81	1359	175131.8
技术转让合同	178	32408.01	182	92312.37	213	117961.1
技术咨询合同	275	2154.22	173	1580.04	112	1673.64
技术服务合同	95	1028.00	111	11437.57	1242	71396.79
按服务目标分						
环境保护、生态建设及污染防治	204	6344.56	97	9515.99	92	3477.88
能源生产、分配和合理利用	13	2876.95	36	7480.45	46	2724.52
卫生事业发展	71	2341.02	44	5814.01	99	5701.46
教育事业发展	24	1057.40	43	2616.26	103	2755.94
基础设施以及城市和农村规划	133	5064.84	98	4704.96	62	5040.17
社会发展和社会服务	453	60684.21	576	80697.99	992	135926.3
地球和大气层的探索与利用	3	177.60	1	29.60	2	12.89
民用空间探测及开发					2	41.98
农林牧渔业发展	97	3502.84	107	5510.88	751	11658.28
工商业发展	189	32689.95	212	50709.83	276	73054.86
非定向研究	38	415.40	55	3883.23	100	1893.79
其他民用目标	124	11829.28	191	82847.59	390	120306.3
国　防	5	196.90	5	3330.00	11.00	3569.00

14－6 各单位技术买卖情况

项目	2013年			2014年		
	登记合同数（份）	合同成交总金额（万元）	#技术交易额（万元）	登记合同数（份）	合同成交总金额（万元）	#技术交易额（万元）
合计	**2522**	**153378.62**	**144075.85**	**1876**	**189881.19**	**186980.95**
按社会经济目标分						
环境保护、生态建设及污染防治	303	4668.82	4602.20	251	4261.46	4188.63
能源生产、分配和合理利用	34	2444.13	2410.70	15	1635.74	1635.74
卫生事业发展	91	1597.71	1458.70	83	2230.72	2220.72
教育事业发展	17	1126.51	1126.50	29	1080.98	1080.98
基础设施以及城市和农村规划	198	4832.57	4437.80	166	6849.13	6314.96
社会发展和社会服务	1212	89896.59	88139.00	781	75597.33	73361.43
地球和大气层的探索与利用	1	35.30	35.30	2	78.68	78.68
民用空间探测及开发	6	52.68	51.97			
农林牧渔业发展	344	7849.24	7831.30	212	4542.89	4505.85
工商业发展	104	25125.79	18448.00	202	47352.85	47345.55
非定向研究	1	12.00	12.00	7	82.16	82.16
其他民用目标	209	15555.27	15340.00	124	45921.25	45918.25
国　防	2	182.00	182.00	4	248.00	248.00
按卖方类别分						
机关法人				249	16266.36	14319.48
事业法人	727	15642.25	15362.35	396	8755.96	8248.16
社团法人				4	162.10	161.40
企业法人	1021	129960.82	120986.48	1194	164302.83	163868.31
自然人	771	7695.54	7647.02	4	13.00	13.00
其他组织	3	80.00	80.00	29	380.94	370.60

续表 1

项　　目	2015 年			2016 年		
	登记合同数（份）	合同成交总金额（万元）	# 技术交易额（万元）	登记合同数（份）	合同成交总金额（万元）	# 技术交易额（万元）
合　　计	**1483**	**185266.79**	**177356.72**	**1354**	**127198.95**	**116466.18**
按社会经济目标分						
环境保护、生态建设及污染防治	245	12638.09	9683.97	204	6344.56	5612.78
能源生产、分配和合理利用	14	3844.88	3844.88	13	2876.95	1738.59
卫生事业发展	60	2819.77	2819.77	71	2341.02	2332.71
教育事业发展	23	575.86	575.86	24	1057.40	1009.40
基础设施以及城市和农村规划	106	4174.67	4145.67	133	5064.84	5060.44
社会发展和社会服务	491	56764.75	54520.64	453	60684.21	54234.66
地球和大气层的探索与利用	3	16.30	16.30	3	177.60	177.60
民用空间探测及开发						
农林牧渔业发展	110	5610.34	5514.96	97	3520.84	3512.11
工商业发展	359	91817.23	89283.78	189	32689.95	30581.03
非定向研究				38	415.40	412.80
其他民用目标	72	7004.91	89283.78	124	11829.28	11598.71
国　防				5	196.90	186.35
按卖方类别分						
机关法人	211	18412.91	14807.73			
事业法人	269	8396.93	8225.21	156	5859.84	5841.72
社团法人	6	333.00	276.60	1	13.00	13.00
企业法人	971	157199.05	153122.28	893	118618.28	107903.63
自然人	12	262.50	262.50	304	2707.83	2707.83
其他组织	14	662.40	662.40			

续表 2

项目	2017年			2018年		
	登记合同数（份）	合同成交总金额（万元）	#技术交易额（万元）	登记合同数（份）	合同成交总金额（万元）	#技术交易额（万元）
合计	**1465**	**267140.79**	**252541.92**	**2926**	**366163.32**	**358342.42**
按社会经济目标分						
环境保护、生态建设及污染防治	97	9515.99	7836.76	92	3477.88	3121.61
能源生产、分配和合理利用	36	7480.45	7306.02	46	2724.52	2667.05
卫生事业发展	44	5814.01	5648.34	99	5701.46	5701.46
教育事业发展	43	2616.26	2522.76	103	2755.94	2755.94
基础设施以及城市和农村规划	98	4704.96	3614.59	62	5040.17	5040.17
社会发展和社会服务	576	80697.99	72889.30	992	135926.3	131249.85
地球和大气层的探索与利用	1	29.60	29.60	2	12.89	12.89
民用空间探测及开发				2	41.98	41.98
农林牧渔业发展	107	5510.88	5122.78	751	11658.28	11278.75
工商业发展	212	50709.83	50404.06	276	73054.86	73036.26
非定向研究	55	3883.23	3872.43	100	1893.79	1893.79
其他民用目标	191	82847.59	81391.07	390	120306.25	117973.68
国　防	5	3330.00	1904.21	11	3569	3569
按卖方类别分						
机关法人						
事业法人	262	13777.79	13489.28	1169	34087.92	33705.36
社团法人	1	36.00	36.00			
企业法人	1049	242056.31	227745.95	1697	331671.75	324233.42
自然人	153	1270.69	1270.69	60	403.65	403.65
其他组织						

14－7　主要年份各类学校数

单位:所

年　份	普通高等学校	中等专业学校	职业中学	普通中学	#高　中	小　学	幼儿园
1952	3	11		30	13	1468	80
1957	3	8		49	26	2044	513
1962	7	11	25	101	37	2597	634
1965	5	7	104	120	40	3600	700
1970	2			111	31	3265	148
1975	2	17	2	156	115	3977	523
1980	5	22	2	178	122	3441	746
1985	8	29	42	199	81	3323	695
1990	12	42	75	247	81	3280	1521
1995	12	44	68	327	82	3047	2503
2000	13	45	53	364	97	2455	2294
2001	14	46	77	374	109	2272	1809
2002	13	41	74	375	103	2250	1753
2003	31	115		377	102	2081	1681
2004	29	104		273	109	1982	1612
2005	36	95		467	124	1842	1765
2006	37	113		374	132	1729	1737
2007	35	91		377	125	1633	1694
2008	34	84		373	124	1497	1719
2009	34	71		367	124	1350	1649
2010	31	69		326	105	1173	1015
2011	31	61		316	104	1013	1136
2012	32	61		317	102	927	1183
2013	32	56		322	104	905	1204
2014	32	53		321	104	905	1203
2015	32	53		322	103	893	1196
2016	32	52		319	101	900	1186
2017	35	49		315	101	897	1206
2018	34	47		320	102	895	1217

注:2003 年起“普通高等学校”统计口径包括各类学院;“中等专业学校”改为“中等职业学校”,统计口径包括各类职业中学;2010 年起教育部门数据不含平潭县,下同。

14－8　主要年份各类学校专任教师数

单位：人

年　份	普通高等学校	中等专业学校	职业中学	普通中学	#高　中	小　学	幼儿园
1952	307	529		1002		4888	139
1957	767	347		1772		7410	876
1962	1987	527	97	3322		11794	1242
1965	1672	355	401	4008		14258	1362
1970	320			2216		15513	360
1975	1288	295	12	6265		23239	940
1980	2537	928	15	9906		23166	2115
1985	3890	1432	589	10787		23456	3563
1990	4329	2303	1301	13140	2430	22702	26829
1995	4047	2610	1862	16461	2328	26483	6370
2000	4754	2572	2114	20305	3946	29189	7047
2001	5267	2379	2186	21204	4780	28540	28540
2002	7031	2130	2081	22181	6678	29062	5719
2003	9027	5492		23228	6373	28244	5774
2004	9979	5588		24011	6909	27635	6629
2005	12698	5045		25158	7798	27031	2350
2006	12793	5271		26226	8645	27094	8078
2007	13924	4793		26638	9106	26742	8508
2008	14786	4648		26574	9197	26524	9373
2009	15763	4641		26406	9124	26093	10008
2010	17209	4603		24390	8431	24541	9356
2011	17910	4817		23897	8384	24474	10809
2012	18470	4967		23932	8408	24553	11980
2013	19248	4697		24276	8378	25394	12866
2014	19639	4690		24177	8095	26303	13260
2015	19982	4703		24091	8027	27251	13831
2016	19822	4573		24243	8016	26421	14214
2017	20191	4343		24466	8099	27990	14787
2018	20523	4354		24737	8048	29337	15279

14－9 主要年份各类学校在校生数

单位:人

年 份	普通高等学校	中等专业学校	职业中学	普通中学	#高 中	小 学	幼儿园
1952	2135	6158		22825	3525	200313	6612
1957	5058	3472		44051	11038	294147	31306
1962	12158	2728	1782	125392	15341	372757	39004
1965	8256	3509	8769	79803	17142	507762	40912
1970	245			52444	7209	457894	10541
1975	4276	1925	364	159131	45872	609622	29207
1978	8157	4694	614	210678	74057	572849	41704
1979	11418	6951	382	182015	66906	602954	63736
1980	14410	7368	502	193919	44796	617674	75114
1985	22018	9360	10033	190026	37529	675345	105909
1990	28188	21551	18144	213767	27269	605452	141959
1995	34162	36973	36532	285031	30045	650417	163579
2000	65737	53916	40179	378207	60473	602680	136026
2001	88714	55579	41304	380100	74894	587371	133418
2002	97140	53717	37860	383009	85572	572809	122580
2003	129942	120403		399185	95719	538609	122889
2004	148217	122280		412417	106711	514274	123917
2005	194073	122728		417772	119653	488897	159548
2006	216288	129629		412757	130235	493134	170465
2007	233133	127565		404841	131725	480127	183520
2008	250281	129107		396730	130044	462635	200488
2009	265682	148631		379903	124938	446285	213075
2010	281680	136177		327105	111881	417019	216173
2011	292678	170184		308200	109504	432486	230612
2012	305386	195095		301951	108488	451238	246667
2013	318343	166265		298123	105037	469174	253933
2014	320844	122777		298133	101435	499302	256812
2015	320965	101619		300024	100157	522914	262638
2016	317477	92392		307509	101237	537312	269879
2017	313857	84331		321763	102304	547999	276605
2018	319943	86149		321625	103166	564595	281118

14－10 主要年份各类学校招生数

单位:人

年份	普通高等学校	中等专业学校	职业中学	普通中学	#高中	小学	幼儿园
1952				11958	1974	85024	80
1957				15574	3833	74435	272
1962	1037	97	1053	24051	5721	90163	232
1965	1847	1337	4289	29527	5961	116443	320
1970	245			31214	4402	116488	2446
1975	1251	1015	259	93793	23723	125394	15739
1978	3359	2332	341	93333	34344	126165	28087
1979	3612	2816	158	83450	31463	134173	41892
1980	3027	2937	147	52753	2050	118921	44667
1985	7365	4350	6091	69845	12606	113646	82804
1990	7903	6811	7313	82682	10033	105420	101440
1995	10232	13001	14568	113713	11140	108007	102065
2000	26070	15272	15206	131173	25713	85902	74072
2001	31800	13499	15303	129122	99045	85763	74637
2002	26052	16825	13121	130734	30984	85922	64644
2003	51137	43637		150026	35116	77138	63786
2004	58978	41789		141191	41197	72233	63363
2005	67095	42997		137202	44455	67978	79407
2006	69305	52167		135094	45390	76430	81277
2007	75247	46881		135487	44371	78082	87272
2008	82954	46842		134206	44058	76384	90968
2009	83444	69300		119601	39897	77747	94499
2010	87328	46045		103683	37969	76917	98420
2011	89735	90810		99076	37178	81294	95458
2012	92999	92080		100277	35515	84486	103226
2013	96502	39886		99247	33428	88700	104504
2014	90196	38029		98709	33409	95993	103152
2015	87396	37960		103275	34652	96586	119211
2016	85829	33943		107945	34509	92589	109957
2017	87175	28879		113173	34348	95048	110509
2018	95023	33987		116096	35242	108207	100361

14－11　主要年份各类学校毕业生数

单位：人

年　份	普通高等学校	中等专业学校	职业中学	普通中学	#高　中	小　学	幼儿园
1952	580	1022		4698	803	15422	
1957	442	804		10694	2933	32248	172
1962	2421	1464	103	14798	4196	41178	289
1965	3325	247	288	17572	4417	50536	330
1970				16520	3780	62902	1373
1975	1033	283	54	49474	19460	80697	16121
1978	1652	103	127	86993	23935	75245	21025
1979	186	1018	191	100215	37143	68249	27621
1980	2027	2510	46	25020	21381	72388	23917
1985	3714	3224	1276	43577	9905	86842	81668
1990	8420	5342	5401	49717	10046	100434	88357
1995	9542	8984	9116	73218	10434	110461	94609
2000	10251	12849	12005	115002	13345	108329	71663
2001	14051	10911	12014	114127	14319	101556	71630
2002	15362	14788	10114	113176	18894	112876	71291
2003	26200	36328		124464	25571	111327	59769
2004	28878	35584		119166	28163	101769	63363
2005	32886	33786		121847	29575	95042	63246
2006	46596	37965		138806	33323	92877	67097
2007	55672	32156		133883	38943	92705	71514
2008	62966	31287		130122	41469	92142	72230
2009	64307	38157		121895	41439	82921	75507
2010	66861	38594		109210	37140	68594	70428
2011	75360	41317		111256	37081	63855	75253
2012	76365	50038		102303	33935	66855	83049
2013	78972	36729		100822	35837	68110	87783
2014	82108	36402		95829	35661	66673	92949
2015	81694	33909		96733	33964	70194	93012
2016	83321	39359		95994	31719	75062	93244
2017	84912	33402		94657	31652	80135	91477
2018	83241	26385		99604	33423	82604	84294

14－12　每万人口拥有在校学生数

年　　份	每万人口拥有在校生(人)				初中毕业生升学率(%)	小学毕业生升学率(%)	学龄儿童入学率(%)
	普通高等学校	中等专业学校	普通中学	小　学			
1952	10.11	33.11	96.44	838.92			
1957	16.69	19.54	162.80	1087.64			
1962	39.79	15.29	206.47	1219.85			
1965	27.46	14.05	245.30	1629.80			
1970	0.68	1.30	284.76	1352.97			
1975	10.46	5.86	386.28	1548.30			
1978	18.65	12.77	481.79	1353.35			
1980	25.49	18.25	431.91	1400.96			
1985	44.42	20.42	390.94	1381.47			
1990	52.66	40.26	399.34	1131.05		99.51	99.21
1995	60.76	65.76	506.93	1138.96	61.63	93.00	99.88
2000	111.56	91.50	641.87	988.61	55.20	97.41	99.97
2001	149.31	93.54	639.75	988.61	55.20	97.63	99.63
2002	162.57	89.90	640.98	958.61	60.70	97.01	99.83
2003	214.83	199.06	659.96	890.47	69.00	99.01	99.84
2004	243.22	200.65	676.77	843.92	76.00	100.50	99.85
2005	318.47	201.40	685.56	802.28	82.10	107.61	99.67
2006	347.32	208.16	662.82	791.89	83.85	98.74	91.23
2007	369.87	202.38	642.29	761.73	84.64	98.29	91.53
2008	393.55	203.01	623.84	727.47	88.75	97.84	92.28
2009	417.77	233.71	597.38	701.76	92.50	96.12	92.74
2010	470.01	227.23	545.81	695.84	92.15	95.80	92.12
2011	433.11	251.84	456.08	640.00	95.08	96.94	93.70
2012	443.88	283.57	438.89	655.87	96.10	96.87	97.37
2013	458.71	239.57	429.57	676.04	97.80	97.09	98.08
2014	457.69	175.15	425.30	712.27	97.9	97.94	98.35
2015	453.98	143.73	424.36	739.62	98.1	97.80	98.43
2016	445.27	129.58	431.29	753.59	98.1	97.83	98.53
2017	409.73	110.09	420.06	715.40	98.1	98.36	98.56
2018	439.28	118.33	441.79	775.54	98.1	97.88	98.58

14－13 平均每一专任教师负担学生数

单位：人

年份	普通高等学校	中等专业学校	职业中学	普通中学	#高中	小学	幼儿园
1952	7.59	11.98		22.40		40.98	47.57
1957	6.59	12.07		25.23		40.32	35.74
1962	5.76	7.36	18.37	17.89		30.63	31.40
1965	5.34	10.46	21.87	20.29		34.64	30.04
1970	0.77	4.71		19.91		27.89	29.28
1975	3.48	5.08	30.33	13.74		28.26	31.07
1978	4.12	9.65		20.00		25.23	19.72
1980	4.93	8.07	33.47	19.33		27.56	35.51
1985	5.58	6.97	17.03	17.18		28.03	29.72
1990	6.07	9.36	13.92	16.27	11.22	26.57	13.25
1995	8.44	14.17	15.69	17.31	12.91	24.56	39.64
2000	13.83	20.96	19.04	18.63	15.33	20.65	19.30
2001	16.84	23.36	18.89	17.93	15.67	20.56	25.36
2002	13.82	25.22	18.19	17.27	12.81	17.71	21.43
2003	14.39	21.92		17.19	15.04	19.07	21.28
2004	14.85	21.88		17.17	15.45	18.61	18.69
2005	15.28	24.33		16.61	15.34	18.09	21.71
2006	16.91	24.59		15.74	15.06	18.20	21.10
2007	16.74	26.61		15.20	14.47	17.95	21.57
2008	16.93	27.78		14.93	14.14	17.44	21.39
2009	16.85	32.03		14.39	13.69	17.10	21.29
2010	16.37	29.58		13.41	13.27	16.99	23.11
2011	16.34	35.33		12.90	13.06	17.67	21.34
2012	16.53	39.28		12.62	12.90	18.38	20.59
2013	16.53	35.40		12.28	12.50	18.48	19.74
2014	16.34	26.18		12.33	12.53	18.98	19.37
2015	16.06	21.60		12.45	12.48	19.19	19.00
2016	16.02	20.20		12.68	12.63	20.34	18.99
2017	15.54	19.42		13.15	12.63	19.58	18.71
2018	15.59	19.79		13.00	12.82	19.25	18.40

14－14 各类文化事业机构数

（1987－2018年）

单位：个

年份	艺术事业		公共图书馆	博物馆	群众文化事业		
	表演团体	表演场所			艺术馆	文化馆	文化站
1987	12	7	13	1	1	13	11
1988	18	16	15	4	2	13	11
1989	18	9	15	6	2	13	11
1990	18	16	15	6	2	13	11
1991	12	7	15	6	1	13	11
1992	12	7	15	6	1	13	26
1993	12	7	15	6	1	13	7
1994	12	7	15	6	1	13	26
1995	12	7	15	6	1	13	37
1996	12	7	15	11	1	13	173
1997	12	6	14	16	1	13	188
1998	13	6	14	16	1	13	167
1999	14	6	14	17	1	13	165
2000	12	5	14	17	1	13	153
2001	12	7	15	14	1	12	181
2002	12	6	14	14	1	12	167
2003	13	6	14	14	1	12	194
2004	13	6	14	14	1	12	194
2005	13	3	14	15	1	13	191
2006	13	2	14	15	1	13	191
2007	13	2	14	15	1	13	188
2008	13	2	14	15	1	13	188
2009	13	2	14	15	1	13	188
2010	12	2	13	15	1	12	173
2011	12	2	13	15	1	12	173
2012	12	2	13	15	1	12	173
2013	12	2	13	15	1	12	173
2014	12	2	13	15	1	12	173
2015	9	1	13	16	1	12	173
2016	9	1	13	16	1	12	173
2017	10	1	13	16	1	12	173
2018	10	1	13	16	1	12	173

注：表中2010年起数据不含平潭县。

14－15 规模以上非工业企业科技活动情况

(2018 年)　　单位:万元

项　　目	企业数(个)	# 有 R&D 活动	# 有研发机构	R&D 人员合计(人)	R&D 经费内部支出	R&D 经费外部支出	专利申请数(件)	# 发明专利(件)
总　　计	**449**	**103**	**34**	**11162**	**218079**	**13410.4**	**1208**	**529**
一、按企业规模分								
大型企业	100	42	18	7543	160089.7	9556.9	629	239
中型企业	313	59	16	3603	57908.4	3853.5	577	290
小型企业	29	1		3	19.1			
微型企业	7	1		13	61.8		2	
二、按隶属关系分组								
中央	26	11	3	1380	36697.7	196.3	200	51
地方	67	16	5	825	19889.3	530.4	139	62
其他	356	76	26	8957	161492	12683.7	869	416
三、按登记注册类型分组								
内资企业	425	98	33	8754	169183.3	12031.8	973	356
国有企业	23	8	1	432	9867.6	85.4	71	13
集体企业	1							
股份合作企业	1	1		48	2010.1		5	1
联营企业	1							
国有联营企业	1							
集体联营企业								
国有与集体联营企业								
其他联营企业								
有限责任公司	158	42	14	3966	102321.8	2750.8	437	130
国有独资公司	35	12	3	907	17574.9	991.4	78	19
其他有限责任公司	123	30	11	3059	84746.9	1759.4	359	111
股份有限公司	28	5	6	339	6682.1		115	75
私营企业	213	42	12	3969	48301.7	9195.6	345	137
私营独资企业								
私营合伙企业								
私营有限责任公司	199	35	10	3474	42289.9	8325.3	317	130
私营股份有限公司	14	7	2	495	6011.8	870.3	28	7
其他企业								
港、澳、台商投资企业	16	3		1576	28404.4	1132.9	186	132
合资经营企业(港或澳、台资)	7							
合作经营企业(港或澳、台资)								
港、澳、台商独资经营企业	7	3		1576	28404.4	1132.9	186	132
港、澳、台商投资股份有限公司	2							
其他港澳台投资企业								
外商投资企业	8	2	1	832	20491.3	245.7	49	41
中外合资经营企业	3	1		70	1501.5			
中外合作经营企业								
外资企业	5	1	1	762	18989.8	245.7	49	41
外商投资股份有限公司								
其他外商投资企业								

14－15 续表 (2018年) 单位:万元

项目	企业数(个)	#有R&D活动	#有研发机构	R&D人员合计(人)	R&D经费内部支出	R&D经费外部支出	专利申请数(件)	#发明专利(件)
四、按国民经济行业大类分组								
建筑业	151	29	10	2500	56212.4	1132.1	237	35
房屋建筑业	72	20	7	1160	19999.7	511.9	126	22
土木工程建筑业	26	5	1	851	25977.2	107.2	69	8
建筑安装业	22	3	2	434	9030.4	513	29	5
建筑装饰、装修和其他建筑业	31	1		55	1205.1		13	
服务业								
交通运输、仓储和邮政业	37	1		102	335.1			
铁路运输业								
道路运输业	22	1		102	335.1			
水上运输业	1							
航空运输业	2							
管道运输业								
多式联运和运输代理业								
装卸搬运和仓储业	9							
邮政业	3							
信息传输、软件和信息技术服务业	91	41	16	6995	133548.9	11312.1	679	430
电信、广播电视和卫星传输服务	8	1		125	330.5	431.5	41	41
互联网和相关服务	11	4	3	439	9482.3		75	72
软件和信息技术服务业	72	36	13	6431	123736.1	10880.6	563	317
租赁和商务服务业	23	2	2	165	1278.1	771.1	21	9
租赁业								
商务服务业	23	2	2	165	1278.1	771.1	21	9
科学研究和技术服务业	91	26	6	1308	24948.9	195.1	250	54
研究和试验发展	2	1		31	566.1		8	2
专业技术服务业	86	25	6	1277	24382.8	195.1	242	52
科技推广和应用服务业	3							
水利、环境和公共设施管理业	24	2		48	868.4		21	1
水利管理业								
生态保护和环境治理业	3	2		48	868.4		21	1
公共设施管理业	21							
土地管理业								
卫生和社会工作	20	1		22	455.2			
卫生	19	1		22	455.2			
社会工作	1							
文化、体育和娱乐业	12	1		22	432			
新闻和出版业	1							
广播、电视、电影和录音制作业	3							
文化艺术业								
体育	4							
娱乐业	4	1		22	432			

主要统计指标解释

科技活动 指在自然科学、农业科学、医药科学、工程与技术科学、人文与社会科学领域(简称科学技术领域)中,与科学知识的产生、发展、传播和应用密切相关的有组织的活动。可分为研究与试验发展(R&D)、研究与试验发展成果应用及相关的科技服务三类活动。

专业技术人员 指从事专业技术工作和专业技术管理工作的人员,即企事业单位中已经聘任专业技术职务从事专业技术工作和专业技术管理工作的人员,以及未聘任专业技术职务,现在专业技术岗位上工作的人员。包括工程技术人员,农业技术人员,卫生技术人员,科学研究人员,教学人员,经济人员,会计人员,统计人员,翻译人员,图书资料、档案、文博人员,新闻出版人员,律师、公证人员,广播电视播音人员,工艺美术人员,体育人员,艺术人员及企业政治思想工作人员,共十七个专业技术职务类别,用来反映科技人力资源情况。

科学家与工程师 指科技活动人员中具有高、中级技术职称(职务)的人员和不具有高、中级技术职称(职务)的大学本科以上学历人员。

发明(专利) 指对产品、方法或其改进所提出的新的技术方案。是国际通行的的反映拥有自主知识产权技术的核心指标。

实用新型(专利) 指对产品的形状、构造或者其结合所提出的适于实用的新的技术方案。反映具有一定技术含量的技术成果情况。

外观设计(专利) 指对产品的形状、图案、色彩或者其结合所作出的富有美感并适于工业上应用的新设计。反映拥有自主知识产权的外观设计成果情况。

普通高等学校 指按照国家规定的设置标准和审批程序批准举办,通过全国普通高等院校统一招生考试,招收高中毕业生为主要培养对象,实施高等教育的全日制大学、独立设置的学院和高等专科学校、高等职业学校和其他机构。

成人高等学校 指按照国家规定的设置标准和审批程序举办的,通过全国成人高等学校统一招生考试,招收具有高中毕业或同等学历的在职从业人员为主要培养对象,利用函授、业余、脱产等多种形式对其实施高等学历教育的学校。包括广播电视大学、职工高等学校、农民高等学校、管理干部学院、教育学院、独立函授学校、其他机构等。

小学学龄儿童入学率 指调查范围内已入小学学习的学龄儿童占校内外学龄儿童总数(包括弱智儿童,不包括盲聋儿童)的比重。

小学学龄儿童入学率 = 已入小学学习的学龄儿童数/校内外学龄儿童总数 * 100%

文化事业机构 指从事专业文化工作和为专业文化工作服务的独立建制的单位,不包括这些单位另外举办独立核算的其他机构和各部门的业余文化组织。

艺术表演团体 指从事戏曲、音乐、舞蹈、杂技等专业艺术表演,有独立帐户的单位,不包括半工半艺、半农半艺和民间职业剧团。

15 卫生、体育与其他

15－1 主要年份卫生事业基本情况

年份	卫生机构(个)	#医院、卫生院	卫生技术人员(人)	#医生	#护师(士)	医疗床位(张)	#医院
1952	280	41	3178	1484		1820	1800
1957	456	96	6199	2289		4377	4176
1962	979	123	9187	3173		7279	5321
1965	1056	138	10370	3490		8870	6404
1970	565	135	8698	2646		6658	5339
1975	871	153	12967	4164		10745	7685
1978	887	160	13969	4325		11138	8027
1979	855	161	14603	4511		11762	8278
1980	955	200	15622	4214		11757	8711
1985	1091	207	18508	5664		13334	10427
1990	1208	198	23593	9330	6550	16267	13557
1995	1067	199	24180	10275	6959	17137	14760
2000	1633	242	23034	10639	7999	19125	16686
2001	1607	244	23224	9369	7554	19079	13390
2002	1601	243	23164	9349	7544	17675	12635
2003	1265	240	22552	9678	7342	18008	13075
2004	1371	237	23763	10298	8246	18792	13902
2005	1675	240	25203	11056	9308	19425	14667
2006	1875	225	25695	11484	9440	19497	15005
2007	1872	221	27255	11601	10192	20159	15710
2008	1988	207	29496	12619	11056	22178	17303
2009	1899	216	32356	13413	12425	23389	18579
2010	1837	202	34366	13813	13480	24035	19290
2011	1934	204	38640	15004	15693	25886	20689
2012	1950	226	42397	16140	17519	28611	22592
2013	1959	230	46466	16880	18652	31175	24926
2014	1908	230	48830	17847	19903	31632	25495
2015	2020	232	49934	18307	20913	33106	26932
2016	1995	230	51703	18841	22373	33877	27554
2017	1839	232	53412	19803	23373	34878	28887
2018	2065	243	56607	21189	25123	37455	31510

注:1996年起卫生机构数含个体办诊所;表中2010年起数据不含平潭县,下同。

15－2　每千人拥有卫生机构情况

年　　份	每千人拥有卫生技术人员数（人/千人）	#医　生	护师(士)	每千人拥有医疗床位数（张/千人）	#医院床位数
1952	1.34	0.63		0.77	0.76
1957	2.29	0.85		1.62	1.54
1962	3.01	1.04		2.38	1.74
1965	3.16	1.06		2.70	1.95
1970	2.43	0.74		1.86	1.49
1975	3.17	1.02		2.63	1.88
1978	3.19	1.00		2.55	1.00
1979	3.29	1.02		2.65	1.86
1980	3.47	0.94		2.61	1.94
1985	3.79	1.16		2.73	2.13
1990	4.41	1.77	1.24	3.04	2.53
1995	4.30	1.83	1.24	3.05	2.63
2000	4.23	1.80	1.36	3.08	2.83
2001	4.27	1.85	1.27	3.21	2.25
2002	4.21	1.82	1.26	3.15	2.20
2003	3.75	1.56	1.36	3.01	2.19
2004	3.89	1.69	1.35	3.08	2.28
2005	3.49	1.46	1.31	3.15	2.38
2006	4.15	1.84	1.51	3.13	2.40
2007	4.03	1.71	1.50	2.98	2.32
2008	4.32	1.85	1.62	3.25	2.53
2009	4.71	1.95	1.81	3.40	2.70
2010	5.67	2.28	2.23	3.97	3.18
2011	6.35	2.46	2.58	4.25	3.40
2012	6.91	2.63	2.85	4.66	3.68
2013	6.70	2.43	2.69	4.49	3.59
2014	6.97	2.55	2.84	4.51	3.64
2015	7.07	2.59	2.96	4.69	3.81
2016	7.25	2.64	3.14	4.75	3.86
2017	7.41	2.75	3.24	4.84	4.01
2018	7.86	2.99	3.46	5.14	4.33

注:2013年前千人均指标按户籍人口计算,2013年改为按常住人口计算。

15－3　按经济类型分卫生事业基本情况

项　目	2015年				
	卫生机构数（个）	卫生技术人员（人）	#医　生	医疗床位（张）	#医　院
总　计	**2020**	**49934**	**18307**	**33106**	**26932**
国有单位	424	34053	11730	26439	24037
集体单位	205	6131	1891	4162	305
私　营	1347	8966	3924	2137	2135
其　他	44	784	762	368	455

项　目	2016年				
	卫生机构数（个）	卫生技术人员（人）	#医　生	医疗床位（张）	#医　院
总　计	**1995**	**51703**	**18841**	**33877**	**27554**
国有单位	361	35085	11984	26623	24132
集体单位	188	6383	2367	4225	395
私　营	1415	9381	4071	2319	2317
其　他	31	854	419	710	710

项　目	2017年				
	卫生机构数（个）	卫生技术人员（人）	#医　生	医疗床位（张）	#医　院
总　计	**1839**	**53412**	**19803**	**34878**	**28887**
国有单位	263	36349	12820	26990	24738
集体单位	184	6051	1999	4054	390
私　营	1321	9554	4184	2977	2977
其　他	71	1458	800	857	782

项　目	2018年				
	卫生机构数（个）	卫生技术人员（人）	#医　生	医疗床位（张）	#医　院
总　计	**2065**	**56607**	**21189**	**37455**	**31510**
国有单位	282	37753	13172	28890	26460
集体单位	191	6088	2076	3904	390
私　营	1494	11058	5226	3683	3641
其　他	98	1708	715	978	1019

15－4 各类卫生事业机构医疗床位数

单位:张

项　　目	1995 年	2000 年	2005 年	2006 年	2007 年	2008 年	2009 年	2010 年
总　　计	**17137**	**19125**	**19425**	**19497**	**20159**	**22178**	**23389**	**24035**
# 医院、卫生院	12360	13598	17461	17714	18595	20335	21746	22434
疗养院、所	1020	1133	712	390	230	270	100	100
门诊部、所	127	6	10	28	35	10	30	20
社区卫生服务中心			160	205	155	268	336	278
专科疾病防治所、站	423	273	305	345	150	290	198	198
妇幼保健所、站	27	166	759	800	979	995	979	990
其他卫生事业机构	650	721	18	15	15	10		15
医学科研机构	100	100						
高等医药院校	30	40						

项　　目	2011 年	2012 年	2013 年	2014 年	2015 年	2016 年	2017 年	2018 年
总　　计	**25886**	**28611**	**31175**	**31632**	**33106**	**33877**	**34878**	**37455**
# 医院、卫生院	24175	26696	29146	29563	30946	31637	32843	35276
疗养院、所	194	284	299	299	299	299		1
门诊部、所	20				2	2	27	0
社区卫生服务中心	168	163	199	189	189	169	166	236
专科疾病防治所、站	168	195	207	257	258	258	322	283
妇幼保健所、站	1161	1273	1324	1324	1412	1512	1520	1659
其他卫生事业机构								
医学科研机构								
高等医药院校								

注:1997 年起“门诊部、所”数不包括“门诊所”数,仅包括“门诊部”数。(下同)

15－5　各类卫生事业机构数

单位:个

项　　目	1995 年	2000 年	2005 年	2006 年	2007 年	2008 年	2009 年	2010 年
总　　计	**1067**	**1633**	**1675**	**1875**	**1872**	**1988**	**1899**	**1837**
医院、卫生院	199	242	240	225	221	207	216	202
疗养院、所	5	5	5	3	2	1	1	1
社区卫生服务中心			11	22	22	34	38	45
门诊部、所	32	32	51	52	49	75	80	98
急救中心(站)			2	2	2	2	3	1
专科防治所、站	11	11	11	10	9	10	10	9
疾病预防控制中心	17	16	15	15	15	15	15	14
卫生监督所			6	9	10	10	10	9
妇幼保健所、站	11	14	16	16	16	16	16	14
药品检验所、站	6	6						
其他卫生事业机构	10	15	3	1	4	2	7	5
医学科研机构	5	5	3	3	3	3	3	3
高等医药院校	2	2						
医学在职培训机构	11	12	2	1	3	1	1	1
诊　所	740	1273	902	1079	1079	1259	1201	1105
社区卫生服务站			136	147	147	137	129	136
其　他			272	290	290	216	169	194

注:1997 年起"门诊部、所"数不包括"门诊所"数,仅包括"门诊部"数。(下同)

15－5 续表

单位:个

项　　目	2011年	2012年	2013年	2014年	2015年	2016年	2017年	2018年
总　　计	**1934**	**1950**	**1959**	**1908**	**2020**	**1995**	**1839**	**2065**
医院、卫生院	204	226	230	230	232	230	232	243
疗养院、所	2	2	2	2	2	2		1
社区卫生服务中心	46	47	49	49	49	49	49	50
门诊部、所	130	129	131	129	128	143	170	259
急救中心(站)	1	1	1	1	1	1	1	1
专科防治所、站	8	8	7	7	7	7	9	7
疾病预防控制中心	15	15	15	15	15	15	15	15
卫生监督所	9	9	9	9	9	9	9	9
妇幼保健所、站	14	14	14	14	14	14	14	14
药品检验所、站								
其他卫生事业机构	7	7	8	8	159	71		
医学科研机构	3	3	4	4	4	4	4	4
高等医药院校								
医学在职培训机构	1	1	1	1	1	1	4	1
诊　所	1175	1178	1172	1135	1107	1145	1199	1312
社区卫生服务站	127	127	124	120	115	123	128	140
其　他	192	183	192	184	177	181	5	9

15－6　各类卫生事业机构卫生技术人员数

单位:人

项　　目	1995 年	2000 年	2005 年	2006 年	2007 年	2008 年	2009 年	2010 年
总　　计	**24180**	**23034**	**25203**	**25695**	**27255**	**29496**	**32356**	**34366**
医院、卫生院	16291	18024	17962	17930	19111	20302	22755	24678
疗养院、所	389	361	200	50	49	48	15	23
门诊部、所	2983	652	714	738	845	1059	1093	1351
社区卫生服务中心			187	516	611	939	1039	1160
专科防治所、站	249	256	237	308	256	311	344	344
卫生疾病预防控制中心	1054	979	823	759	700	795	795	752
卫生监督所			156	192	210	188	184	172
妇幼保健所、站	256	383	966	990	1037	1162	1109	1183
药品检验所、站	118	48						
其他卫生事业机构	353	408	107	74	109	127	188	68
医学科研机构	412	375	101	57	52	51	50	49
医学在职培训机构	679	451	2	2	9	2	2	1
中等医药院校	196	190						
诊　所	1200	907	2330	2578	2632	3087	3423	2999
其　他			1418	1501	1634	1425	1359	1586

15－6 续表 单位:人

项目	2011年	2012年	2013年	2014年	2015年	2016年	2017年	2018年
总计	**38640**	**42397**	**46466**	**48830**	**49934**	**51703**	**53412**	**56607**
医院、卫生院	27224	29750	32809	34389	35687	37235	39420	41387
疗养院、所	37	81	81	74	74	42		1
门诊部、所	1945	2077	2193	2118	2038	2105	2461	3958
社区卫生服务中心	1258	1283	1529	1497	1562	1689	1756	1879
专科防治所、站	296	303	303	314	313	326	364	333
卫生疾病预防控制中心	821	818	838	818	825	795	787	786
卫生监督所	258	269	232	214	210	189	143	199
妇幼保健所、站	1731	1911	1992	2048	2255	2497	2616	2620
药品检验所、站								
其他卫生事业机构	89	107	123	111	688	138		
医学科研机构	46	44	120	101	68	59	38	40
医学在职培训机构	1	1	1	1	1	1	1	1
中等医药院校								
诊所	3341	4083	4360	4287	4077	4143	3951	3977
其他	1593	1670	1885	2858	2136	2484	1875	1426

15－7 各类卫生事业机构医生数

单位：人

项目	1995年	2000年	2005年	2006年	2007年	2008年	2009年	2010年
总计	**10275**	**10639**	**11056**	**11484**	**11601**	**12619**	**13413**	**13813**
医院、卫生院	6479	7276	7329	7385	7569	7914	8558	8967
疗养院、所	138	134	56	16	10	13	3	12
门诊部、所	1435	360	385	384	423	532	567	704
社区卫生服务中心			94	236	280	390	424	480
专科防治所、站	112	115	117	136	113	145	150	147
急救中心站			6	6	6	8	7	7
卫生疾病预防控制中心	683	621	482	397	403	411	468	446
卫生监督所			94	117	0	80		
妇幼保健所、站	134	181	366	452	430	501	493	515
药品检验所、站	5	2						
其他卫生事业机构	33	82	25	11	19	28	44	12
医学科研机构	176	164	30	27	27	29	28	27
高等医药院校	391	263						
医学在职培训机构			1	1	5	1	1	
诊所	372	549	1307	1565	1565	1833	1990	1753
其他			764	751	751	734	680	743

15－7 续表 单位:人

项目	2011年	2012年	2013年	2014年	2015年	2016年	2017年	2018年
总计	**15004**	**16140**	**16880**	**17847**	**18307**	**18841**	**19803**	**21189**
医院、卫生院	9502	10039	10959	11530	11862	12349	13357	14091
疗养院、所	14	26	26	25	25	16		1
门诊部、所	991	1041	1104	1102	1054	1095	1254	2106
社区卫生服务中心	476	476	523	533	582	604	637	680
专科防治所、站	129	128	125	134	135	139	150	137
急救中心站	7	7	7	7	7	9	9	9
卫生疾病预防控制中心	467	439	432	437	465	447	450	448
卫生监督所								
妇幼保健所、站	602	669	681	699	765	826	938	943
药品检验所、站								
其他卫生事业机构	16	15	14	16	273	83		
医学科研机构	24	23	71	54	45	39	28	25
高等医药院校								
医学在职培训机构								
诊所	2001	2389	2049	1958	2179	2185	1906	2106
其他	775	888	889	1352	915	1049	1074	643

15－8 各类医院数

单位:个

项　　目	1995 年	2000 年	2005 年	2006 年	2007 年	2008 年	2009 年	2010 年
医　院	**60**	**71**	**84**	**78**	**77**	**73**	**82**	**82**
综合医院	15	16	46	43	44	38	41	43
中医医院	10	10	14	12	12	12	13	12
中西医结合医院	4	5	1	1	1	1	1	1
传染病院	1	1	1	1	1	1	1	1
精神病院	2	2	2	3	3	4	4	4
结核病院	1	1	1	1	1	1	1	1
口腔医院	1	1	1	1	1	1	1	1
眼科医院			2	2	2	2	1	1
儿童医院	1	1	1	1	1	1	1	1
骨科医院			1	1	1	1	1	
美容医院	1	1	2	2	2	2	2	2
肿瘤医院	1	1	2	1	1	1	1	1
其他专科医院	1	1	5	5	7	8	14	14
其他医院	6	6	5	4				
卫生院	**152**	**171**	**156**	**147**	**144**	**134**	**134**	**120**

15－8 续表　　单位:个

项目	2011 年	2012 年	2013 年	2014 年	2015 年	2016 年	2017 年	2018 年
医院	**85**	**103**	**107**	**107**	**109**	**107**	**109**	**120**
综合医院	43	55	57	57	58	57	55	63
中医医院	14	15	16	16	16	16	16	16
中西医结合医院	1	1	1	1	2	2	2	3
传染病院	1	1	1	1	1	1	1	1
精神病院	4	6	6	6	5	5	5	7
结核病院	1	1	1	1	1	1	1	1
口腔医院	1	1	1	1	2	2	4	5
眼科医院	1	2	3	3	3	3	2	4
儿童医院	1	1	1	1	1	1	1	1
骨科医院		1	1	1	1	1	2	3
美容医院	2	2	3	3	3	3	4	3
肿瘤医院	1	1	1	1	1	1	4	1
其他专科医院	15	16	15	15	15	14	12	12
其他医院								
卫生院	**119**	**123**	**123**	**123**	**123**	**123**	**123**	**123**

15－9　各类医院卫生技术人员数

单位:人

项　　目	1995 年	2000 年	2005 年	2006 年	2007 年	2008 年	2009 年	2010 年
医　院	**12762**	**13511**	**14522**	**14825**	**15958**	**16828**	**19049**	**20760**
综合医院	4501	4913	9591	9785	10723	10871	12583	13880
中医医院	780	814	1754	1722	1843	2161	2309	2498
中西医结合医院	3065	3172	625	806	814	979	982	1153
传染病院	288	221	238	244	245	246	252	272
精神病院	620	440	410	426	433	500	522	509
结核病院	313	306	291	281	295	303	302	308
口腔医院	418	444	110	113	112	123	129	140
眼科医院			127	134	166	207	210	212
儿童医院	151	137	155	152	154	156	171	193
骨科医院			8	17	14	12	19	
美容医院			44	49	54	62	64	78
肿瘤医院	532	667	798	797	825	868	909	900
其他专科医院	576	608	117	125	280	340	597	617
其他医院	883	939	254	174				
卫生院	**4424**	**4493**	**3440**	**3105**	**3153**	**3474**	**3706**	**3918**

15－9 续表 单位:人

项 目	2011 年	2012 年	2013 年	2014 年	2015 年	2016 年	2017 年	2018 年
医 院	**23088**	**25159**	**27900**	**29595**	**30879**	**32235**	**34281**	**36324**
综合医院	14577	15616	17432	18295	19047	20027	21226	22141
中医医院	3282	3749	4330	4615	4839	5002	5134	5485
中西医结合医院	1236	1350	1452	1779	1782	1833	1938	2027
传染病院	277	407	454	476	487	521	541	555
精神病院	594	656	708	696	710	756	813	984
结核病院	332	337	350	348	346	337	350	531
口腔医院	151	149	164	330	364	389	456	566
眼科医院	254	230	342	322	337	337	319	482
儿童医院	226	263	264	264	274	295	365	390
骨科医院	0	20	21	25	25	30	152	293
美容医院	82	65	90	96	112	108	174	140
肿瘤医院	1242	1395	1467	1525	1650	1671	1636	1628
其他专科医院	835	922	826	824	906	929	1177	1102
其他医院								
卫生院	**4136**	**4591**	**4909**	**4794**	**4808**	**5000**	**5139**	**5063**

15－10 各类医院医生数

单位：人

项　　目	1995 年	2000 年	2005 年	2006 年	2007 年	2008 年	2009 年	2010 年
医　院	**4621**	**5226**	**5738**	**5948**	**6158**	**6460**	**7088**	**7494**
综合医院	1744	1850	3782	3907	4014	4202	4675	4931
中医医院	273	351	793	775	869	892	949	1013
中西医结合医院	978	1229	279	367	343	348	311	377
传染病院	58	61	61	71	78	78	86	93
精神病院	110	102	104	108	119	131	137	146
结核病院	95	93	91	84	98	111	110	115
口腔医院	150	176	67	73	78	84	82	90
眼科医院			60	52	70	74	57	59
儿童医院	87	49	67	64	67	69	81	84
骨科医院			3	6	5	5	6	
美容医院			19	24	19	28	24	27
肿瘤医院	224	214	246	282	291	309	340	337
其他专科医院	252	244	69	73	107	129	230	222
其他医院	393	420	97	62				
卫生院	**1813**	**2032**	**1591**	**1437**	**1411**	**1454**	**1470**	**1473**

15－10　续表　　　　单位:人

项　　目	2011 年	2012 年	2013 年	2014 年	2015 年	2016 年	2017 年	2018 年
医　院	**8068**	**8449**	**9369**	**9772**	**10290**	**10732**	**11708**	**12407**
综合医院	5016	5133	5674	5857	6224	6564	7167	7423
中医医院	1203	1364	1638	1741	1822	1828	1945	2113
中西医结合医院	475	442	532	594	581	608	634	654
传染病院	91	107	120	147	149	143	179	187
精神病院	153	183	183	179	188	190	201	259
结核病院	134	132	135	133	127	123	122	164
口腔医院	112	115	124	161	172	186	213	255
眼科医院	89	86	127	124	131	129	122	172
儿童医院	107	89	91	91	95	105	159	170
骨科医院	0		7	11	11	12	52	94
美容医院	29	33	42	45	46	47	76	62
肿瘤医院	361	381	401	410	441	469	471	476
其他专科医院	298	384	295	279	303	328	367	378
其他医院								
卫生院	**1434**	**1590**	**1590**	**1558**	**1572**	**1617**	**1649**	**1684**

15－11 各类医院护士数

单位：人

项目	1995年	2000年	2005年	2006年	2007年	2008年	2009年	2010年
医院	**4707**	**5610**	**6201**	**6247**	**6928**	**7288**	**8495**	**9424**
综合医院	1852	2164	4175	4139	4741	4774	5782	6500
中医医院	199	243	633	630	661	800	889	978
中西医结合医院	1002	1341	232	308	341	435	475	564
传染病院	100	109	127	122	116	116	116	126
精神病院	293	279	256	261	257	295	289	297
结核病院	170	162	163	144	143	149	149	151
口腔医院	159	167	29	29	28	28	28	28
眼科医院			33	53	63	65	87	87
儿童医院	56	58	62	60	58	57	59	67
骨科医院			3	4	4	6	6	
美容医院			21	20	18	25	27	31
肿瘤医院	200	313	357	367	391	406	369	371
其他专科医院	210	236	35	34	107	132	219	224
其他医院	305	321	75	76				
卫生院	**921**	**1083**	**1058**	**939**	**994**	**1106**	**1159**	**1254**

15－11 续表 单位:人

项 目	2011 年	2012 年	2013 年	2014 年	2015 年	2016 年	2017 年	2018 年
医 院	**10673**	**11844**	**13076**	**14034**	**14847**	**15902**	**16837**	**17913**
综合医院	7011	7603	8456	8950	9430	10236	10634	11206
中医医院	1258	1450	1709	1850	1925	2014	2124	2265
中西医结合医院	635	697	694	889	925	975	1032	1042
传染病院	131	217	232	252	254	258	265	266
精神病院	351	366	393	397	410	448	502	585
结核病院	155	156	159	159	162	160	158	260
口腔医院	26	27	27	120	158	164	202	271
眼科医院	101	132	190	177	182	174	162	243
儿童医院	79	125	126	126	130	140	141	148
骨科医院		8	11	11	11	12	72	163
美容医院	31	28	40	41	51	46	82	70
肿瘤医院	564	626	657	657	751	825	840	848
其他专科医院	331	409	382	405	458	450	623	546
其他医院								
卫生院	**1387**	**1586**	**1685**	**1680**	**1737**	**1864**	**1935**	**1921**

15－12　各类医院医疗床位数

单位:张

项　　目	1995年	2000年	2005年	2006年	2007年	2008年	2009年	2010年
医　院	**11713**	**13573**	**14667**	**15005**	**15710**	**17303**	**18579**	**19290**
综合医院	4094	4533	9189	9287	10046	10631	11570	11701
中医医院	570	810	1571	1521	1597	1872	2102	2242
中西医结合医院	2239	2658	622	848	753	753	941	1200
传染病院	300	300	300	300	300	450	350	446
精神病院	930	880	890	1090	1090	1366	1190	1290
结核病院	500	500	355	355	355	555	597	564
口腔医院	300	289	30	30	30	30	30	30
眼科医院			70	100	90	99	90	90
儿童医院	100	100	100	100	100	200	200	218
骨科医院			20	20	20	20	20	
美容医院			40	40	27	40	27	27
肿瘤医院	627	722	1030	1058	1088	1099	1069	1088
其他专科医院	489	435	139	144	214	188	393	394
其他医院	1061	1083	311	112				
卫生院	**2884**	**3088**	**2794**	**2709**	**2885**	**3032**	**3167**	**3144**

15－12 续表 单位:张

项目	2011年	2012年	2013年	2014年	2015年	2016年	2017年	2018年
医院	**20689**	**22592**	**24926**	**25495**	**26932**	**27554**	**28887**	**31510**
综合医院	12286	13529	14965	15165	16178	16270	16678	17922
中医医院	2392	2592	3140	3215	3451	3466	3568	3983
中西医结合医院	1359	1568	1568	1748	1716	1716	1713	1753
传染病院	516	516	556	556	584	570	534	549
精神病院	1290	1490	1576	1608	1705	1875	2210	2930
结核病院	566	566	566	570	570	570	570	570
口腔医院	30	30	30	45	45	45	85	100
眼科医院	90	189	279	279	279	279	279	364
儿童医院	245	245	261	261	257	308	380	456
骨科医院	0	20	20	20	20	20	126	250
美容医院	32	32	60	60	60	60	80	60
肿瘤医院	1300	1149	1300	1400	1400	1400	1536	1581
其他专科医院	583	666	605	568	667	975	1128	992
其他医院								
卫生院	**3486**	**4104**	**4220**	**4068**	**4014**	**4083**	**3956**	**3766**

15－13　县及县以上医院工作基本情况

年份	诊疗人数（人次）	#门(急)诊	入院人数（人）	出院人数（人）	病死率（%）	病床周转数（次）
1990	5625373	5576648	174436	174079	1.40	19.1
1993	5053064	4733380	132788	131257	0.80	18.6
1994	4675285	4336221	134944	134493	0.70	18.3
1995	4492111	4212624	124230	124017	0.70	17.1
1996	4838732	4508640	115656	115516	1.00	15.0
1997	4921130	4506292	111251	111370	0.57	14.4
1998	4960208	4580265	109636	109460	0.62	14.5
1999	4995665	4639718	116629	116048	0.65	13.0
2000	5542899	5123333	131586	132433	0.64	16.7
2001	5118519	4651382	134047	134328	0.61	17.4
2002	5441286	5051767	141038	140998	0.60	18.2
2003	5842174	5567886	157800	158143	0.47	21.5
2004	10729268	10467794	275582	275558	0.53	21.3
2005	11933688	11581875	294901	300831	0.53	23.6
2006	11863906	11704586	339960	341670	0.48	23.7
2007	13071508	12966732	393348	389684	0.43	26.1
2008	14018644	13845141	425068	454620	0.38	25.2
2009	15711417	15565915	488820	487759	0.32	26.3
2010	17411149	17282069	563722	562486	0.25	28.9
2011	19596512	19501695	637965	635741	0.22	30.8
2012	22297764	22083839	747587	746702	0.16	33.5
2013	23707151	23396453	780387	778388	0.15	32.2
2014	25049655	24792488	807117	805076	0.15	31.6
2015	24316429	24134919	824644	823293	0.13	30.2
2016	24333447	24167877	850444	848621	0.17	30.4
2017	24047991	23905118	903944	901735	0.11	31.7
2018	21607684	21404634	772888	771755	0.14	33.7

15-14 各类医院工作基本情况

（2018 年）

项目	诊疗人数（人次）	#门（急）诊	入院人数（人）	出院人数（人）	病床周转数（次）
医院	**21607684**	**21404634**	**772888**	**771755**	**33.7**
综合医院	13536252	13350714	517586	517788	36.8
中医医院	4488251	4488251	93236	91995	33.9
中西医结合医院	1246893	1229381	51978	51564	29.7
传染病院	336921	336921	12248	12235	28.6
精神病院	385891	385891	9602	9699	5.4
结核病院	351233	351233	14516	14508	28.6
口腔医院	304271	304271	275	275	8.7
眼科医院					0.0
儿童医院	665036	665036	16361	16327	48.5
骨科医院					0.0
美容医院					0.0
肿瘤医院	226936	226936	57086	57364	48.7
其他专科医院					0.0
其他医院	66000	66000			0.0
卫生院	**4427993**	**4323478**	**85857**	**85340**	**21.7**

15－15 体育设施情况

单位:个

年　份	体育场	体育馆	运动场	足球场	游泳池	有固定看台灯光球场
1995	185		6	1	36	10
2000	365	1	11	1	44	23
2005	403	1	16	1	79	14
2006	416	1	15	1	85	25
2007	418	1	17	1	88	27
2008	418	1	17	2	49	28
2009	418	1	18	2	86	28
2010	418	1	18	2	86	28
2011	418	3	18	2	86	28
2012	418	3	18	2	86	28
2013	419	17	365	58	166	135
2014	49	17	365	58	166	135
2015	50	20	356	70	167	135
2016	50	21	356	81	168	135
2017	50	21	356	85	182	135
2018	44	18	679	191	239	2764

备注:2014年的体育场是指标准体育场,不含操场等不规范场地。

15－16　县级以上运动会

年　　份	次　数 （次）	参加人数 （万人）
1995	21	8
2000	36	11
2005	22	10
2006	36	25
2007	270	60
2008	315	75
2009	13	9
2010	8	10
2011	5	8
2012	3	6
2013	4	7
2014	12	15
2015	14	18
2016	16	20
2017	18	22
2018	20	22

注：表中2010年起数据不含平潭县，下同。

15－17　获国际和全国比赛冠军数

（1990－2018 年）

年　　份	全国冠军世界冠军		全国冠军	
	项数（项）	人数（人次）	项数（项）	人数（人次）
1990	7	14	7	8
1991	1	2	1	2
1992	1	2		
1993	5	6		
1994	3	4		
1995	3	4	4	8
1996	1	1		
1997	1	1	5	7
1998	4	4	6	14
1999	6	8	4	6
2000	6	15	4	15
2001	2	2	2	7
2002	12	12	36	36
2003	5	4	23	23
2004			2	2
2005			8	8
2006	3	1	11	13
2007	3	3	13	12
2008	1	1	10	11
2009			4	8
2010	5	3	19	14
2011	10	5	23	28
2012	10	8	46	23
2013	4	8	10	26
2014			4	4
2015	2	2	41	41
2016	5	6	16	16
2017	7	7	32	32
2018	6	5	15	11

15－18 律师 公证 调解工作基本情况

项 目	单 位	2013 年	2014 年	2015 年	2016 年	2017 年	2018 年
一、律师工作							
律师事务所	个	118	130	139	195	216	230
取得法律职业资格	人	752	789	725	759	1029	
#专职律师	人	980	1128	1250	2651	2912	3194
兼职律师	人	63	63	81	203	200	199
当年办理诉讼代理总数	件	12084	13061	15221	30314	45941	44747
#经济诉讼代理	件						
民事诉讼代理	件	8298	9439	11326	24525	37454	36519
刑事诉讼辩护及代理	件	3360	3138	3396	4356	6074	5797
行政诉讼代理	件	426	484	499	1433	2413	2431
聘请常年法律顾问单位	个	1372	1403	1765		4495	5838
非诉讼法律事务	件	1814	3461	3903	4213	5464	8490
代写法律事务文书	件	34172	32186	35081	3438	47889	21374
二、公证工作							
公证处	个	14	14	14	14	14	16
公证人员	人	240	245	257	248	272	325
#公证员	人	88	89	94	95	101	102
办理公证书	件	215468	216430	224785	245607	238795	235423
国内公证	件	55582	54261	55813	67894	79286	83526
涉港澳台公证	件	12169	12577	11995	11976	10730	10099
涉外公证	件	147717	149592	156977	165737	148779	141798
三、调解工作							
专职司法助理员	人	358	372	405	392	387	399
人民调解委员会	个	2947	4787	3068	3068	3129	3155
调解人员	人	15511	12529	13062	13071	13571	13646
调解民事纠纷	件	17157	15272	14958	15088	14762	15038

15－19 国内公证文书办理情况

单位:件

项目	2013 年	2014 年	2015 年	2016 年	2017 年	2018 年
合　计	**55582**	**54261**	**55813**	**67894**	**79286**	**130379**
合同(协议)	2528	2118	2687	1749	1164	275
继　承	7807	7844	6959	5184	5264	8818
单方法律行为	23774	10973	5960	13383	9133	
现场监督	67	28	75	42	39	108
保全证据	469	400	293	221	268	2079
公司章程	1	2	24	3	14	5
组织资格	3	123	11	7		
财产权	25					
身　份		1	8	5	7	
收养关系	10	9	36		10	
婚姻状况	17	48	76	59	61	
亲属关系	580	526	758	652	741	
有无违法犯罪记录	2	8	51	16	27	24454
其他有法律意义事实	1507	2477	596	280	2710	
证书(执照)	134	161	121	173	3890	11694
签名(印鉴)	3597	14781	20257	29748	11694	10609
文本相符	7514	8309	11415	11524	36327	53952
赋予执行效力	390	82	31	28	3	220
执行证书				1		0
抵押登记	1					0
提　存	1				1	0
保　管						0
其　他	7155	6371	6455	4819	7933	18165

主要统计指标解释

卫生机构　包括医疗机构、疾病预防控制中心(防疫站)、采供血机构、卫生监督及监测(检验)机构、医学科研和在职培训机构、健康教育所等。医疗机构包括医院、社区卫生服务中心(站)、疗养院、卫生院、门诊部、诊所(卫生所、医务室)妇幼保健院(所、站)、专科疾病防治院(所、站)、急救中心(站)和临床检验中心。

医院　包括综合医院、中医医院、中西结合医院、民族医院、各类专科医院和护理院。

卫生技术人员　指卫生机构中医生、护理人员、药剂人员、检验人员等卫生技术人员。

等级运动员人数　指经考核正式批准授予等级运动员称号的人数。运动员等级分为国际级运动健将、运动健将、一级运动员、二级运动员、三级运动员、少年级运动员。

等级裁判员人数　指经考核正式批准授予等级裁判员称号的人数。裁判员等级分为国际裁判、国家级裁判、一级裁判、二级裁判、三级裁判。

律师　指依法取得律师执业证书,担任法律顾问,民事(刑事、行政)案件代理人、刑事案件辩护人,办理非诉讼业务,解答法律询问,代写法律事务文书等,为社会提供法律服务的人员。

公证人员　指在公证处工作的人员总称,包括公证处主任、副主任、公证员、公证员助理(助理公证员)和其他从事辅助性工作的人员。

公证文书　指公证处根据当事人申请,依照事实和法律,按照法定程序制作的,具有法律效力的司法证明文书。根据公证书用途和使用地,公证书分为国内公证书、国内经济公证书、涉外民事公证书和涉外经济公证书四类。

调解员　指在人民调解委员会担负调解民间纠纷的工作人员,包括调解委员会的委员和调解小组的调解员。

调解民间纠纷　指调解委员会依照法律规定,根据自愿原则,用说服教育的方法调解民间发生的有关民事权利和义务的争执,促成当事双方达到协议和谅解,解决纠纷。包括婚姻家庭纠纷,财产权益纠纷等,不包括法院受理调解的民事案件数。

16 城市比较

16－1　全省及九个设区市主要经济指标

（2018 年）

指　　标	单位	全　省		福州市		厦门市		莆田市	
		绝对数	比上年增长(%)	绝对数	比上年增长(%)	绝对数	比上年增长(%)	绝对数	比上年增长(%)
年末常住总人口	万人	3941.0	0.8	774.0	1.0	411.0	2.5	290.0	0.0
城镇化率	%	65.8	1.0	70.30	0.8	89.1	0.0	61.0	0.4
地区生产总值	亿元	35804.0	8.3	7856.81	8.6	4791.41	7.7	2242.41	8.3
第一产业	亿元	2379.8	3.5	494.66	4.3	24.40	2.6	116.27	2.4
第二产业	亿元	17232.4	8.5	3204.90	8.4	1980.16	8.1	1179.91	8.5
第三产业	亿元	16191.9	8.8	4157.26	9.2	2786.85	7.5	946.23	8.6
农林牧渔业总产值	亿元	4229.52	3.5	876.78	4.3	47.24	2.3	217.10	2.5
固定资产投资	亿元	–	12.1	–	11.7	–	9.4	–	12.6
一般公共预算总收入	亿元	5045.43	7.4	1118.11	8.7	1306.06	7.8	225.91	7.0
一般公共预算收入	亿元	3007.36	7.1	680.38	7.3	754.53	8.3	140.97	3.4
社会消费品零售总额	亿元	14317.43	10.8	4666.46	11.3	1542.42	6.6	763.42	9.8
实际利用外资(验资口径)	亿美元	44.55	-48.1	7.80	-60.7	17.25	-27.5	1.26	-72.2
出口总额	亿元	7615.58	7.1	1654.82	11.6	3338.51	2.6	224.36	8.0
城镇居民人均可支配收入	元	42121	8.0	44457	8.5	54401	8.8	37169	7.8
农村居民人均可支配收入	元	17821	9.1	19419	8.7	22410	9.5	17991	9.1
城镇非私营单位在岗职工平均工资	元	74316	7.7	80567	7.2	83838.7	11.1	64719	9.0

注:地区生产总值为快报数,下同。

16－1 续表1 （2018年）

指标	单位	三明市		泉州市		漳州市	
		绝对数	比上年增长(％)	绝对数	比上年增长(％)	绝对数	比上年增长(％)
年末常住总人口	万人	258.0	0.4	870.0	0.6	514.0	0.8
城镇化率	%	60.2	1.2	66.6	0.9	59.0	1.3
地区生产总值	亿元	2353.72	7.5	8467.98	8.9	3947.63	8.7
第一产业	亿元	273.98	4.0	201.80	2.3	438.58	4.4
第二产业	亿元	1237.90	8.4	4885.01	8.7	1887.22	8.7
第三产业	亿元	841.84	7.6	3381.16	9.5	1621.83	9.7
农林牧渔业总产值	亿元	460.45	4.1	364.23	2.3	801.87	4.5
固定资产投资	亿元	–	11.7	–	12.6	–	11.4
一般公共预算总收入	亿元	165.71	10.0	861.05	6.5	352.06	8.1
一般公共预算收入	亿元	107.64	6.8	474.16	7.2	218.75	7.2
社会消费品零售总额	亿元	588.50	10.3	3407.89	12.3	1111.60	13.1
实际利用外资(验资口径)	亿美元	0.40	-78.4	5.96	-62.6	8.23	-32.4
出口总额	亿元	164.46	12.0	1192.59	14.0	533.85	4.2
城镇居民人均可支配收入	元	34862	8.1	46111	8.0	35997	7.9
农村居民人均可支配收入	元	16601	9.1	20277	9.0	18186	9.1
城镇非私营单位在岗职工平均工资	元	74967.2	4.8	65077	6.2	70014.8	5.3

16－1　续表2　　　　　　　　　　　　(2018年)

指　　标	单位	南平市		龙岩市		宁德市	
		绝对数	比上年增长(%)	绝对数	比上年增长(%)	绝对数	比上年增长(%)
年末常住总人口	万人	269.0	0.4	264.0	0.0	291.0	0.3
城镇化率	%	56.7	1.1	57.0	1.3	56.7	1.0
地区生产总值	亿元	1792.51	6.6	2393.30	7.6	1942.80	8.1
第一产业	亿元	291.05	0.8	244.08	3.6	295.00	4.3
第二产业	亿元	775.80	8.3	1147.27	8.4	968.95	8.3
第三产业	亿元	725.66	7.5	1001.95	7.7	678.85	9.7
农林牧渔业总产值	亿元	514.02	0.8	421.35	3.6	526.48	4.3
固定资产投资	亿元	－	10.7	－	12.7	－	9.4
一般公共预算总收入	亿元	147.67	10.8	296.80	6.4	200.77	11.7
一般公共预算收入	亿元	94.52	8.5	151.27	9.0	120.42	9.1
社会消费品零售总额	亿元	675.09	9.7	907.42	11.6	611.11	8.1
实际利用外资(验资口径)	亿美元	0.58	－75.2	0.45	－86.3	0.18	－72.9
出口总额	亿元	106.98	15.6	167.87	6.4	216.69	6.9
城镇居民人均可支配收入	元	32484	8.0	35759	8.3	32921	7.9
农村居民人均可支配收入	元	15868	9.0	17154	9.3	16147	9.7
城镇非私营单位在岗职工平均工资	元	67197	4.4	66500.8	3.6	70410	2.5

16－2　全国26个省会城市主要经济指标

（2018年）

城　市	地区生产总值		第一产业增加值		第二产业增加值		第三产业增加值	
	绝对数（亿元）	比上年增长（%）	绝对数（亿元）	比上年增长（%）	绝对数（亿元）	比上年增长（%）	绝对数（亿元）	比上年增长（%）
福　州	7856.81	8.6	494.66	4.3	3204.90	8.4	4157.26	9.2
广　州	22859.35	6.2	223.44	2.5	6234.07	5.4	16401.84	6.6
成　都	15342.77	8.0	522.59	3.6	6516.19	7.0	8303.99	9.0
南　京	12820.40	8.0	273.42	0.6	4721.61	6.5	7825.37	9.1
哈尔滨	6300.50	5.1	525.50	-0.1	1689.30	2.7	4085.70	7.5
沈　阳	6292.40	5.4	260.10	3.2	2376.60	5.7	3655.70	5.4
长　春	7175.70	7.2		1.7		7.3		7.8
济　南	7856.60	7.4	272.40	2.5	2829.30	7.8	4754.80	7.5
武　汉	14847.29	8.0	362.00	2.9	6377.75	5.7	8107.54	10.1
西　安	8349.86	8.2	258.82	3.3	2925.61	8.5	5165.43	8.3
杭　州	13509.00	6.7	306.00	1.8	4572.00	5.8	8632.00	7.5
石家庄	6082.60	7.4	420.50	3.2	2285.50	4.8	3376.70	10.2
太　原	3884.48	9.2	41.05	0.7	1439.13	10.3	2404.30	8.8
合　肥	7822.90	8.5	277.60	2.2	3612.30	9.5	3933.10	8.0
南　昌	5274.67	8.9	190.68	3.2	2660.92	8.5	2423.07	10.1
郑　州	10143.32	8.1	147.05	2.1	4450.74	8.1	5545.53	8.3
长　沙	11003.41	8.5	318.73	3.3	4660.19	6.8	6024.49	10.7
南　宁		5.4		4.3		2.2		7.8
贵　阳	3798.45	9.9	153.10	6.6	1413.67	7.9	2231.68	11.3
昆　明	5206.90	8.4	222.16	6.3	2038.02	10.0	2946.71	7.3
兰　州	2732.94	6.5	42.98	6.0	937.98	4.9	1751.97	7.4
西　宁	1286.41	9.0	46.08	4.2	467.99	8.8	772.34	9.4
银　川	1901.48	7.2	67.31	3.6	867.33	5.5	966.84	9.2
海　口	1510.51	7.6	63.96	4.5	276.00	6.0	1170.56	8.1
乌鲁木齐	3060.14	7.6	26.25	2.2	950.18	5.4	2083.70	8.6
呼和浩特	2903.50	3.9	108.40	2.1	801.40	2.4	1993.70	4.6

16－2　续表1　　　　　　　　　　　　　（2018年）

城　市	社会消费品零售总额		固定资产投资额	出口总额	实际利用外资
	绝对数（亿元）	比上年增长（%）	比上年增长（%）	绝对数（亿元）	绝对数（亿美元）
福　州	4666.46	11.3	11.7	1654.82	7.83
广　州	9256.19	7.6	8.2	5607.58	66.11
成　都	6801.80	10.0	10.0	2746.90	76.30
南　京	5832.46	8.4	9.4	2500.70	38.53
哈尔滨	4125.10	4.2	-7.2	103.50	36.50
沈　阳	4051.20	9.2	15.3	342.10	14.30
长　春	3003.60	6.2	6.7	152.50	3.30
济　南	4404.50	10.0	9.6	519.30	
武　汉	6843.90	10.5	10.6	1272.70	109.27
西　安	4658.72	9.6	8.5	1957.49	
杭　州	5715.00	9.0	10.8	3417.10	68.30
石家庄	2934.10	9.1	6.4	571.60	14.50
太　原	1811.90	8.1	26.2	663.25	0.09
合　肥	2976.74	9.1	7.1	1203.46	32.30
南　昌	2131.63	11.1	10.9	451.67	34.89
郑　州	4268.09	9.7	10.9	2577.14	42.11
长　沙	4765.04	9.9	11.5	823.15	57.80
南　宁			11.8	355.09	
贵　阳	1299.47	8.0	15.0		15.89
昆　明	2787.41	10.0			8.50
兰　州	1352.10	7.4	12.1	75.60	
西　宁	564.38	6.7	9.0	10.98	
银　川	552.73	4.8	-21.9	127.79	
海　口	757.56	5.9	-6.2	67.24	2.54
乌鲁木齐	1383.00	5.0	10.0	361.36	
呼和浩特	1603.20	5.6			

16－2　续表2　　（2018年）

城市	一般公共预算收入		城镇居民人均可支配收入		农村居民人均可支配收入	
	绝对数（亿元）	比上年增长（%）	绝对数（元）	比上年增长（%）	绝对数（元）	比上年增长（%）
福　州	680.38	7.3	44457	8.5	19419	8.7
广　州	1632.30	6.5	59982	8.3	26020	10.8
成　都	1424.20	9.4	42128	8.2	22135	9.0
南　京	1470.02	15.6	59308	8.7	25263	9.2
哈尔滨	384.40	4.4	37828	6.4	16934	8.9
沈　阳	720.60	10.0	44054	6.5	16530	6.9
长　春	478.00	6.2	35332	6.5	14237	6.0
济　南	752.80	11.2	50146	7.5	17924	8.0
武　汉	1528.70	11.0	47359	9.1	22652	8.5
西　安	684.71	10.8	38729	8.1	13286	9.0
杭　州	1825.10	12.5	61172	8.7	33193	9.2
石家庄	519.70	12.8	35563	8.0	14518	8.8
太　原	373.23	19.7	33672	7.0	16860	8.1
合　肥	712.49	8.6	41484	9.3	20389	9.7
南　昌	461.75	10.7	40844	8.4	17866	9.2
郑　州	1152.05	9.0	39042	8.3	21652	8.4
长　沙	879.71	9.9	50792	8.2	29714	8.6
南　宁	358.96	8.1	35276	6.2	13654	9.1
贵　阳	903.26	8.9	35115	9.1	15648	9.7
昆　明	595.63	6.2	42988	8.0	14895	8.7
兰　州	253.32	8.9	35014	8.3		
西　宁	92.94	17.4	32500	8.2	11504	9.1
银　川	181.17	2.1	35586	7.9	14160	8.2
海　口	169.88	13.9	36137	8.5	14886	8.2
乌鲁木齐	458.28	14.3				
呼和浩特	204.70	1.5	46565	7.0	17190	9.4

16－3　福州与15个副省级城市主要经济指标

（2018年）

城市	地区生产总值		固定资产投资额	社会消费品零售总额		出口总额
	绝对数（亿元）	比上年增长（%）	比上年增长（%）	绝对数（亿元）	比上年增长（%）	绝对数（亿元）
福州	7856.81	8.6	11.7	4666.46	11.3	1654.82
广州	22859.35	6.2	8.2	9256.19	7.6	5607.58
成都	15342.77	8.0	10.0	6801.80	10.0	2746.90
南京	12820.40	8.0	9.4	5832.46	8.4	2500.70
哈尔滨	6300.50	5.1	-7.2	4125.10	4.2	103.50
沈阳	6292.40	5.4	15.3	4051.20	9.2	342.10
长春	7175.70	7.2	6.7	3003.60	6.2	152.50
济南	7856.60	7.4	9.6	4404.50	10.0	519.30
武汉	14847.29	8.0	10.6	6843.90	10.5	1272.70
西安	8349.86	8.2	8.5	4658.72	9.6	1957.49
杭州	13509.00	6.7	10.8	5715.00	9.0	3417.10
大连	7668.48	6.5	10.1	3880.05	7.8	1889.60
青岛	12001.50	7.4	7.9	4842.50	10.0	3172.20
宁波	10745.50	7.0	3.6	4154.90	8.1	5550.60
深圳	24221.98	7.6	20.6	6168.87	7.6	16274.69
厦门	4791.41	7.7		1542.42	6.6	3338.51

16－3 续表 （2018年）

城市	实际利用外资	一般公共预算收入		城镇居民人均可支配收入		农村居民人均可支配收入	
	绝对数（亿美元）	绝对数（亿元）	比上年增长（%）	绝对数（元）	比上年增长（%）	绝对数（元）	比上年增长（%）
福　州	7.83	680.38	7.3	44457	8.5	19419	8.7
广　州	66.11	1632.30	6.5	59982	8.3	26020	10.8
成　都	76.30	1424.20	9.4	42128	8.2	22135	9.0
南　京	38.53	1470.02	15.6	59308	8.7	25263	9.2
哈尔滨	36.50	384.40	4.4	37828	6.4	16934	8.9
沈　阳	14.30	720.60	10.0	44054	6.5	16530	6.9
长　春	3.30	478.00	6.2	35332	6.5	14237	6.0
济　南		752.80	11.2	50146	7.5	17924	8.0
武　汉	109.27	1528.70	11.0	47359	9.1	22652	8.5
西　安		684.71	10.8	38729	8.1	13286	9.0
杭　州	68.30	1825.10	12.5	61172	8.7	33193	9.2
大　连	26.78	703.98	7.0	43550	7.3	18103	7.3
青　岛	86.90	1231.90	6.5	50817	7.7	20820	7.5
宁　波	43.20	1379.70	10.8	60134	8.0	33633	8.9
深　圳	82.03	3538.41	6.2	57543	8.7		
厦　门	16.22	754.53	8.3	54401	8.8	22410	9.5

17 附　　录

2018年福州市国民经济和社会发展统计公报

福州市统计局
国家统计局福州调查队
（2019年3月22日）

一、综 合

初步核算，全年实现地区生产总值7856.81亿元，比上年增长8.6%。其中，第一产业增加值494.66亿元，增长4.3%；第二产业增加值3204.90亿元，增长8.4%；第三产业增加值4157.26亿元，增长9.2%。第一产业增加值占地区生产总值的比重为6.3%，第二产业增加值比重为40.8%，第三产业增加值比重为52.9%。人均地区生产总值102037元，比上年增长7.4%。

图1 2014-2018年地区生产总值（GDP）及其增长速度

图2 2014-2018年三次产业增加值占地区生产总值比重

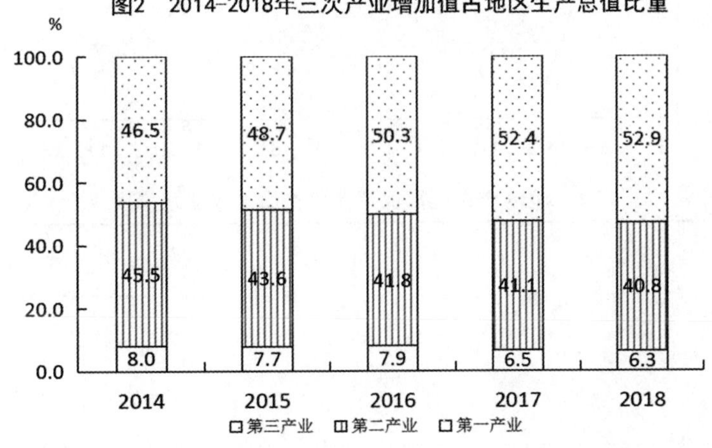

年末全市常住人口774万人，比上年末增加8万人。其中，城镇常住人口544.12万人，占总人口比重（常住人口城镇化率）为70.3%，比上年末提高0.8个百分点。年末全市户籍总人口702.66万人，全年出生人口10.83万人，出生率为15.51‰；死亡人数3.91万人，死亡率为5.60‰；人口自然增长率为9.91‰。

表1 2018年年末人口数及其构成

指　　标	年末数(万人)	比重(%)
常住人口	774	100.0
其中:城　镇	544	70.3
乡　村	230	29.7

全年城镇新增就业13.44万人,就业困难人员实现再就业4221人,失业人员再就业10521人,农业富余劳动力转移就业42149人。年末城镇登记失业率为2.41%,比上年末上升0.01个百分点。

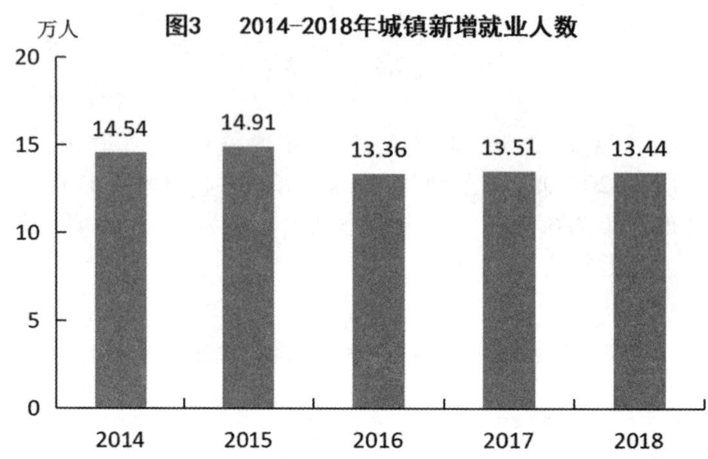

图3 2014-2018年城镇新增就业人数

全年市区居民消费价格总水平比上年上涨1.5%,其中食品烟酒类价格上涨2.5%,衣着类下降0.4%,教育文化和娱乐类上涨1.5%,居住类上涨1.9%,医疗保健类上涨1.6%,其他用品和服务类下降0.4%,生活用品及服务类下降0.1%,交通和通信类上涨0.9%。

图4 2018年市区居民消费价格月度涨跌幅度

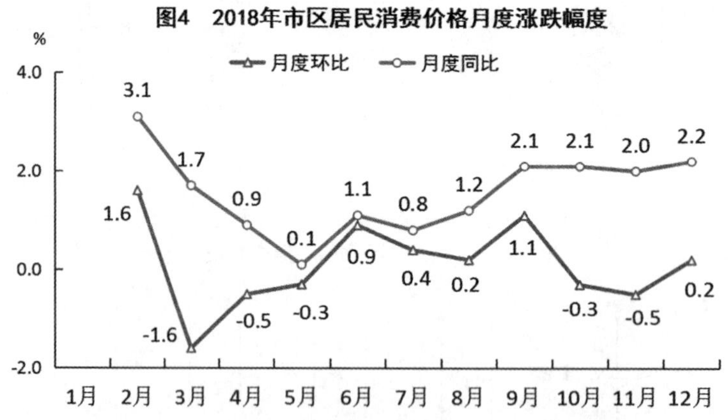

表2 2018年市区居民消费价格比上年涨跌幅度

指　　标	全　市(%)
市区居民消费价格总水平	1.5
食品烟酒	2.5
衣　着	-0.4
居　住	1.9
生活用品及服务	-0.1
交通和通讯	0.9
教育文化和娱乐	1.5
医疗保健	1.6
其他用品和服务	-0.4

表 3　2018 年福州市新建商品住宅销售价格涨跌幅度(月度同比)

月份	1 月	2 月	3 月	4 月	5 月	6 月	7 月	8 月	9 月	10 月	11 月	12 月
福州	-2.3	-1.5	-1.8	-1.7	-2.8	-0.5	1.0	3.5	5.1	6.1	8.0	8.5

全年全市一般公共预算总收入 1118.11 亿元,比上年增长 8.7%,其中,地方一般公共预算收入 680.38 亿元,比上年增长 7.3%;一般公共预算支出 923.41 亿元,下降 1.6%。全市税收收入 503.74 亿元,比上年增长 4.1%。

图5　2014-2018年一般公共预算总收入及其增长速度

二、农　　业

全年农林牧渔业完成总产值 876.59 亿元,比上年增长 4.3%。粮食种植面积 125.00 万亩,比上年增加 1.20 万亩,其中稻谷面积 59.95 万亩,比上年减少 1.70 万亩;油料种植面积 30.78 万亩,增加 0.46 万亩;蔬菜种植面积 201.63 万亩,比上年增加 9.36 万亩。

全年粮食产量 45.94 万吨,比上年增加 1.22 万吨,增长 2.7%。其中,稻谷产量 23.51 万吨,增加 337 吨,增长 0.1%。

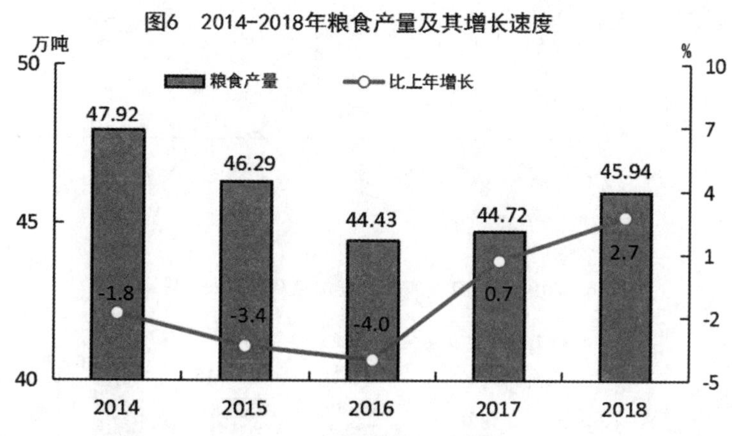

图6　2014-2018年粮食产量及其增长速度

表 4　2018 年主要农产品产量

产品名称	产量(万吨)	比上年增长(%)
粮　食	459428	2.7
春　收	47989	1.3
夏　收	58975	-5.3
秋　收	352464	4.4
油　料	50052	9.4
其中:花　生	46922	7.9
油菜籽	3059	41.2
甘　蔗	34274	-7.0
茶　叶	40257	7.0
园林水果	775297	8.3
蔬　菜	3903627	5.3
食用菌	223740	7.5

全年肉蛋奶总产量 30.18 万吨，比上年同期下降 15.1%。肉类总产量 18.18 万吨，下降 5.9%。其中，猪肉产量 13.94 万吨，下降 3.2%；禽肉产量 3.15 万吨，下降 17.1%；牛肉产量 0.31 万吨，增长 6.0%；羊肉产量 0.56 万吨，下降 6.3%。年末生猪存栏 91.55 万头，下降 14.7%；生猪出栏 174.85 万头，下降 2.9%。牛奶产量 0.67 万吨，增长 19.5%。

全年水产品产量 258.40 万吨，比上年增长 5.1%。其中，淡水产品产量 22.9 万吨，增长 9.8%；海水产品产量 163.9 万吨，增长 8.2%。

农业产业化持续推进，294 家农业产业化龙头企业销售收入 842.7 亿元，比上年增长 5.1%，其中，挂牌院士(专家)工作站企业 225 家，"国家农产品加工技术研发中心认定企业"7 家。年末国家级农业标准化示范区 13 个，省级农业标准化示范区 23 个，市级农业标准化示范区 24 个。

三、工业和建筑业

全年工业增加值 2416.16 亿元，比上年增长 8.8%。规模以上工业增加值增长 9.0%。在规模以上工业中，分经济类型看，国有控股企业增长 13.7%，大中型企业增长 7.1%；国有企业增长 16.6%，集体企业下降 12.5%，股份制企业增长 11.3%，外商及港澳台商投资企业增长 4.9%；私营企业增长 10.7%。分轻重看，轻工业增长 7.3%，重工业增长 10.9%。分门类看，采矿业下降 34.0%，制造业增长 8.5%，电力、热力、燃气及水生产和供应业增长 16.5%。工业产品销售率 97.1%，较上年提升 0.4 个百分点。

图7 2018年规模以上工业增加值增长速度
（月度同比）

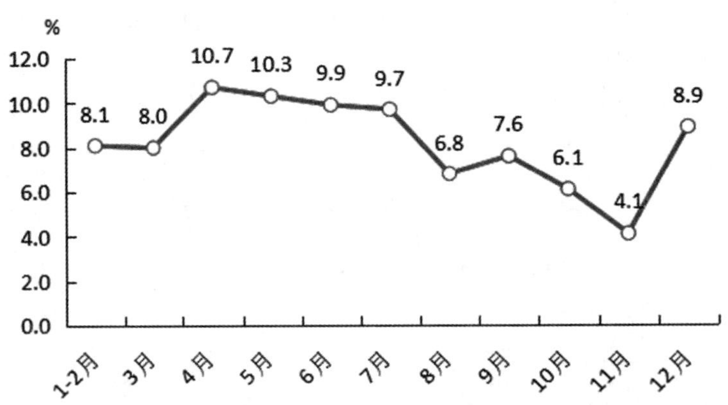

图8 2014-2018年全部工业增加值及其增长速度

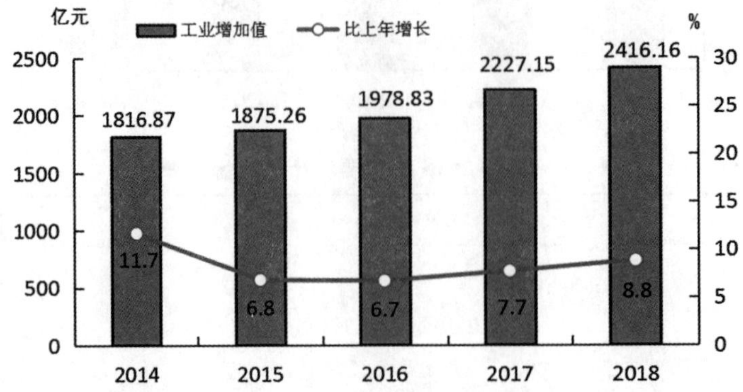

全市规模以上工业的 35 个行业大类中有 16 个增加值增速在两位数。其中，废弃资源综合利用业增长 404.1%，燃气生产和供应业比上年增长 35.3%，计算机、通信和其他电子设备制造业增长 25.6%，烟草制品业增长 23.8%，水的生产和供应业增长 17.6%，仪器仪表制造业增长 17.6%。规模以上工业中十大主导行业增加值比上年增长 9.5%。其中，计算机、通信和其他电子设备制造业实现增加值比上年增长 25.6%，纺织业

实现增加值比上年增长7.9%。六大高耗能行业增加值比上年增长12.6%,占规模以上工业增加值的比重为24.5%。工业战略性新兴产业增长10.4%,占规模以上工业增加值的比重为23.9%。装备制造业增长10.0%,占规模以上工业增加值的比重为24.1%。

表5　2018年规模以上工业企业主要工业产品产量

产品名称	单　位	产　量	比上年增长(%)
发电量	亿千瓦时	716	14.8
#火　电	亿千瓦时	329	19.1
水　电	亿千瓦时	61	-15.4
核　电	亿千瓦时	305	19.8
风　电	亿千瓦时	21	2.6
食用植物油	吨	642165	22.9
纱	万吨	326	10.5
化学纤维	吨	4260124	-0.2
人造板	立方米	342817	-6.4
皮革鞋靴	万双	11407	6.6
塑料制品	吨	1227426	22.5
水　泥	吨	6556094	11.4
花岗石板材	万平方米	235	30.3
粗　钢	吨	7161642	18.2
钢　材	吨	8806436	30.2
铝　材	吨	513483	15.2
汽　车	辆	123308	-35.7
显示器	万　台	3147	8.0
打印机	万　台	130	3.7

全年规模以上工业企业实现利润总额509.51亿元,比上年增长5.5%。其中,集体企业0.57亿元,与去年持平;股份制企业354.21亿元,增长8.6%;外商及港澳台商投资企业149.11亿元,下降2.2%;非公有企业423.37亿元,增长8.2%,国有企业亏损0.5亿元。规模以上工业企业资产负债率54.7%,每百元主营业务收入中的成本为87.52元,提高0.3元,主营业务收入利润率为5.9%。

全年建筑业实现增加值797.27亿元,比上年增长7.0%。全市具有资质等级的总承包和专业承包建筑业企业完成建筑业总产值4112.30亿元,增长14.8%。

图9　2014-2018年全部建筑业增加值及其增长速度

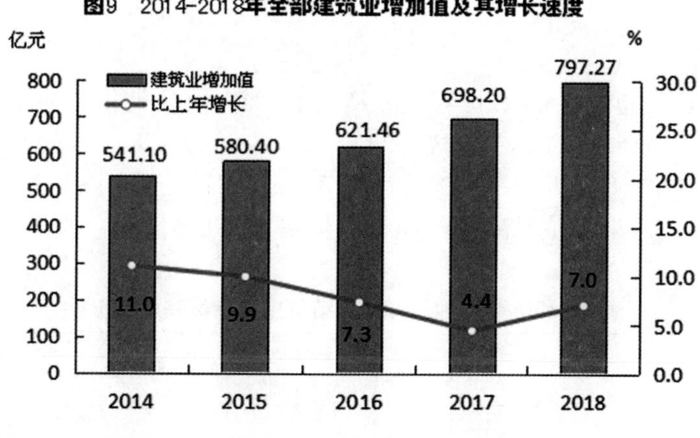

四、固定资产投资

全年固定资产投资比上年增长11.7%。其中,第一产业投资增长366.6%;第二产业投资增长24.3%,其中,工业投资增长25.0%;第三产业投资增长7.2%。基础设施投资增长14.7%,占固定资产投资的比重为29.8%;民间投资增长29.9%,占固定资产投资的比重为60.2%。

图10 2014-2018年固定资产投资增长速度

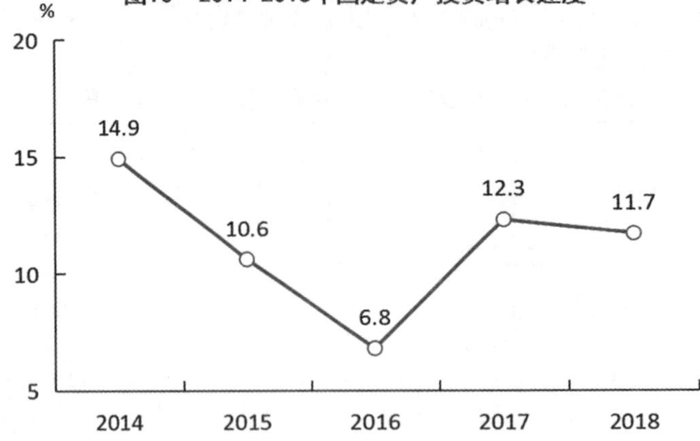

表6 2018年分行业固定资产投资情况

行业	比上年增长(%)
农、林、牧、渔业	269.4
采矿业	104.0
制造业	28.3
电力、热力、燃气及水的生产和供应业	12.9
建筑业	-3.8
批发和零售业	343.4
交通运输、仓储和邮政业	35.0
住宿和餐饮业	57.6
信息传输、软件和信息技术服务业	82.7
金融业	16.8
房地产业	-11.0
租赁和商务服务业	161.2
科学研究和技术服务业	409.5
水利、环境和公共设施管理业	-0.8
居民服务和其他服务业	117.5
教育	71.7
卫生和社会工作	68.2
文化、体育和娱乐业	205.5
公共管理和社会组织	186.5

全年房地产开发投资1439.68亿元，比上年下降15.0%。其中，住宅投资966.43亿元，下降17.9%；办公楼投资85.49亿元，下降24.5%；商业营业用房投资133.37亿元，下降32.9%。年末商品房待售面积374.38万平方米，比上年末减少87.11万平方米。年末商品住宅待售面积91.23万平方米，比上年末减少36.53万平方米。全年新开工建设城镇保障性安居工程住房12898套(户)，基本建成保障性安居工程住房11997套。

表7 2018年房地产开发和销售主要指标完成情况

指标	单位	绝对数	比上年增长(%)
投资完成额	亿元	1439.68	-15.0
商品房屋施工面积	万平方米	7921.37	-0.3
其中:住宅	万平方米	4913.29	-3.1
本年新开工面积	万平方米	1830.94	51.0
商品房屋竣工面积	万平方米	722.66	-37.5
其中:住宅	万平方米	441.12	-42.3
商品房屋销售面积	万平方米	1711.05	1.5
其中:住宅	万平方米	1255.68	-1.7

五、国内贸易

全年社会消费品零售总额 4666.46 亿元，比上年增长 11.3%。按消费形态统计，商品零售额 4228.82 亿元，增长 11.4%；餐费收入额 437.64 亿元，增长 9.6%。

图11　2014-2018年社会消费品零售总额及其增长速度

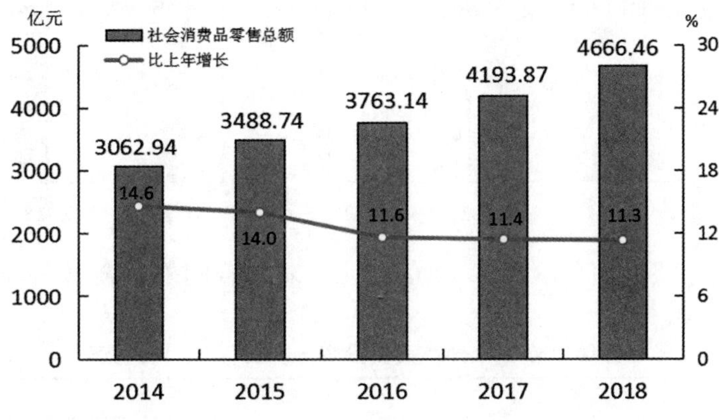

在限额以上企业商品零售额中，化妆品类增长 51.8%，粮油食品类增长 28.1%，石油及制品类增长 21.8%，金银珠宝类增长 21.5%，体育、娱乐用品类增长 16.5%，日用品类增长 13.3%，家具类增长 12.7%，汽车类增长 11.8%，服装鞋帽针纺织品类增长 11.1%，家用电器和音响器材类增长 2.3%，通讯器材类零售额比上年增长 0.9%。

六、对外经济

全年进出口总额 2452.7 亿元，比上年增长 5.0%。其中，出口 1654.8 亿元，增长 11.6%；进口 797.9 亿元，下降 6.5%。进出口顺差 856.9 亿元。

表 8　2018 年进出口主要分类情况

指　　标	绝对数（亿元）	比上年增长（%）
进出口总额	2452.7	5.0
出口额	1654.8	11.6
其中：一般贸易	1221.3	14.2
加工贸易	428.4	4.6
其中：机电产品	526.8	17.7
其中：高新技术产品	127.1	5.9
进口额	797.9	-6.5
其中：一般贸易	621.1	-5.9
加工贸易	120.2	-11.5
其中：机电产品	173.2	-32.8
其中：高新技术产品	95.5	-40.4

表 9　2018 年对主要国家和地区进出口情况

国家和地区	出口额（亿元）	比上年增长（%）	进口额（亿元）	比上年增长（%）
美　国	383.3	12.1	46.6	-44.2
欧　盟	264.0	7.5	61.5	-16.3
东　盟	273.9	19.8	118.7	17.4
日　本	91.6	7.0	58.5	-40.4
香港地区	99.3	36.2	1.7	125.0
台湾地区	38.5	2.2	84.1	-12.3
韩　国	45.8	2.4	82.1	-10.2
俄罗斯联邦	23.1	19.2	4.1	-53.3

图12　2014-2018年货物进出口总额

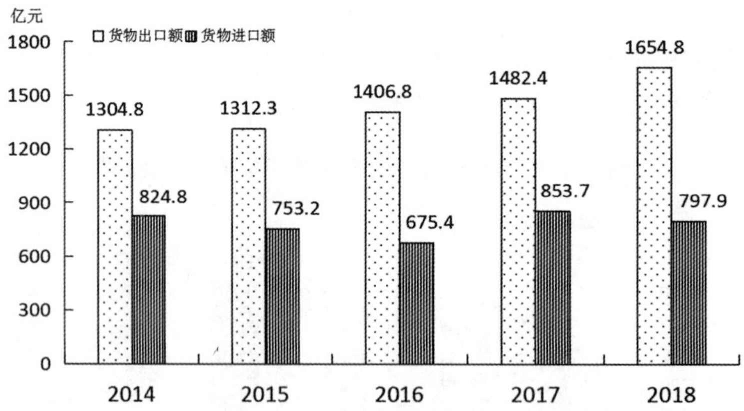

实际利用外商直接投资55.39亿元(折8.15亿美元),新批合同外资金额39.36亿美元。新批合同外资项目514项,比上年多152项。

表10　2018年外商直接投资分行业(产业)分析表

行　　业	实际利用外资(万美元)
总　　计	81450
农、林、牧、渔业	170
制造业	11418
电力、热力、燃气及水生产和供应业	1028
建筑业	6806
批发和零售业	19114
交通运输、仓储和邮政业	4805
住宿和餐饮业	846
信息传输、软件和信息技术服务业	10126
金融业	1369
房地产业	15561
租赁和商务服务业	1451
科学研究和技术服务业	1166
水利、环境和公共设施管理业	1994
居民服务、修理和其他服务业	612
教　育	79
卫生和社会工作	183
文化、体育和娱乐业	1149

新批境外投资项目54项,新批境外协议投资总额12.69亿美元,其中,中方协议投资额12.41亿美元。本年新批台资项目179项,增长24.3%,对台贸易额18.58亿美元,下降5.6%。

全年对外承包工程完成营业额8.67亿美元,增长94.6%。劳务人员实际收入总额4.87亿美元,增长20.6%。对外劳务合作期末在外人员36047人,下降6.0%。

七、交通、邮电和旅游

全年交通运输、仓储和邮政业实现增加值337.61亿元,增长8.3%。年末公路里程(不含平潭)11477公里,增长0.1%。其中高速公路总里程587公里,下降0.17%;年末铁路总里程1070公里(干线409公里、支线661公里),其中高速铁路总里程67公里,与上年持平。

表 11　2018 年各种运输方式完成货物运输量情况

指　　标	单位	绝对数	比上年增长(%)
公　路			
货物运输量	万吨	17836	1.9
旅客运输量	万人次	8737	1.2
水　路			
货物运输量	万吨	9584	7.2
旅客运输量	万人次	121	1.8
铁　路			
货物发送量	万吨	634	7.1
旅客发送量	万人次	3299	3.3
民　航			
货邮吞吐量	万吨	13	6.0
旅客吞吐量	万人次	1439	15.4

全年沿海港口完成货物吞吐量 14586.47 万吨，比上年增长 21.7%。其中外贸货物吞吐量 5243.47 万吨，增长 4.9%。集装箱吞吐量 324.33 万标箱，增长 10.1%，其中，对台直航集装箱吞吐量 33.22 万标箱，下降 6.3%。

年末全市汽车保有量 155.25 万辆(含三轮汽车和低速货车)，比上年末增长 31.2%，其中私人汽车保有量 112.19 万辆，增长 9.6%。全市轿车保有量 79.71 万辆，增长 9.1%，其中私人轿车保有量 72.84 万辆，增长 8.0%。

全年完成邮政业务总量 97.40 亿元，增长 19.3%；电信业务总量 475.34 亿元，增长 119.6%。邮政业务收入 53.64 亿元，增长 16.2%；电信业务收入 110.38 亿元，下降 0.2%。邮政业全年完成邮政函件业务 2293.50 万件，快递业务量 4.09 亿件。年末全市电话用户总数 1107.15 万户，其中：固定电话用户 150.00 万户；移动电话用户 957.15 万户，其中 4G 电话用户 768.50 万户，净增 118.80 万户，全市年末互联网宽带接入用户(不含手机上网用户)335.40 万户，增加 49.54 万户。

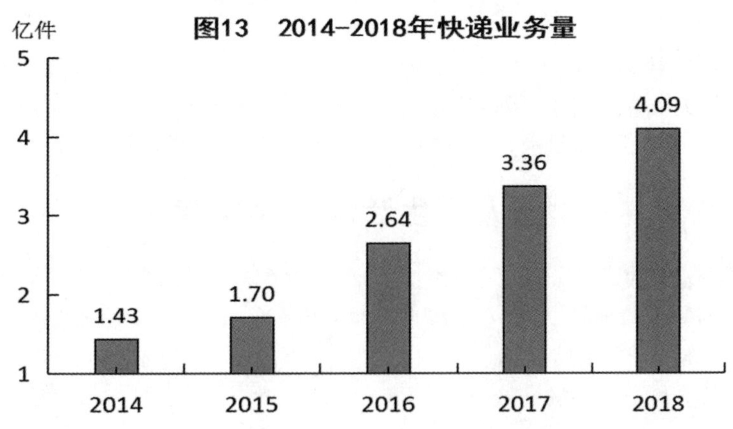

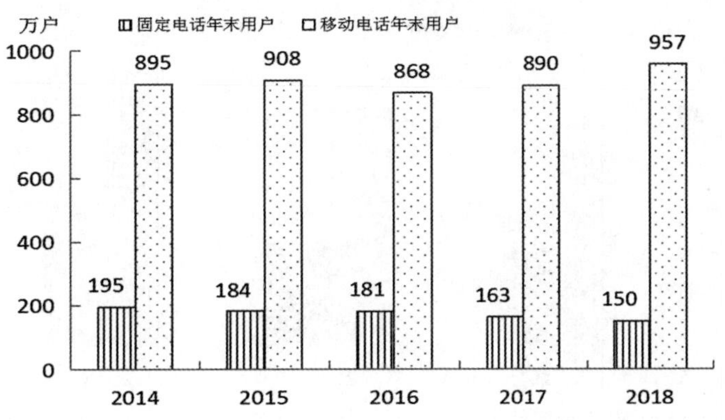

全年接待境内外游客(含一日游)8233.31 万人次,比上年增长 22.2%。其中,接待境外游客 161.95 万人次,增长 23.2%;国内游客 8071.35 万人次,增长 22.2%。旅游总收入 1170.38 亿元,比上年增长 33.2%,旅游外汇收入 18.06 亿美元,增长 20.4%。年末星级酒店 42 家,星级酒店客房 8036 间,A 级景区 46 个,全年经福州口岸赴台旅游 3.02 万人次,下降 20.8%。

八、金　　融

年末全市金融机构本外币各项存款余额 14204.30 亿元,比上年末增长 4.5%,其中,非金融企业存款 4756.79 亿元,比上年末下降 4.1%,住户存款 5192.27 亿元,比上年末增长 14.4%;金融机构本外币各项贷款余额 15364.34 亿元,增长 11.8%,其中,短期贷款 3289.54 亿元,下降 0.2%,中长期贷款 11379.68 亿元,增长 13.4%。金融机构人民币存款余额 13827.40 亿元,比上年末增长 5.3%,金融机构人民币贷款余额 14917.40 亿元,比上年末增长 12.0%。

表 12　2018 年全部金融机构本外币存贷款情况

指　　标	年末数(亿元)	比上年末增长(%)
各项存款余额	14204.30	4.5
其中:住户存款	5192.27	14.4
非金融企业存款	4756.79	-4.1
其中:人民币存款	13827.40	5.3
各项贷款余额	15364.34	11.8
其中:短期贷款	3289.54	-0.2
中长期贷款	11379.68	13.4
其中:人民币贷款	14917.40	12.0

年末境内上市公司 43 家,与上年持平,市价总值 6613.50 亿元,下降 20.7%;全市股票、基金交易额 55039.95 亿元,全年期货交易额 25972.32 亿元。年末股民资金开户数 364.24 万户,新增 53.21 万户;年末期货公司 3 家,期货营业部 33 个;证券公司 2 家,营业部 135 个;外资金融机构(不包含保险和证券机构)在福州设立的分行 10 个。

全年内外资保险公司保费收入 303.12 亿元,下降 3.3%,其中:财产险保费收入 83.04 亿元;人身险保费收入 220.08 亿元。支付各类赔款及给付 93.42 亿元,比上年增长 6.5%,其中:财产险赔款 47.22 亿元;人身险赔款 46.20 亿元。年末各类保险营业网点 438 个,外资保险机构在福州设立分公司 14 个,代表处 1 个。

九、人民生活和社会保障

全年全市居民人均可支配收入 35376 元,比上年增长 8.6%。按常住地分,农村居民人均可支配收入 19419 元,比上年增长 8.7%;城镇居民人均可支配收入 44457 元,比上年增长 8.5%。全市居民人均生活消费支出 24917 元,比上年增长 8.3%。按常住地分,农村居民人均生活消费支出 16250 元,增长 6.3%;城镇居民人均生活消费支出 29849 元,增长 8.8%。

图 15　2016-2018年城镇及农村居民人均可支配收入

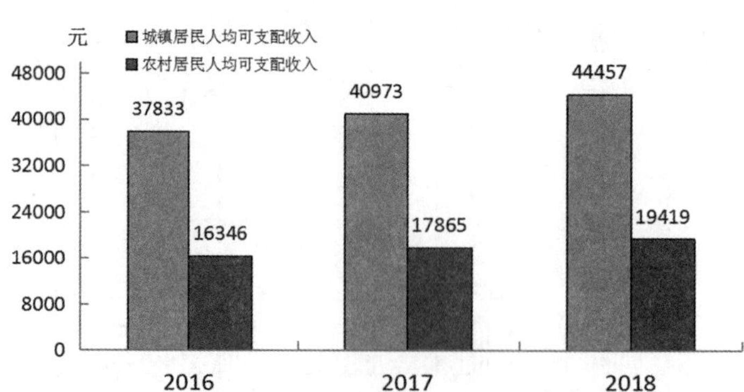

年末社会基本养老保险参保人数432.50万人,比上年增加15.34万人。其中参保城镇企业职工184.80万人,城乡居民养老保险人员217.88万人,被征地农民养老保障人员47.91万人,机关事业单位养老保险人员29.82万人。年末基本医疗保险参保人数630.32万人,其中职工基本医疗保险参保人数169.53万人,城乡居民基本医疗保险参保人数460.79万人。年末生育保险参保人数119.77万人,增加6.74万人。全市失业保险参保人数123.86万人,增加2.6万人。年末工伤保险参保人数175.51万人,增加20.48万人。

年末全市领取失业保险金人数9449人,比上年增加2774人;全市纳入城市最低生活保障的居民7172人,减少1251人;纳入农村最低生活保障的居民43316人,减少3305人;全年保障特困人员供养对象6534人。

年末全市建立社区卫生服务中心(站)190个,每千人拥有卫生机构床位5.14张,每千人拥有医院床位4.33张,每千人拥有卫生技术人员7.86人,每千人拥有医生2.99人。

十、教育和科学技术

全年研究生教育招生10293人,在校研究生27729人。普通高等教育招生92860人,在校生313750人。中等职业教育招生33987人,在校生86149人。全市普通高中招生35242人,在校生103166人。初中招生80854人,在校生231747人。普通小学招生108207人,在校生542882人。特殊教育在校生1585人。学前教育在园幼儿281118人。市级示范园75所,省级达标中学73所。初中毕业升学率98.2%。

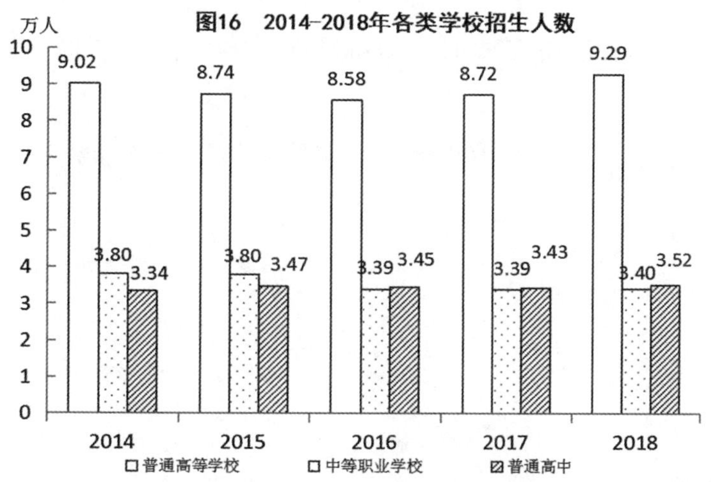

年末国家级创新型企业4家,国家创新型试点企业3家,省级创新型(试点)企业193家;高新技术企业1027家。新认定省级企业技术中心12家,新认定市级企业技术中心19家。全市专利申请受理34558件,专利授权17855件,分别比上年增长35.1%和58.5%。全年共登记技术合同2866项,成交额36.57亿元。

十一、文化、卫生和体育

年末全市文化系统共有艺术表演团体9个,公共图书馆13个,文化馆12个,群艺馆1个,剧场、剧院数1个,博物馆、纪念馆38个。各类艺术表演团体演出2152场,公共图书馆藏书量1037.11万册,博物馆、纪念馆收藏文物17.04万件,图书流动点815个,乡镇综合文化站130个,农家书屋2195个。年末共有影院60个,新增1个。广播电视台8座,广播节目11套,电视节目13套。年末有线电视用户146.53万户,入户率63.1%。年末行政村有线电视联网率90.3%,广播综合人口覆盖率、电视综合人口覆盖率均为100.0%。

年末全市共有各级各类医疗卫生机构4173个,其中医院120个,乡镇卫生院124个,村卫生所2107个。年末卫生机构床位37455张。年末卫生技术人员57248人,其中,执业医生、执业(助理)医师21745人,注册护士25208人,乡镇卫生院卫技人员5063人,村卫生所卫技人员641人。

全年我市运动员在世界三大赛中共获得3金0银0铜,在全国最高级别比赛中获得10金0银0铜。在十八届亚运会上福州运动员共取得5枚金牌;在十六届省运会上福州运动员共取得138枚金牌、146枚银牌、

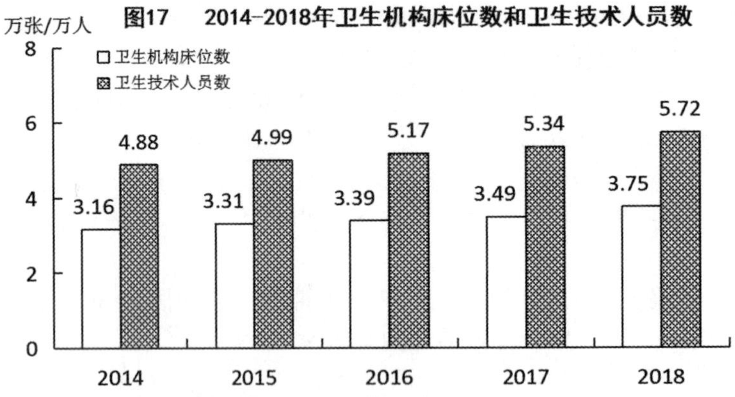

图17　2014-2018年卫生机构床位数和卫生技术人员数

107 枚铜牌。共有体育场馆数 483 个,总面积 41.79 万平方米。全年开展新年登高、元旦冬泳、万人健步行、农村百队千场篮球赛、第三十三届冬泳比赛、海峡两岸门球赛等大型活动,此外十二个县市区也在陆续开展冬泳、健步行、农村百队千场篮球赛、门球、足球、健身秧歌、象棋、围棋、气排球、广场舞、健身球、体育舞蹈、柔力球、定向越野、乒乓球、羽毛球、登山、健身气功、投篮、飞镖、跳绳、踢毽子等 30 多项全民健身活动。

十二、资源、环境和安全生产

初步核算,全市规模以上工业能耗 1536.12 万吨标准煤。全社会用电量增长 9.1%。万元地区生产总值能耗下降 1.02%。

图18　2014-2018年万元地区生产总值能耗降低率

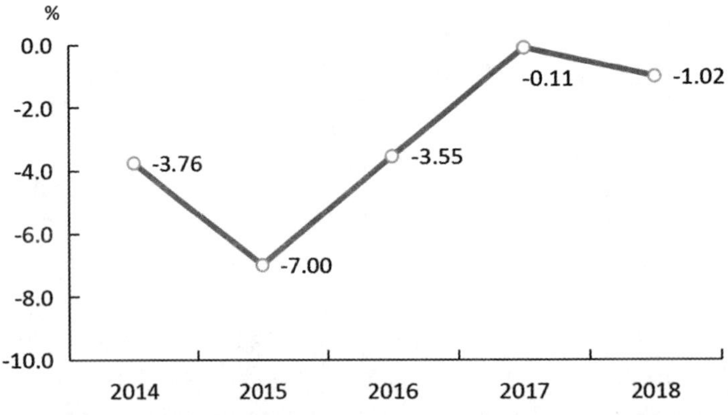

全年人工更新造林总面积 5678 公顷,新增 1682 公顷。全市森林覆盖率 57.3%。商品材产量 27.25 万立方米,同比下降 16.9%。年末公园数 116 座,公园绿地面积 4094.38 公顷。年末建成区新增绿地面积 166.86 公顷,建成区绿地率 41.7%。全市新增公园绿地面积 294.46 公顷,人均公园绿地面积 15.05 平方米。

截至 2018 年末,全市共有 8 个县(市)区已经获得国家级生态县(市)区命名,1 个县(市)区通过省级生态区复核;全市累计完成 118 个国家级生态乡(镇)街道考核验收和 1919 个市级以上生态村创建。闽江(福州段)干流水质优良比例、敖江(福州段)干流水质优良比例、6 个市级饮用水水源地水质达标率、县(市)级以上饮用水水源地水质达标率均为 100%,龙江流域水质优良比例为 50%。

区域环境噪声昼间 57.6 分贝、夜间 50.8 分贝,区域交通噪声昼间分贝 69.3、夜间 65.9 分贝,城区环境空气达标天数 337 天,城区环境空气达标率 92.3%,空气质量综合指数 3.33。年末自然保护区 4 个,其中国家级自然保护区 2 个。全市污水处理率预计 92.2%,城镇、农村生活垃圾无害化处理率均为 100.0%。

全市共发生各类生产安全事故 241 起、死亡 110 人、受伤人数 185 人,按可比口径,分别比上年下降 11.7%、0.9% 和 23.6%。

注：1. 本公报未包括连江县的马祖列岛。
2. 本公报所列数据为初步统计数，部分合计数或相对数由于单位取舍不同而产生的计算误差，均不做机械调整。
3. 本公报福州市地区生产总值、各产业增加值按现价计算，增长速度按可比价格计算。
4. 本公报卫生机构数含村卫生室。

资料来源：

本公报中城镇新增就业、登记失业率、社会保障数据来自市人社局；医疗保险、生育保险数据来自市医疗保险管理中心；财政数据来自市财政局；新建公路里程、公路运输、水运数据来自市交通运输局；港口货物吞吐量数据来自福州港口管理局；铁路数据来自福州铁路（轨道）建设办公室；民航数据来自远翔（福州）国际航空港有限公司；户籍人口、民用汽车数据来自市公安局；保障性住房数据来自市住房保障和房产管理局；城市道路长度、城市污水处理来自城乡建设局；公园绿地面积数据来自市园林局；人工造林、森林覆盖率数据来自市林业局；货物进出口、外商直接投资、对外直接投资、对外劳务合作等数据来自市商务局；邮政业务数据来自市邮政管理局；互联网业务收入、电话用户、电信业务总量等数据来自市通信管理局；旅游数据来自市文化和旅游局；货币金融数据来自人行福州中心支行；上市公司数据来自市金融监督管理局；保险业数据来自福建保监局；企业技术中心数据来自市经信委；高新技术企业、创新型试点企业、现代农业科技创新基地、技术合同、专利申请量等数据来自市科技局；教育数据来自市教育局；广播、电视、电影、报纸、期刊、图书、艺术表演团体、博物馆、公共图书馆、文化馆数据来自市文化和旅游局；体育数据来自市体育局；卫生数据来自市卫健委；低保数据来自市民政局；农业产业化龙头企业数据来自市农业农村局；农业标准化示范区数据来自市市场监督管理局；环境监测数据来自市生态环境局；安全生产数据来自市应急管理局；林业数据来自市林业局；其他数据来自福州市统计局和国家统计局福州调查队。

中国统计出版社有限公司最新图书简目

(仅供参考,以实际出版为准)

统计资料

中国统计年鉴 中国统计摘要 中国第三产业统计年鉴
中国第三次全国农业普查综合资料 国际统计年鉴 金砖国家联合统计手册
中国-东盟国家统计手册 中国农村统计年鉴 中国县域统计年鉴
中国农产品价格调查年鉴 中国城市统计年鉴 中国价格统计年鉴
中国贸易外经统计年鉴 中国零售和餐饮连锁企业统计年鉴 中国商品交易市场统计年鉴
大中型批发零售和住宿餐饮企业统计年鉴 中国住户调查年鉴 中国工业统计年鉴
中国环境统计年鉴 中国能源统计年鉴 中国建筑业统计年鉴
中国房地产统计年鉴 中国固定资产投资统计年鉴 中国对外直接投资统计公报
中国人口和就业统计年鉴 中国劳动统计年鉴 中国社会统计年鉴
中国科技统计年鉴 中国高技术产业统计年鉴 全国企业创新调查年鉴
中国文化及相关产业统计年鉴 2018年时间利用调查资料 中国妇女儿童状况统计资料
中国基本单位统计年鉴 中国教育统计年鉴 中国教育经费统计年鉴
中国民族统计年鉴 中国残疾人事业统计年鉴 长江经济带发展统计年鉴

省级综合统计年鉴系列

北京 天津 河北 山西 内蒙古 辽宁 吉林 黑龙江 上海 江苏 浙江 安徽 福建 江西 山东 河南 湖北 湖南
广东 广西 海南 重庆 四川 贵州 云南 西藏 陕西 甘肃 青海 宁夏 新疆 新疆生产建设兵团

市(县)级综合统计年鉴系列

滨海新区 石家庄 唐山 邯郸 保定 沧州 邢台 廊坊 承德 衡水 秦皇岛 张家口 太原 大同 阳泉 长治 晋城
朔州 晋中 运城 忻州 临汾 吕梁 呼和浩特 鄂尔多斯 包头 沈阳 大连 长春 延吉 四平 白山 通化 哈尔滨
齐齐哈尔 黑龙江垦区 上海浦东新区 南京 无锡 徐州 常州 苏州 南通 连云港 淮安 盐城 扬州 镇江 泰州
宿迁 江阴 丹阳 海门 张家港 杭州 宁波 温州 嘉兴 湖州 绍兴 金华 衢州 舟山 台州 丽水 合肥 安庆 福州
厦门 宁德 漳州 龙岩 莆田 泉州 三明 南平 南昌 九江 上饶 新余 抚州 赣州 景德镇 济南 青岛 潍坊 枣庄
潍坊 聊城 郑州 洛阳 平顶山 三门峡 南阳 商丘 信阳 济源 汝州 武汉 十堰 荆州 宜昌 荆门 咸宁 黄冈
长沙 鹰潭 广州 深圳 惠州 东莞 汕尾 湛江 肇庆 南宁 柳州 桂林 贵港 梧州 来宾 河池 防城港 海口 三亚
儋州 成都 内江 贵阳 黔南 毕节 昆明 文山 德宏 西安 延安 安康 铜川 汉中 商洛 银川 兰州 庆阳 乌鲁木齐
昌吉 阿勒泰 兵团一师、二师、三师、四师、六师、七师、八师、十师、十三师、十四师

调查年鉴系列

天津 内蒙古 上海 河南 湖北 湖南 广东 广西 重庆 四川 云南 甘肃 宁夏 南宁 贵港 昆明

统计方法应用/实用手册

Python数据分析基础（第二版） 医用多元统计分析（第三版） 中华生物统计用表
中国国民经济核算体系（2016）基础知识 国民经济核算初级教程 医学统计学手册
全国统计专业技术资格考试系列考试用书：统计业务知识（第四版修订版） 统计业务知识学习指导与习题
全国统计专业技术资格考试系列考试用书：统计相关知识（第四版） 统计相关知识学习指导与习题

统计通俗读物/统计科普图书

领导干部统计知识问答 《防范和惩治统计造假、弄虚作假督察工作规定》辅导读本
统计新媒体运营指南 统计公文知识问答 理解国民账户 中国古代统计史简编

重点图书

新中国70年 第三次全国农业普查农作物面积遥感测量图集 中国第四次经济普查年鉴
新编英汉汉英统计大词典 中国国民经济核算体系2016 国民经济行业分类注释
挑大学选专业2019—考研择校指南 挑大学选专业2019—高考志愿填报指南 中华医学统计百科全书

《福州统计年鉴-2019》光盘（CD-ROM）介绍

《福州统计年鉴—2019》（光盘）是一部信息高度密集的统计资料书的电子版。全书系统收录了 2018 年福州市及所辖各县（市）、区、各部门经济和社会发展等方面的统计数据，以及历史重要年份福州市国民经济主要指标的统计数据。

全书内容分为 17 个篇目：(一)综合；(二)国民经济核算；(三)人口；(四)就业与职工工资；(五)农林牧渔业；(六)工业与交通；(七)房地产开发投资；(八)建筑业；(九)批发零售、住宿餐饮与旅游业；(十)对外经济；(十一)价格指数；(十二)财政金融；（十三）人民生活；(十四)科技、教育与文化；(十五)卫生、体育与其他；(十六)城市比较；(十七)附录。在城市比较部分，收集了福建省各设区市、全国省会城市及副省级城市主要经济指标对比资料，各篇末均附有《主要统计指标解释》。

系统要求：

中文 Windows 2000/XP/Win7；建议使用 IE 浏览器

使用方法：

1.将《福州统计年鉴—2019》光盘插入光驱，光盘自动运行进入主页，如不能自动启动，请进入光盘所在的驱动器，点击 Start.exe，即可启动。

2.光盘启动后，会自动运行 FLASH，然后进入主页面，点击“浏览光盘”即可以进入光盘正文。

3.光盘分为两帧，左边目录，右边正文。目录分为两级，点击目录可以进入正文，显示于光盘的右边。

4.正文分 WEB 页和 EXCEL 两种格式的文档，点击左边目录上图标可以进行转换。